"十二五"职业教育国家规划教材
经全国职业教育教材审定委员会审定

修订版

汽车商务与服务管理实务

第 3 版

组　编	北京运华科技发展有限公司
主　编	张潇月　　王旭荣
副主编	杨志平　黄　樱　于　敬
参　编	孙　静　张　强　李永振　杨　雪
	刘　凯　孙晓婷　李　芳　要亚娟

机械工业出版社

本书为"十二五"职业教育国家规划教材修订版。本书主要内容包括：认识与分析汽车产业和汽车商务发展历史、汽车贸易管理、汽车配件商务管理、汽修厂商务管理、汽车保险和理赔管理、汽修厂经营管理、汽车4S站商务管理、汽车快修美容店商务管理。在采用本书教学的过程中，建议将书本内容与计算机软件结合，知识传授与模拟练习结合，书面考核与实景训练结合，引入案例、多媒体等丰富的教学形式。本书的模拟实训采用的配套软件是北京运华科技发展有限公司的"汽车商务与服务实训教学软件"。

为方便教学，本书配有电子课件，凡选用本书作为授课教材的教师均可登录 www.cmpedu.com 注册后免费下载。编辑咨询电话：010-88379375。

本书适用于职业教育汽车类专业学生使用，也可作为汽车维修企业的岗前培训教材。

图书在版编目（CIP）数据

汽车商务与服务管理实务/张潇月，王旭荣主编. —3 版. —北京：机械工业出版社，2021.9（2025.2 重印）

"十二五"职业教育国家规划教材：修订版

ISBN 978-7-111-67982-0

Ⅰ.①汽… Ⅱ.①张…②王… Ⅲ.①汽车工业—销售管理—商业服务—高等职业教育—教材 Ⅳ.①F407.471.5

中国版本图书馆 CIP 数据核字（2021）第 062575 号

机械工业出版社（北京市百万庄大街22 号 邮政编码100037）

策划编辑：曹新宇 责任编辑：曹新宇 张双国

责任校对：李亚娟 封面设计：鞠 杨

责任印制：刘 媛

涿州市般润文化传播有限公司印刷

2025 年 2 月第 3 版第 5 次印刷

184mm×260mm · 17 印张 · 364 千字

标准书号：ISBN 978-7-111-67982-0

定价：54.00 元

电话服务 网络服务

客服电话：010-88361066 机 工 官 网：www.cmpbook.com

010-88379833 机 工 官 博：weibo.com/cmp1952

010-68326294 金 书 网：www.golden-book.com

封底无防伪标均为盗版 机工教育服务网：www.cmpedu.com

第3版前言

自本书第2版2014年出版发行到本次修订，已经过去了7年，汽车产业与汽车商务经历了巨大的变革，汽车服务由传统市场营销的单一模式向电子商务和网络营销新模式转变，汽车服务拓展出多层次的"互联网+"新业态，新能源汽车产业从2015年开始进入爆发式增长，本次修订补充了这些新业态、新技术的内容。

本书内容始终贴合企业岗位实际要求，同时充分对接1+X课证融通证书标准，引入企业商务与服务活动案例，让职业院校的学生可以提前感受到一线企业管理与工作的技术要点，做到学习就是工作，毕业即就业。

此次修订，更新了行业数据，增加了汽车网络营销、汽车电子商务以及网约车等新业态、新技术的介绍。

本书由张潇月、王旭荣任主编，杨志平、黄樱、于敬任副主编，孙静、张强、李永振、杨雪、刘凯、孙晓婷、李芳、要亚娟参编。书中的部分技术资料由天津市硕恒科技有限公司提供。

随着时代变化和技术发展，汽车商务与服务在不断变革与创新，教学过程中的实训内容也跟随社会的发展不断进步与完善，我们将与读者共同学习，共同为企业培养合格岗位人才而努力。

由于编者水平有限，本书难免存在错漏之处，欢迎读者批评指正。

编　者

第 2 版前言

　　本书是按照教育部《关于开展"十二五"职业教育国家规划教材选题立项工作的通知》，经过出版社初评、申报，由教育部专家组评审确定的"十二五"职业教育国家规划教材，是根据《教育部关于"十二五"职业教育教材建设的若干意见》及教育部颁布的《高等职业学校专业教学标准（试行）》，同时参考汽车商务服务岗位职业标准，在第 1 版的基础上修订而成的。

　　近年来，我国汽车产业日新月异，新车产销量稳居全球第一的位置。汽车后市场的发展由量变到质变，对高素质、高能力的汽车营销专业人才需求越来越旺盛。人力资源的强劲需求，推动着汽车营销职业教育进入了发展的黄金时代。

　　2009 年，南宁，我们有了第一次全国性的职业院校汽车营销学生技能竞赛；2011 年，杭州，我们有了第一次全国性的职业院校汽车营销教师课程竞赛；2012 年，汽车营销赛项首次列入教育部举办的全国大赛；2013 年，在国家示范性职业院校建设中，汽车营销专业的一整批精品课通过了部级验收，标志着本专业走向成熟……

　　本书的此次修订，在保留第 1 版大部分内容的基础上，删除了一些非紧缺内容，更新了行业数据，增添了职业院校急需的汽车保险内容。希望本书不仅仅适用于汽车营销专业，而且适用于所有汽车专业的教学活动。

　　本次修订由朱军、张潇月任主编，参加编写的有林少芬、朱建柳、周云、陆耀良、姬虹、郗玉平、吴静、吴慧媛、纪烨、代丽丽、金明、马晓艳，由北京运华天地科技有限公司廖明任主审。本书经全国职业教育教材审定委员会审定，由徐益、王文中评审。教育部专家在评审过程中对本书提出了很多的宝贵的建议，在此表示衷心的感谢。

　　由于编者水平有限，加之时间仓促，书中错漏之处在所难免，请广大读者批评指正。

编　者

第1版前言

目前，汽车行业职业教育正蓬勃发展，与此同时，汽车商务的实训教育越来越被行业人士所重视。本书旨在为刚刚兴起的汽车商务实训教育进行一些有益探索，并试图探索以下四个问题的答案：

1）汽车商务实训教育的对象是什么？
2）汽车商务实训教育的内容是什么？
3）汽车商务实训教育的方法是什么？
4）汽车商务实训教育的目的是什么？

首先，我们来探讨汽车商务实训教育的对象。在很多职业院校中，汽车商务实训的教学只局限于汽车营销、汽车商务等销售类专业。其实，商务不仅仅是销售，企业中一切对内对外的商业行为都可以纳入商务活动的范畴。也就是说，除了"卖车"以外，汽车整车及配件的采购、库存管理行为，汽车的维修、维护、美容装饰、保险理赔、三包索赔等售后服务中的商业和管理行为，对车主的售后回访、维修跟踪、日常关怀、税费代办、会员管理、优惠卡的发行等客户关系管理行为，以及其他的商业和管理行为都属于汽车商务活动的范畴。

因此我们应该让更多的非销售类专业的职业院校学生接受商务实训教育。

其次，我们来探讨汽车商务实训教育的内容。销售类专业和技术类专业的学生，无论是校内的商务课程学习还是毕业实训、就业培训等，基本上都存在一个共同的盲区——汽车商务和服务企业运作的基本原理和规范。

很多维修工不懂得领料、发料的规则原理；

很多库管员不懂得配件自编号的常用方法；

很多统计员不懂得常用表格的设计和制作；

很多销售员不懂得整车的成本是怎么回事。

……

而且我们看到，很多大型的汽车商务和服务企业，包括4S站在内的统一培训教程中，这类内容也远远不够充足。为此，本书重点进行了汽车商务和服务行业的基本知识的讲解，同时设计了基本技能的模拟练习。

需要说明的是，本书的内容并不局限于与汽车4S服务站有关的部分，而是包括常见的各种汽车商务与服务的基本知识，以及适用于汽车小型汽修厂、大中型汽修厂、快修美容店等企业的商务知识。

再次，我们来探讨汽车商务实训教育的方法。目前，无论在中职还是高职教育中，汽车商务实训教学的形式都尚未成熟。其原因很多，最主要的有两点：汽车商务课程具有"无形性"的特点，比技术类课程的实训设计难度要大；汽车商务的实训是一门新的课程，教师的人数和经验都不能很好地满足教学需要。鉴于这种情况，我们建议在本课程的教学中，采取多种形式结合的方法，有助于提升教学效果，包括：教材与计算机软件结合；知识传授与模拟练习结合；书面考核与实景训练结合；引入案例教学、多媒体教学等丰富的教学形式。

最后，我们来探讨汽车商务实训教育的目的。汽车商务实训是一门为汽车行业的职业院校的毕业生设计的就业前的实训课程。

我们进行商务实训教学的主旨就是让毕业生在就业前对企业的运作规律和规范有一个大体的了解。其目的主要有三个，一是拓宽毕业生的就业面，二是使毕业生就业后能够更快地适应企业环境，三是提高毕业生就业后获得晋升的几率。

本教材的模拟实训采用的配套软件是北京运华天地科技有限公司的"汽车商务与服务实训教学软件"。该套软件包含汽车商务、汽配商务、汽车维修、快修美容、三包索赔、保险理赔等内容，与本教材基本吻合。

在成书之时，我们很欣慰地看到，在有识之士的倡议下，不少学校已经兴建了实景教学中心，把汽车维修厂、汽车4S服务站或汽车快修美容连锁店等企业环境引入学校，把技术工种教学、实用商务教学、互动观摩教学和实景训练教学管理融为一体，争取更佳的教学效果。

本书由汽车工程学会朱军、北京电子科技职业学院屈光洪担任主编，北京电子科技职业学院陈渌漪担任主审，陈湛平、程玉光、曹坚木、冯津、刘皓、李杰、吴良胜、王囡、袁苗达、陈建军、张卫红、廖明参与了编写。

在编写本书的过程中，我们得到了很多相关行业人士的指点和帮助，在此一并表示感谢！

汽车商务实训是职业教育中一门几乎全新的课程，由于编者的经验有限，错漏之处在所难免，欢迎读者批评指正。让我们共同为汽车商务实训教学的发展一起献策献力！

编　者

二维码索引

（续）

序　号	二　维　码	名　　称	页码
8		配件的库存管理	102
9		机动车辆保险承保流程简介	145
10		双车事故现场查勘	152
11		客户回访	191
12		汽车装饰美容与传统洗车的区别	245

目　录

认识与分析汽车产业和汽车商务发展历史

【任务目标】

通过认识世界汽车产业和汽车商务发展历史，能够口述出世界汽车工业发展的进程和国际汽车商务发展的过程，并分析出现阶段世界汽车产业与汽车商务发展的趋势。

【任务理论知识】

1. 早期汽车工业的发展历史。
2. 国际汽车商务的发展过程。

【建议学时】

2 学时。

一、早期的汽车工业和汽车商务

在人类的商业活动中，汽车商务的历史是比较短暂的。相对于拥有漫长历史的农业、手工业、工业和艺术品等行业的商务活动，汽车商务仅仅拥有一百多年的历史，是一项新兴的商务活动。

1769 年法国陆军工程师古诺（1725—1804 年）制造出第一辆蒸汽机驱动的汽车，这是世界上第一辆机动车。1771 年古诺改进了蒸汽汽车，时速可达 9.5km/h，可牵引 4 ~ 5t

的货物。1794 年英国人斯垂特首次提出把燃料和空气混合制成混合气体以供燃烧的构想，为内燃机汽车——也就是真正意义上的现代汽车的诞生奠定了基础。

世界上公认的汽车的诞生日是 1886 年 1 月 29 日，那一天，奔驰汽车公司的创始人德国人卡尔·本茨（图 1-1）制成了三轮汽车（图 1-2）。同年，威廉·戴姆勒发明了四轮汽车（图 1-3），后来于 1890 年成立了戴姆勒汽车公司。这样，本茨和戴姆勒成为汽车工业的创始人。

图 1-1 卡尔·本茨

在本茨和戴姆勒之后，各个发达国家都开始了汽车的创造之旅。1897 年，兰索姆·E·奥兹（Ransom E. Olds）投资 50000 美元，筹办了奥兹莫比汽车公司，此公司就是通用汽车集团的前身。1903 年 6 月 16 日，福特等 12 位投资者筹措了 28000 美元，在底特律的一间车间里成立了福特汽车公司。1904 年，英国的贵族亨利·莱斯（Henry Royce）和机械师查尔斯·劳斯（Charles Rolls）合作成立了劳斯莱斯汽车公司（图 1-4、图 1-5）。

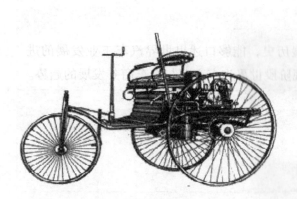

图 1-2 三轮汽车

图 1-3 四轮汽车

图 1-4 劳斯与莱斯

图 1-5 1904 年的劳斯莱斯汽车

汽车作为产品的历史非常短暂，但是由于汽车诞生在商品经济高度发达的资本主义社会，因此在汽车诞生之后不久，就有了汽车商务。

　【案例】　第一次汽车宣传活动

人类历史上的第一次汽车长途旅行兼宣传活动是由一位女司机完成的，她就是卡尔·本茨的妻子贝瑞塔·本茨。

卡尔·本茨生于1844年，幼年丧父，家境贫寒，在40岁创立奔驰公司之前，曾经从事过多方面事业的探索，但是一直没有成功。他自己曾经说过，他年轻时唯一的成功，就是在1872年娶贝瑞塔为妻。

早在1879年12月31日，本茨就成功研制出一台单缸两冲程发动机。

贝瑞塔不仅支持丈夫的事业，还努力学习驾驶汽车。1888年8月，她驾驶着卡尔·本茨设计的汽车，携两个儿子从曼海姆（Mannheim）到达普福尔茨海姆（Pforzheim）。在这次长达100多公里的旅途中，尽管汽车出现了一些小的故障，但最终平安抵达目的地。这次旅行沿途有众人围观，贝瑞塔为丈夫的汽车做了一次最好的广告宣传（图1-6）。

图1-6　卡尔·本茨、贝瑞塔·本茨和他们的汽车

随着20世纪的临近，围绕汽车的各种商务活动蓬勃发展起来。在这一段时间里，各种形式的汽车商务都逐一出现。

最早的汽车展览——1894年12月11~25日，在巴黎香榭丽舍大道产业宫举办了世界最早的汽车展览——"世界自行车、汽车博览会"。当时，有9家公司参加展出，展品有自行车、摩托车、蒸汽机汽车和汽油汽车。

最早的汽车联合会——1895年11月1日，由美国一位叫查尔斯·布雷格·金格的人倡议，在芝加哥成立了汽车联盟。

仅仅11天后，即1895年11月12日，"法国汽车俱乐部"在法国巴黎成立，总部设在普拉斯·德·罗佩拉4号，该俱乐部是今天国际汽车联合会（FIA）的始祖。

"法国汽车俱乐部"成立的时候，美国的那个汽车联盟还没有选出委员并形成正式组织，所以关于谁是最早的汽车联合会的问题，存在这两种不同的说法。

最早的汽车维修厂——1895年12月，在法国波尔多的桑克雷尔大街41号，波罗尔开办了世界上最早的汽车修理厂。当时，波罗尔的维修厂可谓设备齐全，可以进行洗车和各种汽车维护与维修。

最早的汽车广告——1900 年，美国的奥兹父子在奥兹莫比汽车工厂门口竖立了一块醒目的标志牌，上面写着"世界最大的汽车工厂"，成为公认的第一个汽车广告牌。

由于汽车诞生在商品经济高度发达的现代社会，所以从一开始，各种商业行为就围绕着这个伟大的发明不断展开。以展销会为例，现在，全世界几乎每天都有很多汽车展销会在召开，车展的数量已经多如牛毛。透过车展，人们可以更清晰地了解汽车——这个把人类带上轮子时代的伟大发明。

其中，最知名的是世界车展。

巴黎车展

时间：每两年一次，在 10 月份的第一个星期举行。

地点：巴黎展览中心。

特色：是国际车展中商业味最浓的一个。

法国是汽车的发源地之一，第一次车展是在法国举行的。1898 年，一个国际性的展览在杜乐丽花园举行，那是当年巴黎最大的一件盛事，有超过 14 万人参观了这次车展。自 1923 年开始，车展改在 10 月的第一个星期三举行，这一惯例一直延续到今天；1976 年，车展定为两年举行一次，以适应大部分汽车制造商的要求。与法兰克福车展相对应，巴黎车展在偶数年举行，包括有私人用车和工程车辆参展，而自行车和摩托车展则改在奇数年举行。

尽管自 1898 年以来，世界各地诞生了许多车展，但巴黎车展仍是法国乃至世界上首屈一指的汽车展。汽车制造商们也一直都在巴黎车展上展示其新车型。在很长一段时间中，巴黎成为世界汽车商务活动的中心。

巴黎车展对法国汽车相关产业发展的贡献巨大。据不完全统计，每年展会直接收入数十亿法郎，旅馆、交通、旅游等方面的间接收入更达到数百亿法郎，各国展商实现的交易额则超过千亿法郎。

日内瓦车展

时间：一年一届，每年的 3 月份。

地点：瑞士日内瓦 Palexpo 中心。

特色：以悠久的历史以及众多概念车和新车型而闻名。

日内瓦车展起源于 1905 年，正式创办于 1924 年，1926 年起由非正式的协会主办，

1947年协会改组为国际车展基金会，1982年起由政府出面创立的Orgexpo基金会主办。相比世界其他车展，日内瓦车展是最受传媒关注的，并且被业内人士看做是最佳的行业聚会场所。

到现在，日内瓦车展已成为来自欧洲和世界的汽车制造商、汽车设计大师们展现实力的舞台，是各大汽车商首次推出新产品的最主要的展出平台，素有"国际汽车潮流风向标"之称。

 北美车展

时间：一年一届，每年的1月份。

地点：美国底特律Cobo展览中心。

特色：热闹非凡，娱乐性强。

北美国际汽车展创始于1907年，由底特律汽车经销商协会主办，所以最初叫做"底特律车展"，1989年更名为"北美国际汽车展"，每年1月份举行。近年来，概念车在北美车展上所占的比例越来越高。每年都有几十家汽车厂商、数百种新款概念车和生产车来北美车展参加展览，北美车展已成为全球汽车工业的一个重要展示窗口。

观众被吸引到车展的原因，除了对汽车有兴趣外，还因为车展办得像节假日集会，可以吃喝玩乐，有各种音乐灯光，热闹非凡。据估计，近年来车展每年为底特律带来的经济效益平均在数十亿美元以上。

 法兰克福车展

时间：一年一届，每年的9月份。

地点：法兰克福贸易广场。

特色：有世界汽车工业"奥运会"之称。

法兰克福车展（IAA）创办于1897年。在第35届之前，该车展的举办地在柏林，此后移至法兰克福，并确定一年举办轿车展，次年举办商用车展。来自世界各地，特别是欧洲的汽车商都在车展上向公众推出其最新的车型和概念车。据德国汽车工业联合会统计，近年来法兰克福车展参观者平均年龄为34岁。这表明，德国车展和汽车产业持续发展拥有丰富的市场资源和后备人才资源。

法兰克福国际汽车展已有一百多年的历史，是欧洲规模最大的双年车展。

东京车展

时间：一年一届，每年的10月份。

地点：千叶幕张会展中心。

特色：日本产品为主。

东京车展创办于1966年，一般在每年10月底举行，奇数年举办轿车展，偶数年举办商用车展。

东京车展的特点是，日本本土生产的各种千姿百态的小型汽车唱主角，同时，展示各种各样的汽车电子设备和技术。

纽约车展

时间：一年一次。

地点：曼哈顿雅各布·贾维茨会展中心。

特色：展示最新汽车趋势、尖端设计和非凡创新。

纽约车展创办于1900年，是北美地区历史最悠久、规模最大的汽车展。纽约车展每年在复活节之前拉开序幕，并于复活节之后的第一个星期天谢幕，为期9天左右。

北京国际汽车展览会

时间：两年一次，每逢双年举办。

地点：北京中国国际展览中心和全国农业展览馆。

特色：北京车展是企业发展战略发布、全方位形象展示的窗口，全球最前沿技术创新信息交流的平台，最高效的品牌推广宣传舞台。北京车展不仅展出汽车整车，而且展出汽车零部件、产品开发新技术、加工制造设备、新材料、新工艺、检测维修设备和汽车用品等；同时，还举办各种技术交流会及专业论坛。北京车展强调展会的服务、普及汽车知识及文化传播的功能。除了展示功能外，车展还精心设计了汽车知识竞赛、拆装轮胎大赛、汽车摄影大赛、车展模特大赛、现车竞拍、酷车DIY等融知识性、实用性、趣味性、娱乐性为一体的现场活动，体验式、开放式、交互式的形式提高了参展方和参观者对展会的认同感。

北京国际汽车展览会的规模逐届扩大，新产品、新技术不断推出，随着中国汽车市场和汽车工业的不断发展，目前在国际上已具有巨大影响。北京国际汽车展览会作为国内规模最大，在国际上有广泛影响的国际汽车展事之一，为中国汽车工业的发展、为中国会展业向国际化水平迈进做出了卓越的贡献。

上海国际汽车工业展览会

时间：两年一次，每逢单年举办。

地点：中国·上海。

特色：上海国际汽车工业展览会创办于1985年，是中国最早的专业国际汽车展览会、亚洲最大规模的车展。2004年6月，上海国际汽车工业展览会顺利通过了国际博览联盟（UFI）的认证，成为中国第一个被UFI认可的汽车展。伴随着中国汽车工业与国际汽车工业的发展，经过 20 多年的积累，上海国际汽车展已成长为中国最权威、国际上最具影响力的汽车大展之一。

二、国际汽车商务的发展历程概述

世界上的汽车商务发展，经历了以下 5 个阶段。

1. 奢侈品阶段

汽车诞生不久，就逐渐成为前卫的富人奢侈品。用现代观点来看，那时的汽车速度慢、噪声大，既不舒适也不安全，但仍受到富人的追捧，尤其是年轻人，他们以开汽车招摇过市为荣。一般来说，奢侈品的特点就是保守、稀罕和昂贵，很难把奢侈品和大规模生产的工业品联系起来。但是汽车本身是一种工业产品，在资本主义社会中，它走向产业化、普及化只是时间问题。

赛车运动的出现和发展，促进了汽车技术的进步和汽车消费的普及。起初，汽车比赛的目的除了较量汽车的速度、检验车辆的性能，还用于宣传汽车的安全性和可靠性。结果使汽车的性能越来越好，成本越来越低。终于，汽车工业走向了大规模生产的正确道路。

从诞生开始，汽车工业就充满着竞争，而市场竞争促使汽车产业一步一步地向前发展。

2. 产品阶段

1908 年，美国福特公司的 T 型车面世（图 1-7），它给汽车工业带来了一场翻天覆地的革命。在此之前，汽车都是手工组装的，效率低下，质量也没有保证。福特受屠宰场的工作方式的启发，探索用流水线生产 T 型车。1913 年，T 型车开始在流水线上组装。到了 1919 年，T 型车的产量达到每月 2000 辆，价格也降到了同档车价的三分之一。

从那时开始，汽车进入了规模化生产阶段。规模化生产阶段的到来，意味着汽车走入千家万户。

然而，那时候的商品经济还不像现在这样发达，汽车产业也不例外，由于信息、交通运输、宣传等条件的制约，汽车产业的竞争还不够充分。美国通用公司的一位总裁曾经说过："在顾客看到汽车之前，他们怎么知道需要什么样的汽车呢？"由这句话可以看出当时的市场基本上是供方市场，客户面对的是品种单一、功能简单，甚至颜色也没有多少挑选余地的

图 1-7　福特 T 型车

产品。

3. 推销阶段

到 20 世纪 20 年代后期，世界从第一次世界大战的巨大打击中逐步恢复过来，人们纷纷追求高品质的生活，汽车工业也随之飞速发展。

由阿尔弗莱德·斯隆领导的美国通用汽车公司开始生产品种繁多的产品，满足人们的个性化需求。图 1-8 所示为 1926 年的通用汽车，图 1-9 所示为通用公司的第一个汽车试验场。美国、欧洲的各大汽车公司开始了新的发展和新的

图 1-8　1926 年的通用汽车

竞争，除了产品研发、生产管理的进步之外，汽车的销售方法也有了本质的进步。汽车逐渐成为发达国家的支柱产业——大汽车时代来临了！

汽车时代不仅仅属于伟大的发明家、工程师和声威赫赫的管理者，同样属于能够在这一产业里实现自己价值的任何人，包括销售员。

在长达半个世纪的时间里，汽车行业的市场工作都在重复着一个词——推销。就像保险行业一样，汽车销售行业也诞生了很多伟大的推销高手，最著名的就是乔·吉拉

图 1-9　通用公司的第一个汽车试验场

德。他在 12 年中，平均每天卖出 6 辆汽车。

推销的观念依然是建立在生产导向型的思维模式基础之上的。企业生产什么，就向客户推销什么。但是，推销行为的出现和发展，已经打破了"酒香不怕巷子深"的老观念。随着人们对汽车销售市场研究的深入，汽车产业被一步步推向市场经济的前沿。

4. 市场营销阶段

第二次世界大战之后，市场营销概念逐渐兴起。在汽车行业中，推销观念逐渐让位于市场营销观念。

关于市场营销的概念，其定义有很多种。其中比较传统的一种是：市场营销是对商品（或服务）的设计、定价、宣传和销售等商业行为进行计划和执行，以创造符合特定目标的商品交换过程。还有一种比较新的定义：市场营销既是一种组织职能，也是为了组织自身利益及相关者的利益而创造、传播和传递客户价值，管理客户关系的一系列过程

与推销观念不同的是，市场营销概念是建立在客户导向型的思维基础上的。也就是说，客户需要什么，企业就生产什么。

在过去的几十年汽车市场营销的风云变幻中，众多汽车企业兴衰沉浮，数不清的风云人物呼风唤雨，留给人们的是令人神往的榜样和对市场的思辨。

5. 网络营销阶段

网络营销产生于 20 世纪 90 年代，发展于 20 世纪末至今。网络营销产生和发展的背景主要有 3 个方面，即网络信息技术发展、消费者价值观改变、激烈的商业竞争。网络营销（On-line Marketing 或 Emarketing）是企业整体营销战略的一个组成部分。网络营销是为了实现企业总体经营目标所进行的以互联网为基本手段营造网上经营环境的各种活动，是以互联网为主要手段开展的营销活动。网络营销是以互联网为载体，以符合网络传播的方式、方法和理念实施营销活动，以实现组织目标或社会价值。

网络营销是以新技术和手段开展的营销，是企业整体营销的一部分。它替代或辅助实现了传统营销中的营销要素职能。网络营销职能包括：销售职能、推广职能、服务职能和调研职能。根据网络营销的职能发展程度将其分为 5 个层次：企业上网宣传、网上市场调研、网络分销联系、网上直接销售和网上营销集成。网络营销的职能仍然在发展之中，随着新技术的不断应用，汽车网络营销将越来越深入，甚至可能会出现完全的汽车网络营销模式，即完全的电子商务化，汽车企业整体的营销职能在网上实现。

 【案例】艾柯卡推广"野马"汽车

李·艾柯卡（图 1-10）出生于 1925 年，是世界汽车行业史上的传奇人物。

20 世纪 60 年代初，美国福特公司的汽车销售一度疲软，公司亏损且陷入了财务困境。为了打破市场僵局，艾柯卡主动请缨，研制新型轿车。研制初始，艾柯卡就宣言："新车必须华丽时髦、引人注目、功能多样、价格便宜。"他还专门请广告代理商为新车取名，"野马"一名由此诞生。

经过两年的努力，"野马"汽车诞生了（图 1-11），它既保持了福特品牌的风格，又时尚亮丽；它是运动型汽车，却能容纳 4 个人；它既适合于白领一族的商务用途，又能在假日挂上拖车外出旅行。

图 1-10 李·艾柯卡

投放市场之前，艾柯卡对汽车定价进行了一次市场调查。福特公司在底特律地区选择了 52 对收入一般并且已拥有一辆家用轿车的夫妇前来参观样品。被请来的大多数人一眼就被"野马"吸引住了，但是都担心车的价位太贵——因为"野马"车实在太好了，大家都觉得肯定不会便宜。

这时，艾柯卡问客户：你们觉得这样的汽车应该卖多少价钱？客户们大多数觉得应该在1万美元左右，这时，艾柯卡宣布了一个令人激动的消息——"野马"汽车定价不超过2500美元！

转眼之间，客户的各种犹豫与迟疑通通烟消云散。有一位客户兴奋地说："如果我把'野马'往道上一停，我的左邻右舍肯定会以为我发了一笔横财！"调查后，艾柯卡

图1-11　福特"野马"汽车

马上决定，将售价定为2368美元，并且叮嘱部下，在广告宣传上一定要标明新车价位。

"野马"车问世当天，福特公司选择了2600家报纸刊登整版广告，"整版广告可以避免视觉噪声、引人注目"。在广告宣传的配合下，"野马"车第一个季度的销量就创下了福特汽车公司历史上的最高纪录。

"野马"车的畅销，使福特公司扭亏为盈，也为艾柯卡日后问鼎福特总裁的宝座夯实了坚实的基础。

在李·艾柯卡任总裁期间，福特公司重振雄风，稳居美国第二大汽车企业的交椅。

多年来，福特"野马"汽车已经成为美国公路上一道不可或缺的风景，例如比尔·盖茨的第一辆车就是一辆二手的福特"野马"车。

案例点评

市场营销与推销是不一样的：推销的特点是向客户销售已经成型的产品；而市场营销的特点则是根据客户需要进行产品的研制、生产、销售和服务。

"野马"车上市之前，艾柯卡的团队就精心策划了新车型的外观、尺寸、功能、价位和宣传手段等一系列成功的要素，充分体现出整个团队对市场营销内涵的理解和外延的扩展。

尤其难得的是，在公司奄奄一息的时候，艾柯卡的团队依然拥有大胆周密的策划和令行禁止的高超执行力，更是令众多的企业领导叹为观止。

【案例】艾柯卡重振克莱斯勒汽车公司

美国克莱斯勒汽车公司创办于1925年，在创办者沃特尔·克莱斯勒的带领下，发展飞速，到二战期间，市场占有率达到25%，已经是仅次于福特的美国第二大汽车公司。但是，由于经营不善，加上石油危机的影响，到了20世纪70年代，克莱斯勒公司已经是

四面楚歌，债台高筑，奄奄一息。

1979 年，被福特公司解雇的李·艾柯卡应聘来到了克莱斯勒公司。

这次，艾柯卡面临的克莱斯勒汽车公司的局面比十多年前的福特汽车公司更为凶险，克莱斯勒汽车公司已经濒临倒闭，银行逼债，工人罢工，客户投诉……所有能够想象的困难，全都摆在艾柯卡面前。

沧海横流，方显英雄本色。艾柯卡采取了一系列措施，使克莱斯勒汽车公司起死回生，其中最重要的有两条。

第一是缓解资金压力。所有银行都不愿意给克莱斯勒汽车公司贷款，艾柯卡采取了一个大胆的办法，争取政府担保贷款。

但是，美国是一个市场经济国家，由政府为企业担保，很难说服公众和议员。面对随之而来的社会反对和公众压力，艾柯卡表现出了罕见的魄力和豪气。他勇敢地站出来向政府、议员和社会公众发表公开宣言。

他在宣言中说，过去洛克菲勒和华盛顿地铁等公司都曾先后获政府担保，得到总额高达 4097 亿美元的银行贷款，而克莱斯勒汽车公司仅需要 12 亿美元。反之，一旦克莱斯勒汽车公司破产，政府至少要支付 27 亿美元失业保险金。艾柯卡还给每个国会议员开出一张账单，列出该议员所在选区所有与公司有经济来往的经销商、供应商名单，并附上一份一旦克莱斯勒汽车公司破产将在其选区产生影响的经济分析报告。议员们被这份报告惊呆了——在美国，谁也不敢得罪选民呀。然后，艾柯卡向议员们强调了日本汽车在美国咄咄逼人的竞争态势，告诉他们，如果克莱斯勒汽车公司倒闭，数万熟练工人将为日本的汽车企业工作，这将可能断送整个美国汽车行业。这些措施收到奇效，艾柯卡得到了方方面面的支持，顺利获得 12 亿美元贷款，为克莱斯勒汽车公司走出困境提供了最为关键的经济支持。

第二就是拿出能够创造巨额利润的新产品。而新车型的推出，再次展现出艾柯卡非凡的决断能力。

他根据当时国际石油价格开始下降、国内汽油供应日趋缓和的新形势，预测市场上可容纳全家人的较大型汽车将走俏，便果断地拍板将公司原有的"纽约人"牌中型车加大产量。同时他开发出早已绝迹的敞篷汽车和高速省油的 K 型车。做出这些决定以后，他就把克莱斯勒汽车公司获得的救命钱——政府担保的 12 亿美元贷款绝大部分投入到新车型的研发。

1982 年，"道奇 400"新型敞篷车先声夺人，畅销市场，多年来第一次使克莱斯勒汽车公司走在其他公司前面。K 型车面市，也一下子占领了 20% 以上的小型车市场。

1983 年 8 月 15 日，艾柯卡把一张面额高达 8 亿 1348 万多美元的支票，交到银行代表手里。至此，克莱斯勒还清了所有债务。而恰恰是 5 年前的这一天，亨利·福特开除了他。

1984 年，克莱斯勒汽车公司盈利 24 亿美元，创造了前所未有的纪录。

案例点评

在这个案例中，可以看到的是艾柯卡的一系列动作，而不是某一个灵验的招式。如果说，别的营销案例大多如同毕其功于一役的经典决战，这个案例则如同一场卧薪尝胆的持久战争。很难说在艾柯卡重振克莱斯勒汽车公司的世纪大逆转过程中，哪一招是最漂亮的，然而艾柯卡的每一步都走得惊险绝伦，妙到毫巅。

这个案例更进一步说明，现代的市场营销不仅是产品的推销，还包括整个企业经营的策划、企业形象的推介以及社会资源的组合，以使企业及其产品获得社会最大限度的认可。

 【案例】克莱斯勒汽车公司错过中国市场的良机

1985 年，中国国务院正式同意大力发展轿车工业。在此之前，领导们认为轿车是资产阶级生活方式的体现，社会主义国家不应该提倡这种腐朽的生活方式。而长春一汽的领导班子却非常有远见，在国家同意发展轿车工业之前就从美国克莱斯勒汽车公司购买了排量 2.2L 的发动机生产线。

接着，"一汽"想进一步与克莱斯勒汽车公司合作生产轿车，拟先引进"道奇 600"轿车并加以修改，以"小红旗"名义作为政府机关用车生产，然后再考虑引进克莱斯勒 C 型高级轿车，修改成新的"大红旗"。

"一汽"方面对合作确实是真心实意的，但是克莱斯勒汽车公司却认为，既然"一汽"购买了克莱斯勒汽车公司的发动机生产线，在整车生产上就只能与它合作了，结果开出了 1769 万美元的天价"入门费"。"一汽"代表团在 1985—1987 年三次造访克莱斯勒汽车公司，结果对方一分钱也不让步，且中方代表连艾柯卡都见不着。

1987 年，时任国家经委副主任的朱镕基同志率代表团参加中美"大西洋论坛"，期间带领"一汽"的谈判代表团专程造访克莱斯勒汽车公司，希望克莱斯勒汽车公司的态度能够改变。没有想到，艾柯卡还是没有露面，只派了副手格林会见，而且"限定只谈 30 分钟"。会谈中，格林的态度强硬，依然是一分钱也不让步。会谈结束，中方对克莱斯勒汽车公司非常失望。于是便与等待已久的德国大众汽车公司签订了合作协议。

克莱斯勒汽车公司很快得知德国大众汽车公司抢了他们的生意，态度立刻发生了 180° 的大转弯，主动找到"一汽"的负责人说"如果我们签约，入门费只要象征性的 1 美元"。可是，"一汽"回答，"对不起，我们已经与大众签约了"。

反之，德国大众汽车公司得知中国"一汽"要生产轿车之后，合作态度一直非常积极，公司总裁多科尔·哈恩立即派出以奥迪汽车公司资深副总裁为首的代表团到"一汽"访问，并十分积极地提出将"奥迪 100"轿车转让给"一汽"生产。一个月后，哈恩亲赴长春，与"一汽"掌门人耿昭杰促膝长谈，力促双方合作。

1988 年，在中国"一汽"与德国大众汽车公司合作一年之后，艾柯卡访问中国，参观完"一汽"之后，他遗憾地说"我来晚了"。

 案例点评

下面从三个方面来点评这个案例。

从克莱斯勒汽车公司角度来看：

艾柯卡凭借在福特汽车公司和克莱斯勒汽车公司的丰功伟绩，成为美国的风云人物。但是，这个几乎没有失误过的天才，在中国市场上却重重地栽了一个跟头，葬送了克莱斯勒汽车公司在中国市场的大好前途。

市场营销的竞争是很激烈的，作为决策者，一定要有战略眼光。艾柯卡就是因他的傲慢与短视，错失进入中国市场的良机。

多少古训告诉人们，领先不等于胜利，可是美国人却忘记了这一条，在他们自以为稳操胜券而狮子大开口时，想必忘记了德国人正在旁边虎视眈眈。

从大众汽车公司角度来看：

当发现了市场新机会以后，一定要果断出击。在现代市场营销中，竞争激烈，每一个新兴的市场背后，都可能隐藏着意想不到的商机。

德国人正是以敏锐的嗅觉，率先发现了中国改革开放以后的巨大机会。敏锐和果断，是一切决策的前提，直至今日，德国大众汽车公司依然是中国汽车市场上最大的赢家。

德国大众汽车公司的成功还告诉人们，当自己处于落后位置时，千万要有耐心和韧性，只有笑到最后，才是真正的胜利者。

从中国"一汽"公司角度来看：

"一汽"的耿昭杰等决策者早就判断出，中央政府会顺应民意，放开并支持轿车的发展，所以早早就做好了充分的准备。更为大胆的是，"一汽"准备上马的不仅是轿车，而且是高级轿车。可以说，做这个决策在当时是冒了风险的，需要一定的魄力。耿昭杰等人的未雨绸缪为"一汽"抢得先机，接下来的很多年里，"一汽"的奥迪汽车在中国高档车市场中独占鳌头。

当局面僵持的时候，不必硬打硬拼，看看其他方面是否还有可以选择的机会或者回旋的余地，往往能收到意想不到的效果。在这个案例中，中国"一汽"保持了与克莱斯勒汽车公司和大众汽车公司两个公司的接触，使自己始终游刃有余，最后获得了成功。

任务二　认识与分析中国汽车产业和汽车商务发展历史

【任务目标】

通过认识中国汽车产业和汽车商务发展历史，能够口述出中国汽车工业发展的进程和汽车商务发展的主要活动，并分析出现阶段中国汽车产业与汽车商务发展的趋势。

📋 【任务理论知识】

　　1. 新中国汽车工业的发展过程。
　　2. 现阶段我国汽车生产及商务活动的状况、发展趋势。

📋 【建议学时】

　　2 学时。

　　在我国，汽车产业和汽车商务正逐步向着国际化迈进。我国的汽车产业和汽车商务的发展与国外的情况相比，既有紧密的联系，也有自身的一些特点。

　　我国的汽车产业仍然处于快速成长的阶段，关于我国汽车产业和汽车商务发展阶段的划分尚不明显。本文将其划分为萌芽阶段、计划经济阶段、商品经济初期阶段、市场营销阶段和互联网经济阶段。

一、旧中国阶段——萌芽阶段

　　中国最初的汽车是哪里来的？这个问题目前没有统一的说法，最早的有关汽车的记录是在 1901 年。那一年，由匈牙利商人李恩时（Leinz）为中国进口了第一批汽车——两辆美国生产的"奥兹莫比尔"汽车，从香港运到上海港口登陆。至此，中国人开始接触这项改变世界的伟大发明。

　　当时在国内最引人注目的一辆汽车，据说是在 1901 年左右袁世凯买来献给慈禧太后的，那是一辆德国生产的第二代奔驰轿车。也有人认为，慈禧太后的这辆车（图 1-12）才是中国的"第一辆汽车"，但是由于这辆车没有确切的进口记录，所以无法对其时间做出确认。该车现在仍然保存在颐和园。从图 1-12 可以看出，这辆车正是早期奔驰汽车的典型风格，但是装饰要比普通车辆豪华得多。

　　在那个年代，中国的汽车都是从国外购买的，汽车商务的主要方式就是销售进口车，而且数量很小。

　　在那时的中国，除了货车、军车等运输车辆以外，轿车上坐着的不外乎两种人：外国人和中国的达官显贵（图 1-13、图 1-14）。

　　在民国时代，国民党政府和各地军阀都有过制造汽车的想法，有的还曾经付诸行动。例如，张学良曾经尝试在东北制造"民生"牌汽车，阎锡山曾经尝试在山西

图 1-12　慈禧太后的轿车

制造"山西"牌汽车，但最终都不了了之。

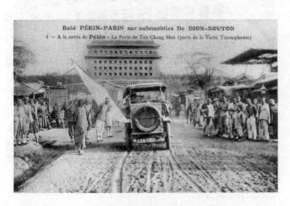

图1-13　进口汽车驶出北京德胜门

图1-14　北京公使馆区的进口汽车

二、计划经济阶段

这个阶段是从新中国诞生起，到1980年为止。

新中国的第一辆汽车是1956年7月13日诞生的。

1953年7月15日，中国第一汽车制造厂在长春成立。当时，我国还处在一穷二白的状态，"一汽"的创业过程之艰难无法想象，但是刚刚解放的中国人仅仅用了三年的时间，就完成了从筹划到投产的整个建设过程。

1956年，中国终于造出了自己的汽车——解放牌卡车（图1-15、图1-16）。解放牌卡车的面世，是新中国的一件大事，全国几乎所有的报纸都在头版头条刊登了这个激动人心的消息。

图1-15　1956年第一辆解放牌卡车下线

新中国第一种批量生产的轿车是"红旗"牌轿车。1958年，在"一汽"以借来的一辆1955型的克莱斯勒轿车作参照，技术员和工人们仅用一个月的时间就用手工仿制出了第一辆红旗轿车（图1-17）。1964年红旗CA770正式投入批量生产，1965年全新的三排座红旗轿车被送到首都北京，经过审核批准后，成为领导专用的轿车。

在计划经济时代，我国的汽车品牌比较少，主要有"红旗"牌、"上海"牌轿车，"北京"牌吉普，"解放"牌、"东风"牌卡车等。

图 1-16　解放牌 CA10 卡车

图 1-17　红旗牌轿车

虽然中国有了汽车工业，但是由于没有市场经济体制，一切产品都是按照计划供应，汽车自然也被当做重要的生产资料列入"配给目录"。在长达几十年的时间中，中国生产的轿车寥寥无几，主要供应各个党政军单位使用或者配给领导乘坐。在改革开放初期的1980 年，我国的轿车年产量只有 4500 辆。

三、商品经济初期阶段

改革开放以后，中国的汽车工业迎来了它的第 3 个发展阶段，这个阶段从 1981 年开始，到中国入世（加入世界贸易组织，WTO）结束。这个阶段中，中国的汽车工业逐步开始引进外国的资金、技术和管理。

1984 年，北京吉普率先与克莱斯勒汽车公司成立了中国的第一家汽车合资公司，随后"上汽"与德国大众汽车公司于 1985 年组建了第一家轿车合资企业，这两家合资企业拉开了汽车工业大规模引进外资的历史。很快，中国有了真正的商品轿车。

在当时的中国汽车市场中，营销工作做得比较好的，当属上海大众为桑塔纳轿车（图 1-18）进行的营销。上海方面和德国方面为了这款合资车型进行了市场调研，双方经过研究一致认为，虽然桑塔纳这个车型在欧洲已经过时，但是在中国依然还有旺盛的生命力。当时上海桑塔纳有一句最有名的广告词，"有了桑塔纳，走遍天下都不怕！"

图 1-18　老款桑塔纳轿车

这个阶段，市场的特点是轿车供不应求，且客户依然以单位为主。这样的市场氛围之中，轿车的质量、价格和售后服务等，也就远远未达到正常的状态了。

但是，随着汽车企业越来越多，我国的汽车产量增长迅速，很快形成了规模化的生产能力，为迎接"入世"打下了坚实的基础。

1980 年，我国汽车产量为 22 万辆（其中轿车 4500 辆）。

1990 年，我国汽车产量为 51 万辆。

2000 年，我国汽车产量为 200 万辆。

2010 年，我国汽车产量为 1800 万辆。

2020 年，我国汽车产量为 2522.5 万辆。

四、市场营销阶段

这个阶段是从中国加入世界贸易组织开始，直到现在仍在延续。

德国大众汽车公司在中国获得巨大的成功，鼓励了众多的国际汽车工业巨头抢占中国市场，国内的企业也打起了"国产汽车"的民族牌，与世界巨头们争夺中国市场。

在这个阶段中，中国的汽车产业出现了如下的变化。

1. 汽车产业进入企业自主经营阶段

在迈向市场经济的路上，中国汽车产业也曾经走过弯路。国家主管部门曾经先后两次建立"中国汽车工业公司""中国汽车工业总公司"，意图统管、计划全国的汽车生产。但是这两个公司都无法适应已经具备了独立在市场竞争中发展的中国汽车企业，最后都被撤销。

这标志着中国的汽车产业正式进入了市场经济时代。在我国具有战略意义的支柱型产业中，汽车工业是率先摆脱计划经济模式的产业之一。

2. 产销量急剧增加

中国从 2001 年加入 WTO 以后，汽车工业及整个汽车产业链进入了更加市场化的"正常"发展阶段，产销量逐年提高，有关数据见图 1-19。2009 年，我国的新车产销量销量已经跃居世界第一，并保持至今。到 2019 年底，中国市场的机动车保有量已经超过 2.6 亿辆，其中新能源汽车保有量达到 381 万辆。

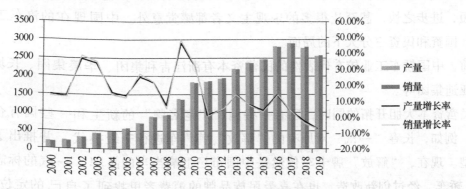

图 1-19　2000—2019 年中国汽车销量及增长率

3. 私家车比例大幅提高

中国加入 WTO 之后，汽车产销量一路走高，价格却一路走低，同时配置、功能、性能反而大幅提高。在以上因素的合力作用下，加上人均可支配收入逐年提高，汽车迅速进入普通人的家庭，到2019年底，全国保有的2.6亿辆汽车中，民用载客汽车占2.25亿辆，中国的汽车市场进入了个人消费为主导的发展模式，普通大众正在享受全球化和市场经济带来的红利。

4. 轿车所占比例越来越大

国际上，轿车占汽车总量的比例是衡量汽车市场成熟度的一个重要指标，因为轿车大多由个人购买，其市场竞争和市场营销都最具市场化特征。

1980年至1990年，中国的轿车年产量从4500辆升至3.5万辆，年均增长21%。之后的10年间，轿车产量年均增长31%，直到2001年，总产量达到70.36万辆。"入世"以后，产量出现了猛增：2002年，中国的轿车产量突破100万辆；2003年达到202万辆，比2002年增长85%；到2019年达到2572.1辆，其中乘用车产量达2136万辆，产销量持续蝉联全球第一。

同时，轿车在中国汽车总产量中所占的份额急剧上升。1985年、1990年和2000年，轿车占汽车总产量的比例分别为2.1%、6.8%和29.3%。到了2006年，轿车占整个汽车产量的比例已经超过50%，截至2019年，轿车产量占汽车产量的比例达到了83%。

随着中国经济的发展，人民群众的收入必然进一步提高，轿车将是小康社会的主流消费产品之一。

5. 民族汽车工业获得新生

随着新世纪到来，中国加快了"入世"的步伐。2001年12月11日，中国成为世界贸易组织成员。国产汽车在"入世"后遭遇了巨大的危机，原有的一些"国产名牌"根本经不起夏利、桑塔纳和捷达等普通合资汽车的冲击，更不能与进口的中高级汽车较量，汽车行业一片恐慌。但是，决策者们下定了决心，扩大我国汽车工业的外资投入，同时让民营资本进入汽车行业。仅仅几年之后，中国的民族汽车工业浴火重生，蓬勃发展。时间之短，进步之快，甚至让很多的乐观主义者都感觉意外。中国现在的汽车工业已经是外资、国资和民资三分天下的局面。

目前，中国轿车工业较有代表性的民营资本有浙江吉利集团、华晨集团、长城集团和深圳比亚迪集团等。

在民营资本大胆开拓的同时，还有一些国产"老名牌"的新生和一些国有企业品牌的崛起。例如，长春"一汽"对原有的"解放"牌汽车进行升级换代，并推出了一系列新的车型。现在，"解放"牌卡车依然是中国市场上响当当的品牌。一汽的标志性品牌"红旗"轿车，经过创新改造，也在喜爱民族品牌的消费者里找到了自己的定位。还有，"中华""奇瑞""金杯""福田"等国产品牌的汽车，也已经纷纷崛起，并在竞争日益激烈的市场上，占有了一定的份额。

事实证明，任何封闭和垄断的落后做法都不能保护中国民族汽车工业，只有市场经济的激烈竞争，才能使中国民族汽车工业获得新生。

6. 出现了产能过剩

产能过剩是现代制造业的一个基本特征，也是汽车工业向市场经济发展的必然结果。以 2006 年为例，统计数据表明，汽车工业产能 800 万辆，在建产能 220 万辆，超过有关部门"预计的"需求数百万辆，于是呼吁限制投资的声音一浪高过一浪。

只要是在市场竞争中的商品，就必然有畅销，也有滞销，汽车也不例外。产能的过剩带来的竞争，淘汰了一批不良的企业，也促进了整个行业的快速进步。

7. 汽车产业全面发展

"汽车产业"的范围，不仅仅局限于汽车制造行业，其内涵非常丰富，外延也十分广阔。按照通行的观点，汽车产业分为三大部分。

第一是汽车工业，包括动力技术的研究、车型的开发、配件的制造和整车的组装等。第二是汽车商务与服务，包括整车的销售、售后的维修服务、美容养护、配件的更换、车险的办理和理赔以及二手车的交易等。第三是与汽车有关的延伸行业，例如赛车运动、汽车主题活动、与汽车有关的教育培训和汽车专用公路的修造养护等。

中国"入世"后，在汽车制造业飞速发展的同时，汽车商务、服务及其延伸产业也在迅速进步。其中，发展最快的部分当属汽车后市场。汽车后市场是一个相对的概念，是相对于汽车"前"市场而言的。两者的区分，一般以汽车交到使用者手中为界。从汽车销售给使用者的时候开始，到报废或者损毁之前，围绕汽车进行的所有商业活动的市场范畴，统称汽车后市场。

据研究，在发达国家，汽车后市场与前市场的附加值比例大约是 7:3，有的更是高达 3:1。也就是说，现代汽车产业的重心已经向汽车后市场转移，而后市场的附加值要比前市场高出很多。例如，汽车维护、汽车保险、汽车装饰、汽车维修、汽车停放保管和汽车的检测，还有二手车评估、汽车回收等，都属于汽车后市场的范畴。

在我国，汽车后市场的巨大潜力还未被充分发掘，目前我国汽车后市场与前市场的附加值比例远远未能达到 7:3 的发达国家水平。也就是说，在我国，汽车的商务和服务行业尚有巨大的发展空间，甚至远远超过汽车制造业本身。

五、互联网经济阶段

进入 2020 年，互联网已经进入大众生活的方方面面，主导汽车行业发展的因素已经由传统的技术革新向智能与互联革新转变。汽车硬件已经成为一个载体，车上承载的智能装备与智能化服务已经成为颠覆汽车行业的主要因素。汽车行业和汽车企业已不局限于传统的汽车生产制造型企业，众多互联网公司、信息服务公司在资本的加持下也投身汽车领域，开始造车。

互联网经济的汽车，已经成为"移动终端"和"智慧空间"，车辆从单车运行发展到了"车联网"时代，每一辆车都被大数据所覆盖，众多科技或技术都已经或正在应用到汽车上。例如汽车内部借助移动数据，可实现车载影院、动态导航，出行方面涉及网约车、共享出行，驾驶方面涉及无人驾驶，增强辅助驾驶，解放双手。汽车企业如果掌握"数据"和"内容"，借助互联网数字流量经济，可增强用户黏性，玩转粉丝经济。

任务三 认识与分析现代汽车商务与管理

【任务目标】

通过认识现代汽车商务的特点，能够分析现代汽车商务活动的内涵与外延，并能够通过分析我国现阶段汽车商务活动的现状，对后续商务活动改进提出合理建议。

【任务理论知识】

1. 汽车商务的基本概念。
2. 现代汽车商务的特点。
3. 汽车商务管理的基本知识。

【建议学时】

2 学时。

一、汽车商务的概念

1. 汽车商务的定义

汽车商务是围绕汽车产业的前市场和后市场进行的所有商务活动的总称。所谓汽车产业的商务活动，有狭义和广义两种理解方式。

狭义的理解，就是包括围绕汽车的销售和服务进行的商业活动。它包括营销策划、汽车的进销存、客户关系的管理和汽车的维修服务等。

广义的理解，则还包括汽车推向市场前、后的所有市场营销和服务行为。它包括新品的策划、市场的调研、目标客户群的细分、价格的制订和购买者的信息回馈等。

在本书中，对汽车商务的讲解，按照广义的理解进行；而对于其中管理的实训教学部分，大部分在狭义的范围中进行。

2. 现代汽车商务的特点

现代汽车商务有以下特点：

（1）普遍性 现在，汽车已经是全世界最通用的交通工具。在当今社会，道路尤其是高等级公路的修建和再修建，其最主要的目的就是方便各种汽车的行驶。

随着汽车产业逐渐成为我国制造业中的支柱产业，汽车日益在人民生活中普及，汽车商务越来越普遍。

（2）多样性 现代汽车商务涉及的行业范围甚广，涉及的从业人员也很多。汽车销售、汽车保险、汽车装饰、汽车维修、汽车停放保管和汽车检测等，都属于汽车市场或者后市场范畴。

现代汽车商务还涉及物流、保险等行业，其多样性是显而易见的。

（3）集成性 汽车工业几乎涉及制造业中的大部分行业，例如钢铁、有色金属、塑料、橡胶、喷涂、机械、电子、计算机和通信等，具有很高的集成度。

现代汽车商务的集成度也很高。例如：一个汽车4S站，往往就集成了汽车销售、汽车保险、汽车美容、汽车装饰、汽车配件和汽车维修等服务；而且每一类服务又涉及多个方面，互相交错。例如，与事故车修理业务有关的行业就包括交通管理、定损理赔、法律责任认定、客户服务和关系管理、代用车辆的租借等。所以，汽车商务的复杂程度和对从业人员的要求也比较高。

现在，汽车商务进一步关系到信贷、保险、审计、统计和营销等行业，汽车商务在发展的过程中，不断地把相关行业的经验和知识集成进来。

（4）先进性 在汽车上应用的技术和产品，大部分都可在一定程度上代表其所在国的先进水平。汽车是一个国家最先进制造业水平的集中体现。

比起国际水平，中国汽车产业尚有一定差距。但是在中国的各个行业中，汽车产业却是最早大规模引进国外生产技术的主要行业之一，而且与发达国家的差距正在不断缩小。

在众多的商业领域中，汽车商务的先进性也是走在前列的。从大处看，众多合资的汽车制造企业，在科技、物流和管理等方面，具有国内先进水平；从小处看，汽配汽修行业，也是最早普及计算机管理的行业之一。

（5）共享性 近年来，随着国家政策的落地，汽车共享经济迎来了新的时期，网约车、顺风车、共享汽车、分时租赁汽车等新经济形势陆续产生，大众不再为没有汽车出行而感到烦恼，使用手机随时随地可以约到汽车，点对点地将人送到目的地。汽车共享已经成为新的商务模式，消费者也养成了新的消费习惯。

二、汽车商务的基础知识

1. 汽车的分类

汽车分类的办法很多，常见的分类方法有：按用途分类、按动力装置分类、按行驶的道路条件分类及按行驶机构的特征分类。按用途不同，汽车可分为轿车、客车、货车、特种用途汽车和农用汽车等。其中，货车是指以运载货物为主要用途的汽车。按汽车厂规定的最大总质量，可将货车分为微型、轻型、中型和重型车等，有的货车还可牵引挂车。按使用的燃料不同，汽车可分为汽油汽车、柴油汽车、代用燃料（煤油、酒精、乙炔、石油气）汽车、纯电动汽车、混合动力汽车和生物燃料汽车。按行驶道路条件不同，汽车可分为公路行驶汽车和越野车。

此外还有很多分类方法，例如按汽车组成结构不同，可分为单车、半挂车和全挂汽车等。最常用的分类办法是，按国际惯例将汽车分为商务用车和乘用车两类。在本书中，主要讲述乘用车中的有关商务和服务知识，其中以轿车为主。

轿车的主要用途是用来载客，也可装载行李，其座位数一般不超过 5 个，一般在较好的铺设路面行驶。轿车常见的形式是封闭式车身，有两门或四门（有时连行李舱门一起计为五门），两排座位并备有行李舱。轿车可按发动机排量分为微型、普通级、中级、中高级和高级轿车，也可按照结构分为两厢车、三厢车等。

2. 汽车的 VIN

汽车的 VIN 俗称 17 位编码。它是最通用的车辆的唯一性标识，类似于身份证号码，不允许重复。

VIN（Vehicle Identification Number）即车辆识别代号。一般来说，每辆汽车都有一个铭牌，上有一个由 17 位字母、数字组成的编码，这就是车辆的 VIN 码，又称 17 位识别码。车辆识别代号经过排列组合，可以使车辆的生产在 30 年之内不会发生重号现象，这与身份证不会产生重号一样，它具有对车辆的唯一识别性，因此有人将其称为"汽车身份证"。车辆识别代号中含有车辆的制造厂家、生产年代、车型、车身形式、发动机以及其他装备的信息。下文是对 VIN 的一般性解释，在某些国家和地区，可能有一些特殊的用法。

1）第 1 位：地理区域，实际应用中常表示生产国家代码。例如，"1"代表美国、"L"代表中国、"W"代表德国、"J"代表日本、"K"代表韩国等。

2）第 2 位：国别，实际应用中常表示汽车制造商代码。例如，"B"代表宝马、"F"代表福特、"A"代表奥迪、"V"代表沃尔沃、"G"代表所有属于通用汽车的品牌（Buick, Cadillac, Chevrolet, Oldsmobile, Pontiac 和 Saturn 等）。

3）第 3 位：制造厂，实际应用中常表示汽车类型代码（不同的厂商有不同的解释）。有些厂商可能使用前 3 位组合代码表示特定的品牌。例如奥迪公司使用"TRU/WAU"、宝马公司使用"4US/WBA/WBS"、马自达使用"1YV/JM1"、沃尔沃使用"YV1"等。

4）4～8 位（VDS）：车辆特征。对于轿车，表示：种类、系列、车身类型、发动机类型及约束系统类型；对于 MPV，表示：种类、系列、车身类型、发动机类型及车辆额定总重；对于载货车，表示：型号或种类、系列、底盘、驾驶室类型、发动机类型、制动系统及车辆额定总重；对于客车，表示：型号或种类、系列、车身类型、发动机类型及制动系统；对于新能源汽车，表示：车辆类型、储能装置种类、驱动电机峰值功率、车辆最大总质量/车辆长度、驾驶室种类/车身类型。

5）第 9 位：校验位，通过一定的算法防止输入错误。

6）第 10 位：车型年份，即厂家规定的型号年（Model Year），不一定是实际生产的年份，但一般与实际生产的年份之差不超过1年。例如，"B"表示1981年、"C"表示1982年、"Y"表示2000年、"1"表示2001年，依次类推。

7）第11位：装配厂。

8）第12～17位：顺序号，一般情况下，汽车召回都是针对某一顺序号范围内的车辆，即某一批次的车辆。

注意：VIN码中不会包含I、O、Q这3个英文字母。

例如，LDC723E2060888888

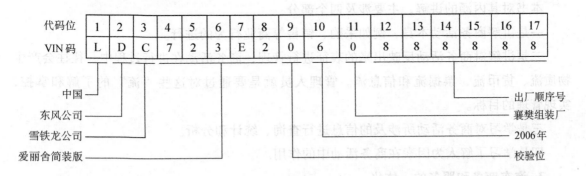

例如：成都大运汽车集团有限公司2016年生产的生产顺序号为110的磷酸铁锂蓄电池纯电动平头单排普通货车，驱动电机峰值功率为30kW，最大总质量为4.49t。根据定义，它的VIN码为LA9ZL14B3GALG6110。

3. 车型标牌（包含VIN）的位置

1）除挂车和摩托车外，标牌应固定在门铰链柱、门锁柱或与门锁柱接合的门边之一的柱子上，接近于驾驶人座位的地方；如果没有这样的地方可利用，则固定在仪表板的左侧。如果那里也不能利用，则固定在车门内侧靠近驾驶人座位的地方。

2）标牌的位置应当是不移动车辆的任何零件（除车门外）就可以容易看到的地方。我国轿车的VIN大多在仪表板左侧、风窗玻璃下面可以找到。

三、汽车商务与服务中的管理

1. 企业管理的概念

管理的定义有很多种，现在普遍认可的一种是：管理是通过计划、组织、领导和控制，协调以人为中心的组织资源与职能活动，以有效实现目标的社会活动。管理的目的是有效实现目标，所有的管理行为都是为实现目标服务的。管理的手段是计划、组织、领导和控制。管理的本质是协调。管理的对象是以人为中心的组织资源与职能活动。

企业管理的行为，就是由企业经理人员或经理机构对企业的经济活动过程进行计划、组织、指挥、协调和控制，以提高经济效益，实现最大盈利这一目的的活动的总称。简单地说，企业管理是企业经营行为的一部分，企业管理的目的是求得企业最好的经营效果。

　　企业管理有很多分支，包括目标管理、岗位管理、质量管理和绩效管理等，在本书中讲的主要是对岗位的管理和对岗位职能行为的管理。

　　企业管理的范畴主要包括生产管理和经营管理。例如，汽车维修的过程控制属于生产管理；而客户关系的维护属于经营管理。

2. 汽车商务和服务的管理

汽车商务与服务企业的管理外延，包括上述所有的企业管理内容。

本书对其内涵的讲解，主要涉及四个部分：

一是讲解商务活动本身，例如采购、销售等商业行为的进行。

二是讲解对商务活动反映出来的表征进行管理，商务活动在进行过程中，往往会产生物质流、货币流、票据流和信息流。管理人员就是要通过对这些"流"的了解和掌控，实现管理的目标。

三是学习对商务活动所涉及的信息进行查询、统计和分析。

四是学习了解人为因素在商务活动中的作用。

3. 汽车商务和服务的一体化

汽车商务和服务，在以前是分离的，举个简单的例子，就是卖车的不修车，修车的不卖车，甚至卖车的只管卖车，连代办税费这样的简单服务都不提供。

现在，随着市场经济的发展，汽车的商务和服务虽然从概念上看分别具有不同的内涵和外延，但是在实际运作中已经难以截然分开。所以，汽车商务的管理和汽车服务的管理是密不可分的。

现在，汽车商务与服务的范围很广，一般包括以下商业行为：

1）汽车采购、汽车库存、汽车销售、二手车评估和二手车交易。

2）汽车配件供应、汽车配件销售和汽车配件库存管理。

3）汽车美容装饰、汽车维护、汽车维修、汽车保险理赔和汽车三包索赔。

4）车主会员服务、车主售后服务和日常提醒服务等。

这些行为，已经把商务和服务都包括其中。在现代市场经济社会，可以说商务和服务早已一体化了。

☞ 习　题

　　1. 世界汽车商务的发展经历了哪几个阶段？上述几个阶段中，你能举出哪些代表性的事件或者人物？

　　2. 本茨和戴姆勒是怎样创业的？

　　3. 为什么会出现汽车展销会？

　　4. 汽车商务的发展阶段是怎样划分的？

5. 向同学介绍你所知道的世界汽车发展知识。

6. 市场营销和推销有什么联系和区别？

7. 为什么中国的汽车工业在长达几十年的时间中，一直以卡车为主？

8. 为什么中国的汽车工业现在以轿车为主？这标志着什么？

9. 为什么中国汽车行业"产能过剩"的争论持续不休？你是怎么看这个问题的？

10. 在世界著名轿车厂商中，你最欣赏哪一个？为什么？

11. 在中国的合资轿车企业中，你最欣赏哪一个？为什么？

12. 在中国的自主汽车企业中，你最欣赏哪一个？为什么？

13. 你了解国际汽车产业的发展趋势吗？请举例说明。

14. 什么是企业管理？

15. 为什么说汽车商务和服务已经一体化了？

16. 举例说明某款汽车的 VIN 码的含义。

项目二

汽车贸易管理

任务一 汽车贸易认知

【任务目标】

能够口头描述汽车贸易的相关概念，能够分析汽车贸易中不同管理模式的特点，熟知汽车销售人员应具备的职业要求，并在实际工作中规范使用。

【任务理论知识】

1. 汽车贸易的基本概念。
2. 汽车贸易的特点。
3. 汽车贸易的规范。
4. 汽车销售人员应具备的职业要求。

【建议学时】

2 学时。

1. 汽车贸易的概念

汽车贸易就是以汽车进行的商品交换活动。汽车贸易有狭义和广义之分。狭义的汽车贸易是指以整车进行的交易活动，通常包括新车贸易和二手车贸易。广义的汽车贸易则包括以汽车交易为目的的其他商业行为，如汽车的进出口、改装、拆解和拼装，还有自制、自售等特殊的商业行为。

在本任务中，汽车贸易按照狭义概念进行理解，并主要讲解新车的贸易。

2. 汽车贸易的特点

（1）成本核算方式采用个别计价法　个别计价法，也称个别认定法、具体辨认法和分批实际法，采用这一方法是假定存货具体项目的实物流转成本和成本流转相一致，对存货逐一辨认各批发出存货和期末存货成本的方法。

个别计价法是把每一种存货的实际成本作为计算发出存货成本和期末存货成本的基础。个别计价法的成本计算准确，符合实际情况，但在存货收发频繁的情况下，其发出成本分辨的工作量较大。因此这种方法适用于一般不能替代使用的存货、为特定项目专门购入或制造的存货以及提供的劳务，如珠宝、名画等贵重商品。

汽车作为贵重商品和交通工具，按照国家有关法规，在贸易和服务中必须对每一辆汽车进行识别，也就是说，每一辆汽车在贸易中都具有唯一性。汽车唯一性的识别特征很多，有车牌号、营运号、VIN 码、底盘号、发动机号和钥匙号等。其中，最常见的是在销售中采用 VIN 码识别，在维修服务等售后过程中采用车牌号识别。而且，汽车作为贵重商品，具有存货品种数量不多、单位成本较高等特点，所以整车贸易中一般使用个别计价法。

（2）汽车贸易普遍采用一般增值税　增值税是对生产、销售商品或者提供劳务过程中实现的增值额征收的一种税收。《中华人民共和国增值税暂行条例》在 2017 年进行了修订，并从 2017 年 11 月 19 日起施行。在我国境内销售、进口货物、提供加工、修理和修配劳务的企业应当依法缴纳增值税。根据货物情况的不同，增值税的税率分为零税率、6%、9% 和 13% 共 4 个档次。从事汽车贸易的企业，通常都是增值税一般纳税人，其纳税的税率是 13%。

一般纳税人按下面公式计算应纳税额：

$$应纳税额 = 当期销项税额 - 当期进项税额$$

$$销项税额 = 销售额 / (1 + 13\%) \times 13\%$$

小规模纳税人按简易办法计算增值税税额：

$$应纳税额 = 销售额 \times 3\%$$

3. 汽车贸易的特有规范

汽车贸易的特有规范包括国家的有关法规和行业内的一些习惯做法。

（1）国家法规　由于汽车是一种很特别的商品，所以国家颁布了相应的法规来规范有关汽车的商务行为。如《缺陷汽车产品召回管理规定》《汽车金融机构管理办法》《汽车消费政策》等。

（2）行业的惯例　汽车的商务活动既有与一般商品的商务活动类似的一面，也有它的特殊性。这些特殊性就形成了一些行业的惯例做法，这些惯例做法包括：汽车贸易的惯例、汽车配件商务的惯例和汽车售后服务的惯例等。这些惯例做法将在下文一一讲解。

4. 汽车销售员的职业要求

一般来说，对汽车销售员要作如下基本要求：

（1）遵纪守法，恪守职业规范 除了保证经济基本运行的法律法规之外，各个国家和地区都会制定与汽车贸易和汽车交通相关的法律法规。作为汽车商务人员，应该学习并遵守这些法律法规。同时，要遵守所在汽车贸易的企业制定的汽车业务管理的规章制度。

（2）遵守商务礼仪 遵守商务礼仪包括如下内容：

1）衣着整洁。如果是在 4S 站或者正规的汽车经销单位工作，通常都有规定的工作着装，不论是穿着工作服还是便装，都应该保持衣着整洁，给客户一个良好的第一印象。如果公司没有硬性规定统一服装，则应该自行选择与职业相配的服装，并与当前的工作性质吻合。例如，轿车销售员最好穿西装，越野车销售员最好穿夹克或者运动装等。

2）言谈得体。商务洽谈，应该不卑不亢，既要表现出诚意，又不能过于委曲求全，否则效果会适得其反。言谈中有 4 个忌讳：忌讳谈论政治话题；忌讳谈论令人不愉快的事物；忌讳轻易否定对方的爱好；忌讳攻击竞争对手。

3）距离适当。不同的人在不同的场合，是有一定的相处距离的。一般来说，销售员与客户的身体距离，保持在 0.5~1.5m 为宜。

汽车通常都是贵重商品，汽车贸易也是比较高规格的商务活动，客户对于汽车销售从业人员的要求当然会比较高。只有遵守商务礼仪，才能保证商务活动在良好的气氛下进行。

（3）通晓汽车原理基础知识 并不一定要求汽车销售者精通汽车技术，但是至少要对汽车的基本原理比较了解，而且要具备与汽车性能相关的基本知识。

 【案例】 艾柯卡的技术功底有助于销售

著名的传奇人物，曾任美国福特汽车公司、克莱斯勒汽车公司总裁的李·艾柯卡，最初是福特汽车公司的技术人员，但是他却放弃了优厚的工程师待遇，从一名销售员开始做起，最终坐上了总裁的宝座。

虽然后来艾柯卡一直没有机会再从事汽车技术一线的工作，但是在艾柯卡从销售员到总裁的漫长历程中，他的技术功底起了至关重要的作用。有了扎实的技术基础，他在销售时才能有理有据地说服客户；有了扎实的技术功底，他在进行管理决策时才能保证做出内行的判断。

在汽车热销的时候，只要是汽车，就能卖出去，客户也不像现在这样精明挑剔，那时的汽车销售公司很容易赚钱。现在，如果继续按照以前的方法"吃老本"，做法就不太灵光了。我们看到，在很多 4S 站里，店容的装修是豪华的，店员的着装是昂贵的。可惜，汽车销售人员只会介绍汽车的外观、音响和装潢，还穿插着性格、品位等促销词汇，但是，如果客户问到发动机的转矩、ABS的性能等比较专业的问题时，他们就只能"顾左右而言其他"了。

当然，现很多企业已经意识到这个问题的严重性，纷纷开始招聘或培养具备基本汽车原理知识的销售员。

（4）了解汽车的使用常识　前来购买汽车的客户各不相同，其中有的客户对驾驶汽车并不熟悉，有的客户刚刚学会开车，没有多少驾驶经验。这时，销售员如果能够给客户提供更多的常识辅导，相信会给客户留下很好的印象，增加信任度，也大大提高了成交的几率。

 【案例】

有一位青年客户来到某个家用型轿车4S站购车。他是第一次购车，以前曾经听朋友说过，劣质机油和不当的维护会给汽车造成隐形而又持久的伤害，所以一直心存戒心。

面对这样的客户，偏偏销售员小李是个新手，只是一味强调汽车的新款式、4S站的品牌形象等，这不能打动客户的心。正当他口若悬河时，客户问他：这辆车可以使用××牌子的A机油吗？小李回答不上来。

如果是一个优秀的销售员，他就会说："对不起，我对您说的机油不太熟悉，请给我几分钟，我去帮您问一下。"

糟糕的是，小李不但没有向同事们请教这个问题的答案，而是回答："我们的车有指定的专用机油。"并介绍了专用机油的良好性能。更加糟糕的是，他没有告诉客户专用机油价廉物美，不会比A机油贵。结果，客户误以为这种便宜的微型车却必须使用昂贵的"专用机油"进行维护，放弃了购车。

其实，该车是可以使用客户说的××牌的A机油的。

 案例点评

教训一：销售员应该多学习一些常用的相关知识。如果销售员多具备一些汽车维护方面的知识，回答问题就不会捉襟见肘了。

教训二：小李如果懂得一点客户心理，就不会引起客户的误会了——消费者对自己不懂的东西，总是心存疑虑，如同现在的患者到医院看病一样。买微型车的客户，一般都不会太富有，客户询问某牌的A机油，可能就是因为有人告诉他这种机油价廉物美。这样的客户，对4S站推荐的"专用"机油，最担心的就是价格，但是往往又不好意思问（一桶普通机油通常不过几十元钱，价格差异也不过几元、十几元而已），小李忽略了这一点，结果让"专用"二字把客户吓跑了。

教训三：如果小李虚心好学，遇到自己不懂的小问题就立即请教同事，就不会发生这个失误了。

进阶分析： 如果销售员具有一定的汽车维护知识，就可以肯定地回答："您说的那种机油完全可以在本车上使用，而且我们还有更为价廉物美的专用机油。"甚至销售员还可以给客户讲解润滑油的分类，介绍本店常用润滑油的品牌和质量保证措施，并向客户推荐一两个合适的机油品种，客户就会有放心的感觉。这样一来，客户不但放心地从该店购车，也会放心地把爱车长期交给该店维护维修，4S站就可以长期获得效益。

（5）让客户感觉物有所值　首先销售员要懂得价格心理学，每一个客户心中都有一把"价值尺子"，在营销学上称为"性价比尺度"，只有通过这把尺子衡量的商品，才有可能成交。

那么，是否意味着不断地降价，就会成交；或者说，促使成交的最好方法就是降价？看起来是这样，其实不然。

 【案例】

美国某个著名快修美容用品超市的总裁说过："所有的客户都想用最便宜的价格买到最好的商品，所以让顾客感觉物超所值，就是我们成功的秘诀。"

该快修美容用品超市的成功，就在于它牢牢抓住客户的心。

在美国，甚至在全世界，该超市都让客户感觉在这个店里能以最便宜的价格买到想要的东西。有趣的是，有一个研究市场消费指数的博士经过比较发现，该快修美容用品超市的商品，并不总是最便宜的。

经过研究，该博士发现，某快修美容用品超市的商品在定价策略上分为很多种，他们把客户最容易进行价格比较的商品，标上最便宜的价格，例如机油、汽车腊和防冻液等；而把不太容易直接比较价格以及客户可能对价格不敏感的商品，例如防爆膜和进口车漆等，提高一定的利润率出售。这样该连锁快修美容用品超市既获得了商品便宜的名声，又赚足了利润。

案例点评

客户心目中的"价格尺子"的刻度是可变的，而且测量的对象——商品价值也是可变的。也就是说，任何商品，其所谓性价比，在不同客户看来是不同的；就算同一个客户，在不同的时间、以不同的角度看来，也可能是不同的。正是因为这样，销售员才有发挥才干的空间。

马克思告诉我们，任何商品都具有价值和使用价值两个属性。价格是商品价值的货币体现。价格，仅仅是商品价值的货币体现方式，而不是商品价值的全部。商品价值的其他内容和使用价值，就要靠我们自己来发现、挖掘，并呈现给客户，汽车也不例外。

我们经常说，某某优秀的销售员总是能够找到说服客户的办法，其实就是他能够引导客户发现商品的潜在价值和使用价值，让客户以自己的价值尺子为标准，去衡量并购买客户认为物有所值的商品。

（6）让客户感觉你很可爱　除了要懂得客户对于价格的心理之外，还要培养自己的客户亲和力。值得注意的是，在这个营销时代，对一个企业来说，需要进行全盘的市场营销，但是具体到每一个员工，推销能力依然是成功的最基本的保证。亲和力是展现推销能力的前提。试想一下就知道，哪个客户愿意和一个自己不喜欢的推销员打交道呢？

 【案例】

李·艾柯卡1946年进入福特汽车公司，当了一名见习工程师。但是不久，他就感觉这份工作枯燥无味，他觉得自己的特长是和人打交道，而不是和机器。在他的强烈要求下，上司终于把他调到了美国南部一个地区当汽车推销员。

推销员的工作并不是李·艾柯卡想象的那样容易，他的业绩开始总是落后，甚至成为倒数第一名。他坐下来请教别人，反思自己失败的原因，终于发现自己很多不足之处。其中一个不足就是他以前是一名工程师，保留了太多严肃的谈话风格，这在技术工作中是个好习惯，但是现在，这些好习惯却妨碍了他继续成功。

李·艾柯卡在加强自己的亲和力方面做了很多努力，甚至改变了自己的常用名字。他把自己的名和姓交换过来，在自己的名片上，把名字印成了"艾柯卡·李"，而且"李"的拼写换成了美国南部的一个姓氏——LEE。因为"LEE"这个姓，在美国南部是一个不多见但是却为人熟悉的姓氏——南北战争中，赫赫有名的罗伯特·李将军，就是这个姓氏的代表人物，李将军虽然最后战败投降，却在南方各州享有崇高的个人威望。

结果正如艾柯卡所料，客户们一看到这个姓氏，很多就会联想到李将军，他们会和艾柯卡聊起他们心中那个关于英雄的记忆，也会问起艾柯卡的一些个人问题，甚至有人会问艾柯卡：你是李将军的后裔吗？

艾柯卡是恪守商业道德的人，他当然不会编造谎言说自己是李将军的后裔——当然，客户绝对不会因为你是某名人的后裔就购买你的汽车。但是艾柯卡的目的达到了——他让客户对自己的第一印象深刻了许多。

案例点评

销售是与人打交道，而不是与物打交道。要记住，一般来说，客户不全是产品方面的专家。尤其是当新客户面对汽车这样复杂的产品时，多数都会摸不着头脑。出于防范本能，他们的内心深处对所谓的"专业人士"是有心理距离的。所以销售员要想客户接受自己的推销，前提是获得客户的好感，俗话说，想要销售产品，先要销售自己，正是这个意思。

（7）努力学习，拓展知识面　销售员在进入汽车贸易公司或者4S站工作时，公司会有一定的培训课程。如果是授权的4S站和特约销售商，可能还有来自于制造厂的培训师来培训，这些培训一般比较正规，内容也比较丰富，有的还有一些考核措施。但是，千万不要以为参加这些培训就已经足够了。作为汽车销售人员，应该广泛学习汽车的知识，至少熟悉同档次车型的优缺点及互相比较，并且能够解答客户的大多数疑问。

其实，作为销售人员来说，对本行业的知识面越宽广越好。宽广的知识面加上扎实的销售功底，离成功也就不远了。

 【案例】 乔·吉拉德的推销经

乔·吉拉德（图2-1）是世界上最伟大的销售员，他连续12年荣登吉尼斯世界纪录大全"全球销售第一"的宝座，他"连续12年平均每天销售6辆车"的汽车销售纪录至今无人能破。乔也是全球最受欢迎的演讲大师之一，曾为众多"世界500强"企业精英讲授他的经验，全球数百万人被其演讲所感动，为其事迹所激励。

然而，谁能相信，35岁以前的乔却诸事不顺，干什么都以失败告终。他换过40多种工作，仍一事无成，几乎走投无路。那么，乔最后能够获得巨大成功的秘诀究竟是什么？让我们一起看看乔自己是怎么说的。

图2-1 乔·吉拉德

1. 生意遍布于每一个细节

乔有一个习惯性细节：只要碰到人，左手马上就会到口袋里去拿名片。去餐厅吃饭，他给的小费每次都比别人多一点点，同时放上两张名片。因为小费比别人多，所以人家肯定要看看这个人是做什么的。他甚至不放过看体育比赛的机会来推销自己，在人们欢呼的时候，他把名片抛洒出去，就如同天女散花。

2. 面部表情的魅力

乔·吉拉德特别强调面部表情的重要性，他认为：要把自己推销出去，面部表情很重要——它可以拒人千里，也可以使陌生人立即成为朋友。笑容可以增加人的价值，他说："当你微笑时，整个世界都在微笑。要是一脸苦相的话，没有人愿意理睬你。"

3. 热爱自己的职业

乔·吉拉德认为，成功的基础是热爱自己的职业。他说："我打赌，如果你从我手中买车，到死也忘不了我，因为你是我的。"许多人宁可排长队也要见到乔·吉拉德，买乔·吉拉德的汽车。吉尼斯世界纪录大全核查其销售纪录时试着随便打电话给人，问他们是谁把汽车卖给他们，几乎所有人的答案都是"乔"。令人惊奇的是，他们脱口而出，仿佛乔就是他们多年的好友。

4. 猎犬计划

乔·吉拉德有一句名言："我相信推销活动真正的开始在成交之后，而不是之前。"乔有一种"猎犬计划"：借客户之力，寻找新的客户。成交后，乔总是把一叠名片和猎犬计划说明书交给客户，并告诉客户，如果他介绍别人来买车，每卖一辆他会得到 25 美元的酬劳。这还不算，以后他每年都会收到乔的一封附有猎犬计划的信件，提醒他乔的承诺仍然有效。

5. 体验式销售

乔的诀窍还在于想方设法让客户体验新车的感觉。他会让客户坐进驾驶室触摸、操作一番，如果客户住在附近，他还会建议其把车开回家，让他在家人和邻居面前炫耀一番。这样，试过乔的车的客户，几乎没有不买的。即使当时不买，以后也会买。乔认为，人都喜欢自己尝试、接触和操作，人都有好奇心，让客户参与其中能更好地吸引他们的感官和兴趣。

任务二 整车进销存管理

📋【任务目标】

能够口头描述汽车进销存的流程，能运用库存管理相关知识对汽车整车库存进行日常管理，能够进行汽车整车进货和销售管理服务。

📋【任务理论知识】

汽车整车进销存的含义、进货流程、库存管理内容和销售流程。

📋【建议学时】

4 学时。

一、整车进销存概述

"进销存"是一个俗称，是我国商品流通领域对业务模式的一种概括性描述。其含义是按照"进货—库存—销售"这条主线，对销售商的业务进行规范化管理的一种模式。

以"进销存"命名的计算机管理系统，通常以业务流为基础，以货物流为线索，以票据流为表象，以资金流为结果，这 4 种数据流在"进货—库存—销售"的各个环节互相结合，互相表征，共同体现企业的经营信息，并向管理者提供决策依据。

进销存既是一种最基本的商品流通形式，也是很多企业的经营模式。由于它的业务方式为大家所熟悉，所以很多人都认为进销存中的业务管理是很简单的管理，没有什么学问可言，甚至随便一个技术员就能随手编制"进销存管理软件"，这是完全错误的。事实上，在看似简单的"进销存"业务中，包含着丰富的科学和管理知识，其管理软件也绝非仅仅依靠一些计算机技术人员就能够编好的。

整车进销存就是围绕整车进行的"进货—库存—销售"的经营管理活动。在我国，常见的汽车销售商有以下几种常见类型：

1）进出口贸易商。

2）特约品牌销售商。

3）品牌 4S 站。

4）二手车销售商。

5）以上类型的混合型。

这些类型的销售商，其业务的核心管理都是进销存管理。整车的进销存既有与一般商品进销存类似的一面，也有其一些特殊性。

整车的进销存是管理者以车辆库存管理为核心，对车辆的出入库情况进行记录并分析，从而有效地对车辆进行采购、调配、返厂和销售等管理。目的是加快在库车辆的流动，盘活企业资金，提高企业的利润率。做好整车进销存管理有助于管理者了解库存变化规律，掌握库存调配方法，加速资金流动，进而全面提高企业管理水平。

整车进销存的流程包括：提交整车采购订单、采购订单的状态跟踪、采购车辆在途状态跟踪、车辆入库管理、在库车辆的管理、各仓库车辆的流动调拨、客户接洽工作、整车销售订单管理以及整车销售管理等，流程图可参考图 2-2。

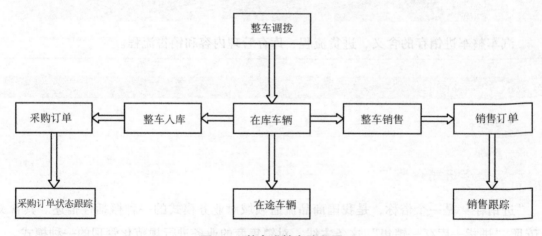

图 2-2　整车进销存流程图

二、整车进销存的进货流程模拟

1. 整车入库管理

整车入库是将从厂家订购来的车辆送入仓库，车辆的管理权由采购员转移到仓库管理员。

整车采购员在接车的时候，需要为每辆车填制入库单，详细记

整车入库方式

录每辆车的来源信息、基本外观信息、成本信息以及入库信息等。

> 车辆的来源信息包括：供应商，承运商，发票号，合同/调单号等。
>
> 基本外观信息包括：车型、颜色、VIN 码、发动机号、底盘号、合格证号、商检单号、钥匙号和进口说明书号等。
>
> 成本信息包括：出厂单价、折扣率、含税入库价、选装件金额、货款、车辆订金、含税销售价、运费、发票号、发票日期和结算方式等。
>
> 入库信息包括：仓库信息、采购员和入库摘要等。

经销商管理的整车仓库类型包括两种：

1）厂家库。由于整车生产厂家在某些销售地区因故没有足够大的空间安置车辆，因此，厂家联系各地的经销商，将属于厂家的车辆暂存于经销商位于各地的仓库。经销商对这些车辆只有管理权，没有所有权和销售权；此时的整车厂家才是这些车辆真正的主人，既有管理权，又有销售权。

2）经销商的车辆库。它是完全属于经销商的仓库，仓库中的车辆是经销商从厂家购得的。经销商具有管理权和销售权，可以自行对车辆库的车辆进行销售和调拨。

根据仓库的不同，整车入库被分成了 3 种类型：直接入车辆库，直接入厂家库和由厂家库调入车辆库。直接入车辆库是指整车厂家根据经销商的订货发出车辆，经销商将购得的属于自己的车辆存入仓库；直接入厂家库，是指厂家出厂的车辆临时保存到厂家在经销商处设置的临时库房；从厂家库调入车辆库，是指经销商向厂家购车，而自己代为保管的厂家库就有库存，此时，经过厂家同意，就可以将车辆直接从厂家库调到属于经销商的车辆库中，免去了委托承运商送车的麻烦。

整车采购入库时需要记录车辆的车型、颜色与 VIN 码，这是车辆的 3 个重要标志，其中最重要的是 VIN 码。

整车入库单中的出厂价是指厂家提供的出厂报价，一般是统一价格，不会受到地区或者人为因素的影响。折让率是厂家根据地区或者经销商不同，为经销商提供的优惠折让。入库价是通过出厂价与折让率两者计算出来的，计算公式为

$$入库价 = 出厂价 \times (1 - 折让率)$$

整车入库后，如果因为各种原因需要将车辆退回厂家，采用的是采购退货单，而不能直接将入库单作废。采购退货是指经销商从厂家购车之后，由于销售或者车辆等问题，需要将车辆退回厂家的过程。采购退货单是记录采购退货的单据。从出库原理来说，采购退货类似销售，只是将销售对象由原来的普通客户变为了供应商。当然，采购退货可能引发折旧问题，这个问题比较复杂，在此暂不进行探讨。

明确了上面的几个概念，下面介绍入库单的制作过程。

实习操作

整车入库单可以直接新建，也可以从采购订单调入。如果新建一个入库单，首先需要填写供应商、采购车辆的各种基本信息以及车辆的单价、折让率等。

在主菜单中的"帮助"中找到"汽贸导航"，弹出如图2-3所示的整车业务导航界面。单击"整车入库"，则弹出整车入库单（图2-4）。如果生成新的业务单据，则点击 新建N （新建）按钮。然后，在供应商信息中添加厂家信息。在添加入库车辆信息时，单击界面中的 加整车A （加整车）按钮，可以选择入库车型。

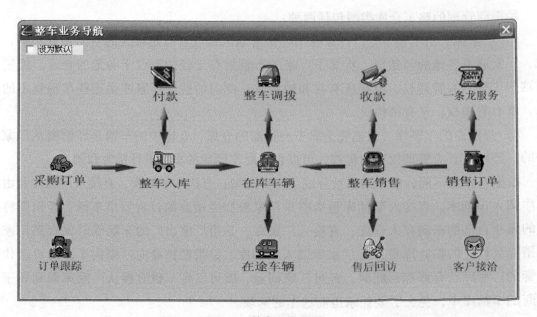

图2-3　整车业务导航

如果需要增加选装件，可在入库单上面单击 加选装件B （加选装件）按钮，会看到该车型对应的选装件（图2-5），进行选择即可。

车型和选装件填写好后，需要确定车辆的颜色、出厂单价、折让率、入库价、选装件金额、货款、车辆订金、VIN码、底盘号、发动机号、合格证号、商检单号、钥匙号、进口说明书和销售价等。整车入库单需要填写发票号和合同号，作为采购合同的一个重要部分。当上述信息都填写完毕后，单击 保存S （保存）按钮就可以保存单据。

如果此次入库是经过订单进货，那么可以直接通过调用采购订单，自动将原来填写的单据信息调出，建立入库单的时候只需要将VIN码、发动机号和底盘号等信息添加完整。没有将保存的单据正式入库而又被其他事情打断时，不用担心保存的单据会丢失，可以通过界面中的 打开O （打开）按钮，选择保存过的入库单（图2-6），曾经保存的内容就会被完整地调出来。

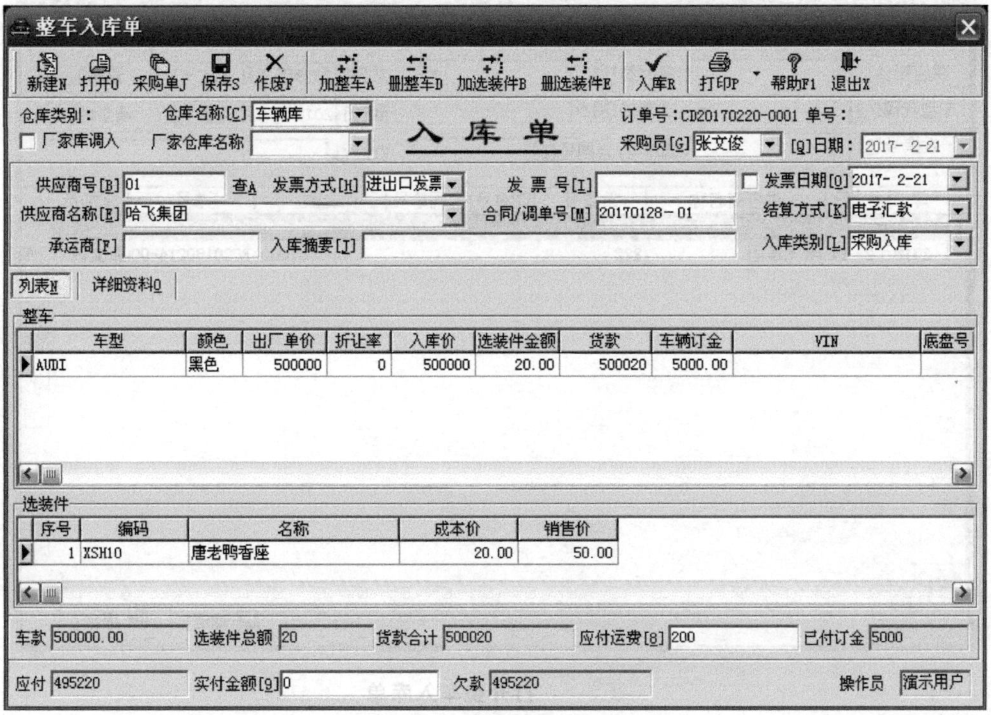

图 2-4　整车入库单

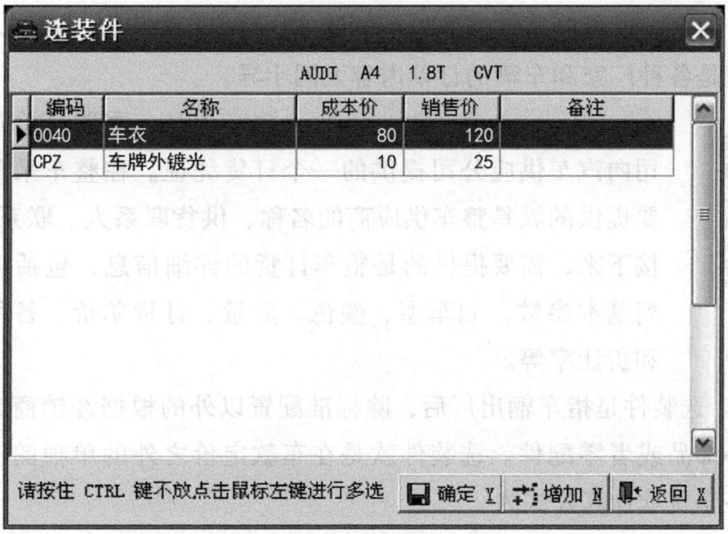

图 2-5　加选装件

　　当所有的信息都填写完整后，还应该最后确认一次每辆车的 VIN 码等信息，这些信息是车辆的身份证，是不允许出现错误的。最后，通过界面中的 （入库）按钮完成入库操作。

图 2-6　打开整车入库单

2. 整车采购订单管理

整车采购订单是经销商向厂家提供的车辆订单。根据厂家以及车型的不同，提交订单的内容不同，但是各种厂家和车辆的订单内容大同小异。

整车采购订单介绍

（1）整车采购订单中的参数及含义　采购订单是由汽车销售公司向汽车供应公司提供的一个订货凭证。在整车采购订单中，首先要提供的就是整车供应商的名称、供货联系人、联系电话和地址等。接下来，需要提供的是整车订货的详细信息，包括订购车辆的一系列基本参数，如车型、颜色、数量、订货单价、各种选装件、订金和折让率等。

1）选装件。选装件是指车辆出厂后，除标准配置以外的根据经销商或者购车客户需求选择安装的小饰品或者零配件。选装件款是在车款定价之外的单独的一部分金额，需要单独计算。整车货款计算公式为

整车货款 = 车辆金额 + 选装件金额

2）订（定）金。有的厂家在接订单的时候还需要经销商缴纳部分金额作为订金，当车辆交到经销商手中的时候，订金会相应地从车款中扣除；如果订单取消，那么将返还这部分订金。但有的时候厂家会根据自己的管理需要，把"订金"作为"定金"，不再返还。因此要在订货过程中与厂家沟通好是"订金"还是"定金"，这样在订单取消的过程

中可以免去不必要的麻烦。如果在下订单的过程中缴纳了部分金额作为订金，那么当车辆运抵的时候整车货款计算公式为

$$整车货款 = 车辆金额 + 选装件金额 - 订金$$

3）折让率。车辆的折让率是指厂家给经销商的折扣。一般来说，厂家会根据不同经销商的诚信度、订单数量、服务质量和人际关系等因素，同时参考市场对车辆价格的调节，在原有整车货款的基础上打一个折扣。如果整车货款中包含了折让率与订金，那么，整车货款计算公式为

$$整车货款 = （车辆金额 + 选装件金额）\times（1 - 折让率） - 订金$$

4）采购合同号及采购人。当订购车辆的车型、颜色、数量、单价、金额、选装件、选装件金额、折让率和订金等确定之后，一般在每张订单上都会注明采购合同号以及采购人。因为车辆订单属于经销商与厂家之间的一种协议，如果双方对内容都认可，那么，它便具有法律效力，双方必须依照协议办事，需要承担订单所带来的后果，同时要履行订单约定的相应责任。记录采购合同号和采购人有助于明确双方的责任与义务。

（2）采购员的职能　在整车进货的前期，采购员必须详细了解公司的汽车销售状况，结合购车客户的需求、流行趋势的变动、市场占有率分析以及公司的销售目标和利润分配等情况，和公司的负责人讨论过后，得出车辆订购内容。采购员同时负责和厂家进行沟通，上传订单，建立与厂家的良好合作关系，以便厂家给公司更多的利益优惠。这是整车贸易流程是否具有良好开端的重要因素。

（3）模拟订单流程

1）订单草案。经销商会根据具体企业的经营管理不同而采取定期订货或者随时订货的方法。当采用定期订货的时候，向每个供货商订货的车辆可能不是在同一天确定下来的，有可能是长时间积累下来的需求。那么，应该先制订一份订单草案，然后在接下来的时间中对该订单草案进行增删改。

保留订单草案是十分必要的。在订单没有最终确认提交之前，一般是不进行订单确认的，而只是保留订单，为订单进行临时存档。当该订单确认时，如果订金已经缴纳，那么经销商与厂家之间就发生了资金的流动，在财务上被称作有借贷发生，双方的订货合同便开始生效，其过程可参考图2-7。

2）作废订单。与采购合同类似，已经确认的订单一般情况下是不允许修改的，只能制订新的订单，来增补原有订单。如果在该订单还没有确认时发现订单有严重错误，则可以作废该订单，以便制订新的正确的订单，过程参考图2-8。

3）调入销售订单完成采购订单。除了上述订单过程外，有的经销商还通过其他方法来制作采购订单，如通过销售订单的方法。当有客户决定在经销商处购买车辆的时候，首先经销商会给客户开具销售订单，然后通过销售订单中记录的车型、颜色和数量等信息向供应商提供车辆订单。此时的采购订单，就可通过调用客户的销售订单来制作了。

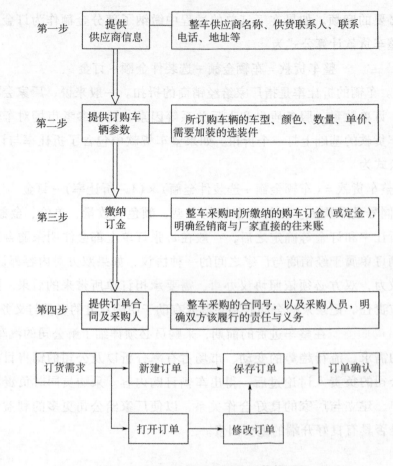

第一步　提供供应商信息 ── 整车供应商名称、供货联系人、联系电话、地址等

第二步　提供订购车辆参数 ── 所订购车辆的车型、颜色、数量、单价、需要加装的选装件

第三步　缴纳订金 ── 整车采购时所缴纳的购车订金（或定金），明确经销商与厂家直接的往来账

第四步　提供订单合同及采购人 ── 整车采购的合同号，以及采购人员，明确双方该履行的责任与义务

图 2-7　从订单草案到完成订货的过程

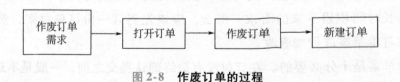

图 2-8　作废订单的过程

 实习操作

在图 2-3 所示的整车业务导航界面，单击"采购订单"弹出如图 2-9 所示的界面，新建整车采购订单，单击 📋（新建）按钮，通过供应商号旁边的 查A（查询）按钮，查找已经在系统中登记过的供应商信息。此时会弹出供应商查询界面（图 2-10）。选择好供应商后单击 💾确定 Y（确定）按钮，系统会将选择的供应商信息自动添加到采购订单中。如果需要的供应商没有在查询界面中，那么单击界面中的 ⬆增加 N（增加）按钮，可以添加新的供应商信息。

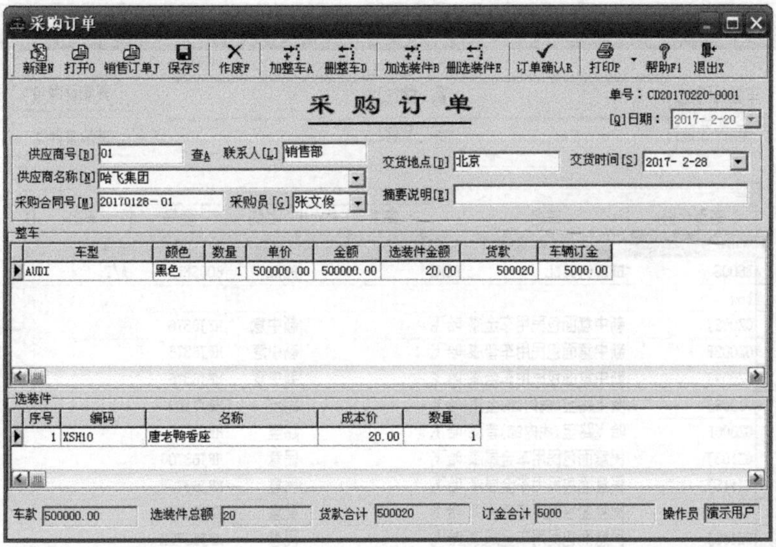

图 2-9　采购订单

接下来添加整车信息。单击界面中的 （加整车）按钮，弹出车型选择界面（图 2-11），选择需要订购的车型。如果需要的车型是一个新的型号，那么单击 （增加新车型）按钮。车型确定好后，选定，单击 （确定）按钮，车型就增加到了采购订单中，此时需要确定该车的数量、颜色、单价、订金等。在采购订单各项内容中填写好相应信息。

如果该订购车辆需要增加选装件，那么单击采购订单上面的 （加选装件）按钮，弹出该车型可以添加的选装件列表

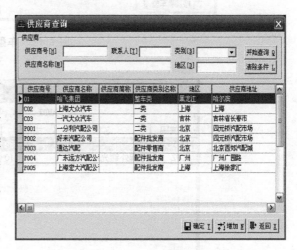

图 2-10　供应商查询

（图 2-12）。如果选装件列表中没有列出所需的选装件，那么单击 （增加）按钮，可以为不同车型添加选装件。如果需要的选装件已经出现在列表中，那么选中后单击 （确定）按钮，选中的选装件就会增加到订购车型的选装件列表中。

如果和厂家签订了订货合同，则填写合同号，选择本次订货的采购员，当这次订单信息确定好后，单击 （保存）按钮，此时一张临时的订货单就制作好了。

如果这张订单暂时不提交给厂家，那么就不必进行确认。假如订货内容需要修改，那么可以在采购订单界面直接单击 （打开）按钮，选择以前保存的采购订单，在原有的基础上

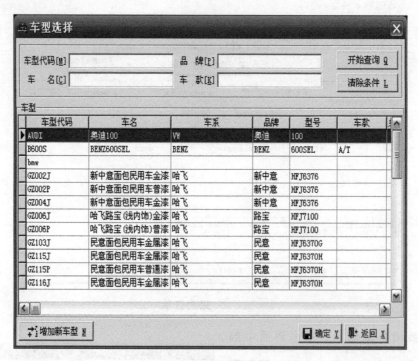

图 2-11　车型选择

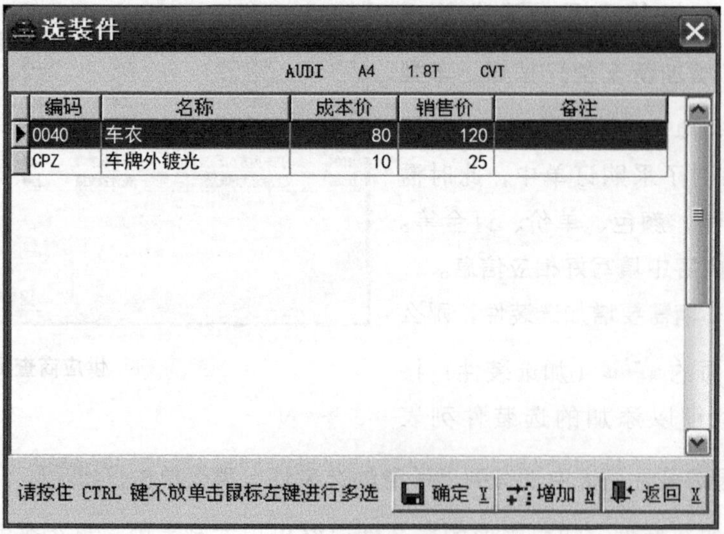

图 2-12　添加选装件

进行修改就可以了。如果某个车型或选装件已经不需要了，直接单击界面中的 ![删整车D] （删整车）
或者 ![删选装件E] （删选装件）即可。当订单准备提交厂家时，单击订单确认，此时订单便正式生效，
订单中产生的金额便自动记入经销商与厂家的往来账目中。

3. 订单跟踪管理

订单提交后，其状态有 3 种：采购中、在途、入库。

采购中是指订单提交到厂家，厂家发出订货之前的一段时间。此时厂家与经销商会核准订单，同时厂家会向各仓库调集经销商的订货，部分或统一发送。

当厂家已经发货，一般会向经销商发出通知，告知订购车辆已经发送，此时经销商便开始跟踪车辆的运输情况，订单的状态相应地调整为在途状态。

订购车辆抵达经销商指定的地点后，经销商应该仔细检查车辆的详细情况，如是否有损坏、是否符合订货单所记录的要求、是否将每辆车的选装件都配备完整等。检查完毕后才可以将车辆入库，相应地改变订单状态，完成整个订货过程。

订单跟踪时需要根据条件查询，快速地查出所要跟踪的单据，因此一般的管理软件中会列出重要的查询条件，使用者可以利用这些条件快速、有效地进行筛选。

实习操作

在图 2-3 所示的整车业务导航界面单击"订单跟踪"，出现如图 2-13 所示的界面。在此界面中可以看到，其中包含着许多订单中的信息，查找单据的时候只要添加任一信息，都可以找出满足条件的订单。查找订单的目的是为了跟踪订单以及修改订单状态。当订单首次确认后，默认状态就会变为"采购中"，此时，订单已经提交厂家，但是厂家还没有发货。当接

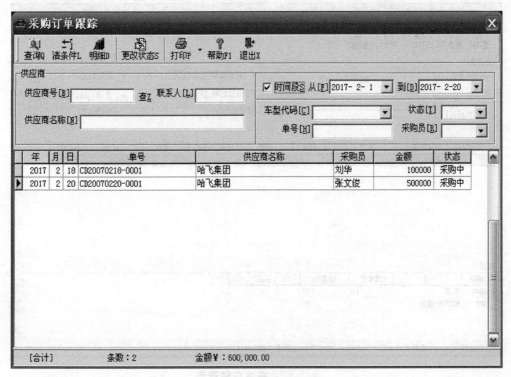

图 2-13 采购订单跟踪

到厂家通知车辆已经发出的时候，就需要更改订单的状态，单击订单跟踪界面中的 ![更改状态S]（更改状态）按钮，系统会弹出如图2-14所示的界面，在这个界面中系统会显示出订单的当前状态，在"更改后的状态"中选择"在途"，单击 ![确定Y]（确定）按钮，就可以将订单状态进行修改了。当厂家发出的车辆送抵目的地，经过验车准备进库，此时要将订单修改为"已入库"状态，只需在"更改后的状态"一栏中选择"已入库"即可。

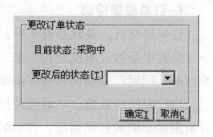

图2-14　更改订单状态

三、整车进销存的库存管理模拟

1. 在途车辆管理

在途车辆查询（图2-15）是对经销商已经提交订单，同时厂家已经发货的车辆进行跟踪的管理。当采购订单为"在途"状态时，需要对车辆进行有效的跟踪管理。在本功能中，可以通过在途车辆的管理查看到每个车辆详细状况以及交货地点与交货时间。如果是长途运输，那么要定时对车辆进行电话跟踪，随时了解车辆的在途状态和可能出现的各种问题，做到及时了解、及时解决，防止车辆在长途运输中出现延误与危险。

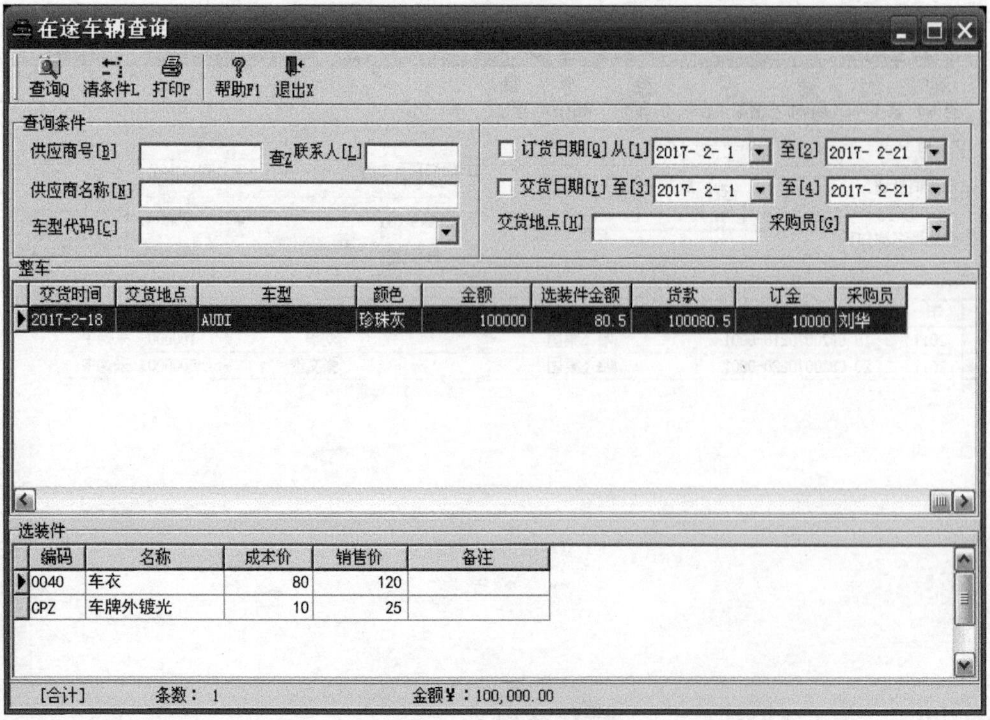

图2-15　在途车辆查询

　　一般来说，在不影响销售的前提之下，应该尽量控制在途车辆的运输数量。在同一时间内，在途车辆数量越少，公司所承担的风险越少。这样就要求整车采购部门尽量合理安排车辆的订购和运输。

　　在途车辆管理中，提前做好接车准备是非常重要的，应在规定的接车时间与地点安排好专人，做好验车前的准备工作。同时，与库房提前做好沟通，为车辆安排好存放地点与防护器具，也为车辆入库提前做好充分准备。

2. 库存车辆管理

　　库存车辆管理主要职责是接车验收、入库、库存保管、盘点、出库、备料复核、交接装车以及协助制订采购计划。

　　（1）协助制订采购计划　制订采购计划时，库管员要向采购员提交仓库各种车型的存量情况，采购员根据库存、销售等情况起草计划及时补充库存，保障销售。同时，库管员要向有关管理者提供滞压库存情况，以便调整销售和采购策略。如果公司规定采购计划是由库管员来制订，那么订制采购计划后，一定要提交管理者同意后才可以进行采购，因为这会影响整个公司宏观管理，绝不能凭个人的感觉行事。

　　（2）接车验收　接车验收是当经销商订购的车辆到货时，由采购员与库管员一起验收车辆，检查车辆是否有破损，车型、颜色和数量是否符合要求，零配件是否齐全等。如果发现问题，则不应安排入库，要及时向主管反映情况，进行处理。接车验收是一个十分重要且技术要求严谨的工作，如果不能把好这一关，那么车辆入库后如果出现问题，将会给公司造成损失，影响整个销售。接车验收要掌握以下几个重要的步骤：准备好验收车型的相关资料与技术说明、验收设备、订货合同副本或订货凭证、车辆承运部门的运输单等。接车人需要根据车型相关资料以及订货凭证，首先对车辆的外观与内部装饰进行检查，然后对汽车的主要系统用各种验收设备进行检查。检查完毕后，还应对照订货单清点各种车型到货数量以及察看各车型颜色是否符合订单要求。

　　（3）入库　验收完毕后应当详细记录每一辆车的详细信息以及 VIN 码，制作入库单，核对各种技术指标，登记车辆来源（厂家）、入库价、销售价以及采购员等信息。入库单填好后，车辆应该与入库单一起入库，由库管员负责保存管理。

　　（4）库存保管　库存保管的过程中，应当注意各种车辆的保管方法，注意环境因素对车辆的影响，采取相应的保护措施，防止车辆在存放过程中出现各种损伤。同时，入库时要对车辆的存放位置进行合理规划，防止车辆混乱存放的问题发生。

　　（5）清点　随着车辆的各种出入库，库管员要根据制度定期或不定期地对在库车辆进行盘点，尤其重要的是分析库存数量的变化，可以为公司的采购与销售双方提供有效的数据分析，从而提出合理的采购与销售计划建议。

　　（6）出库　随着在库车辆的销售与调拨，库管员应该根据销售单与调拨单对库存车辆进行单据处理，对出库车辆进行出库存档，做好车辆出入库的准备工作，进行例行的维护、清洗等。

（7）备料复核　如果出库的车辆配备有选装件，那么库管员要将这些备件相应地准备齐全，与车辆一同出库。

（8）交接装车　出库时的车辆有可能需要进行交接装车，此时一定要注意车辆的保管。交接装车时，要按照流程小心操作，做好防范措施，决不可随意装车。为了避免在途中的事故，还需要专人护送，必要时要提前向主管人员申请。

（9）库存车辆查询　库存车辆查询（图2-16）可了解库存车辆数量与成本，对库存金额进行核算，为公司管理者掌握库存情况提供翔实的数据。库存查询可以看到所有库存车辆的详细信息以及不同车型的库存情况。每一种车型库存量的多少直接影响销售方案的制订。根据库存量的变化及时修改销售方案是减少库存积压十分有效的方法。如果将每一种车型分别制订一个警戒上、下限，那么当库存量高于警戒上限时，说明库存发生了积压现象，就要调整库存，减少库存数量；如果库存数量低于库存警戒下限时，根据市场的需要，可以考虑进行采购，补充库存数量。

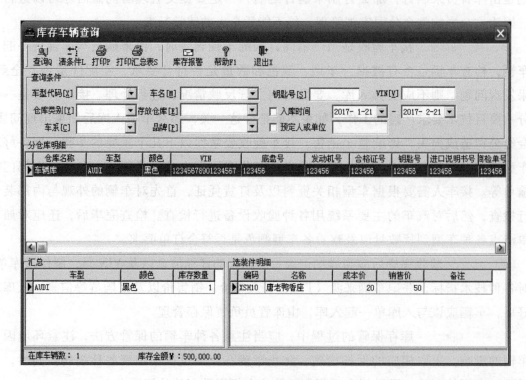

图2-16　库存车辆查询

3. 整车调拨

整车调拨是指将库存车辆从一个仓库转到另一个仓库中，目的是合理分配资源，做到资源的合理利用。例如，某经销商在 A 地和 B 地分别设立了两个车辆销售门市部，在每个门市部分别设立了一个仓库。如果经销商在 A 地销售车辆，此时仓库中没有库存，而 B

地的仓库中有，那么经销商不需要从厂家采购车辆，而直接通过整车调拨将位于 B 地的车辆调拨到 A 地进行销售，从而将现有库存车辆做到了合理分配利用，既减少了 B 地的库存积压，又减轻了 A 地采购成本，一举两得。或者某个地区的经销商由于各种因素无法将所有车辆存放在同一个仓库，而会将车辆存放到位于这个地区的多个仓库中。在销售过程中，如果某个仓库的数量或者车型颜色等无法满足购车者的要求，那么经销商就会查询其他库存，看是否有符合要求的车辆；如果有，利用整车调拨就可以将车辆调整到当前仓库中，方便销售。因此，整车调拨是经销商合理利用现有车辆资源的一个重要手段，既可以盘活库存，又可以节约采购成本。

整车调拨需要协调好调拨的两个仓库的关系，做到车辆出库与车辆入库的无间断流动，也就是说当 A 地仓库将车辆调出，而由于各种原因 B 地无法接到车辆，或者 B 地无法正常入库等，都会增加车辆在途中受到损坏的几率，因此将车辆在库外的时间缩短，相应地就会减少车辆的受损几率。同时，库外停留时间越长，运送车辆的成本会越大，车辆销售利润率就会降低。车辆调拨可以实现对仓库资源进行合理利用，但也会提高车辆的成本。作为管理者，应掌握好调拨与采购的关系这是将成本控制的重要方面。

整车调拨仓库的说明：整车存放仓库一般会被分成几个类别，如厂家库、销售库和普通仓库。一般厂家库用来存放属于厂家的车辆，经销商没有权力销售这个仓库中的车辆。

实习操作

整车调拨单（图 2-17）用作整车调拨过程中的调车凭证，作为调拨仓库中的车辆交接单。新建整车调拨单时，单击 [新建N]（新建）按钮，选择需要调拨的仓库，调入仓库和调出仓库的类型必须完全一致，否则无法调拨。然后，登记所要调拨的车辆，单击 [加整车A]（加整车）按钮，会弹出调出仓库中所有的车辆信息，选择好需要调拨的仓库后，单击确定，则可以将车辆基本信息加入调拨单。如果该车辆还有选装件，那么可以将选装件一起添加到调拨单中。在调拨界面中选择 [加选装件B]（加选装件）按钮，根据需要添加好选装件。如果添加的车辆或者选装件有问题，单击界面中相应的 [删整车D]（删整车）按钮或 [删选装件E]（删选装件）按钮可以将问题内容删掉。为增强调拨的管理，还应该填写调拨人以及主管，增强车辆调拨过程的监管。当所有信息填写完整后，就可以保存这张单据了，单击 [保存S]（保存）按钮即可。当车辆正式调拨时，单击 [调拨K]（调拨）按钮，完成这次调拨过程。如果单据保存过后没有进行正式调拨而进行了其他操作，如需要打开尚未调拨的单据时，单击界面中的 [打开O]（打开）按钮，弹出"打开整车调拨单"界面（图 2-18），选择相应的未调拨单据，继续上次的操作即可。有的时候，因为种种原因取消了车辆调拨，此时单据已经保存，可以选择界面中的 [作废F]（作废）按钮，将单据作废。已经完成调拨的单据不能够作废。

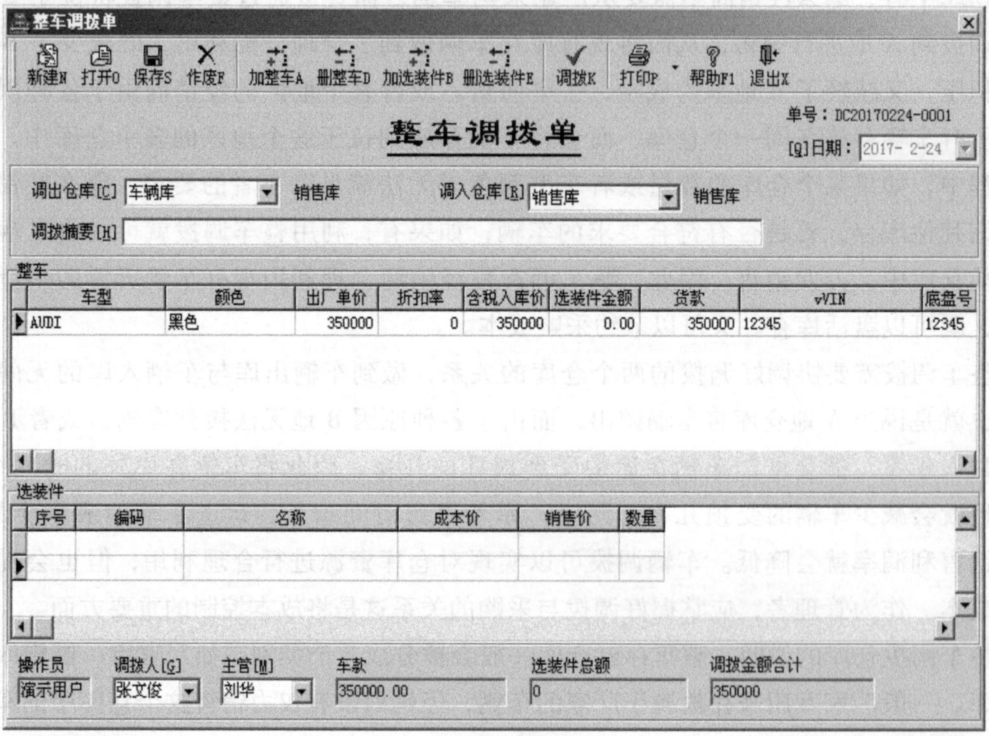

图 2-17　整车调拨单

图 2-18　打开整车调拨单

四、整车进销存的销售流程模拟

1. 整车销售订单

整车销售订单是车辆经销商为计划在此购买车辆的客户进行的一个售前记录，它需要记录的是客户订车的详细信息，一般包括：客户信息、订购车型、颜色、数量、车辆价格、选装件信息、车辆订金、交货日期和地点等。如果签订订货合同，还要记录订单合同号。

 实习操作

销售订单的制作与采购订单类似。在图 2-3 所示的整车业务导航界面单击"销售订单"（图 2-19）。首先单击 ![新建N]（新建）按钮，在客户信息中登记订车客户的基本信息，包括：客户号、客户名称、联系人和联系电话等。车辆信息是订单中不可或缺的内容，需要记录的有：客户订购车辆的车型、颜色、数量、单价、金额、选装件金额和货款等。添加这些信息的时候，可以通过单击订单界面的 ![加整车A]（加整车）与 ![加选件B]（加选装件）按钮，分别弹出车型选择界面和选装件界面，选取客户订购的车型和选装件信息。基本信息选择好后，根据与客户协商的结果，确定好车辆的数量、颜色和金额等。如果与客户签订了订单合同，还应该在销售

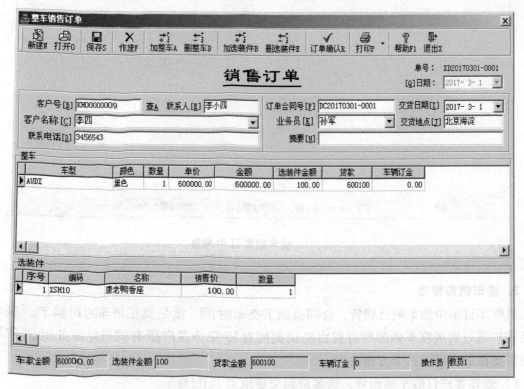

图 2-19　整车销售订单

订单中填写订单合同号与摘要。车辆销售后需要将车辆交到客户手中，因此应与客户交流有关车辆交接的情况，包括交车时间与地点等。最后，选择制作此订单的业务员。

如果上述信息没有填写完整，可单击 保存S（保存）按钮先进行保存。保存后可以进行其他业务的操作，保存过的单据可以通过 打开O（打开）按钮继续操作。如果想作废掉这些未确认的单据，那么单击 作废F（作废）按钮删除该单据。如果想要订单生效，需要单击 订单确认R（订单确认）按钮，完成整个订单的操作。

订单确认生效后，如果需要查询可以使用销售订单查询（图2-20）。在主菜单中找到"汽贸管理—整车销售管理—销售订单查询"，在这里可以看到所有的确认订单。通过各种条件的筛选，找出需要的单据，单击 明细D（明细）按钮，可以查询这张订单的详细内容。

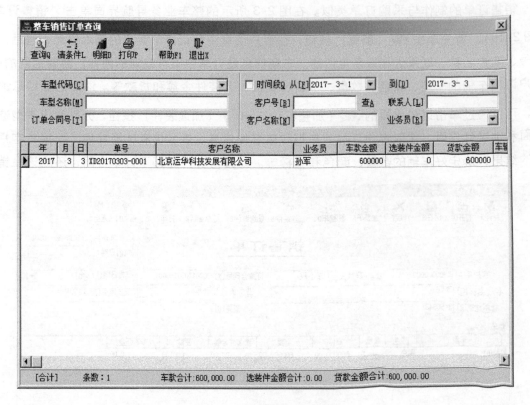

图2-20　整车销售订单查询

2. 整车销售管理

当整车订单中的车辆已到货，合同也到了交车时间，就是真正售车的时候了。整车销售是客户通过购买将车辆的所有权由经销商所有转变为客户所有的过程。此时，作为经销商需要做的有以下几个方面内容：

1）通知客户订购车辆到货，请客户到交货地点及时购车。

2）登记销售车辆的车型、颜色、VIN码和选装件等车辆基本信息，同时确定选装件是否符合客户的要求。

3）登记购车客户的基本信息。

4）登记售车的维护里程。

5）如果有一条龙服务，应该帮助客户完成一条龙中的各项服务。

上述5条全部完成后，一个完整的销售流程才结束。

> 车辆维护里程一般包括首保里程、二保里程与常规维护里程。首保里程是指车辆交到客户手中后的某个时间段内，到指定的维修站厂或者4S站进行的第一次维护时的公里数（或者时间段），大部分的轿车首保是免费的。同样，二保里程是指车辆交到客户手中后的某个时间段内，到指定的修理厂或者4S站进行的第二次维护时的公里数（部分车型的二保也是免费的）。二保过后车主根据车辆的具体情况或车辆的常规维护公里数，到相应的维修站或者4S站进行常规维护。常规维护公里数是车辆的一个维修维护参数。为了保证车辆长时间的正常行驶，每当车辆行驶了相应的公里后，需要对车辆进行一次常规维护，此时的里程数就是上面提到的常规维护里程数。当然，首保和二保的公里数都是有相应的时间限制的。

在销售过程中可能会遇到一些问题。

客户订购的车辆到货时，可以直接将销售订货单转为销售单，只需要将客户信息等填写完整就可以了。

如果客户订购的车辆没有完全到货，而交货的时间已经到了，那么就需要及时与客户沟通，先将部分车辆进行销售。此时，将订单转为销售单的时候，需要将没有到货的车辆信息删掉，保留到货的车辆信息进行销售。也就是将销售订单的信息转到销售单后还需要进一步修改，才可以正式销售。

如果客户准备直接购车却没有事先在经销商处订货，此时如果车库里有现货，就可以跳过订单流程直接进行销售。

如果客户购买的车辆既没有进货，也没有库存，但在车辆采购计划中，那么就可以建议客户先订购车辆，当车辆到货时，让客户再来购买。如果客户想要购买的车辆没有列入采购计划，那么不能进行订货销售。

实习操作

在图2-3所示的整车业务导航界面单击"整车销售"，弹出如图2-21所示的"整车销售单"。整车销售单可以通过整车订单转入。单击界面中的 订单转入（订单转入）按钮，打开所有登记的订单（图2-22），查询到需要转入的订单后，单击 确定（确定）按钮，所有订单的信息将转入销售单中。接下来根据车辆的到货情况修改销售单。如果客户订购车辆全部到货，可以直接将车辆的基本信息补全，包括：颜色、VIN 码、发动机号、底盘号、合格证号、商检单号、钥匙号、进口说明书号、首保和二保里程等。

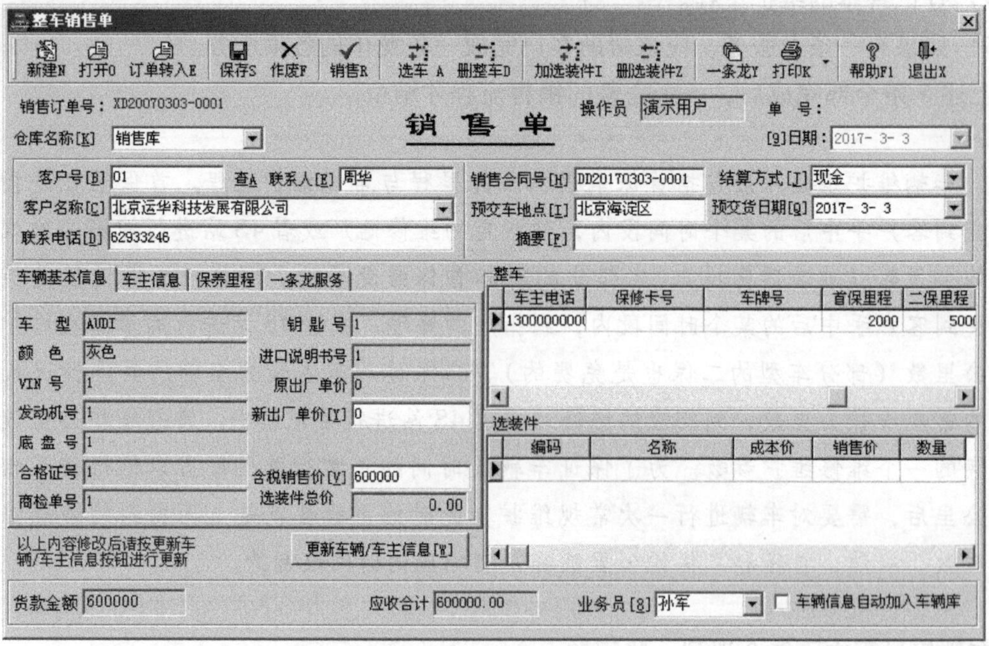

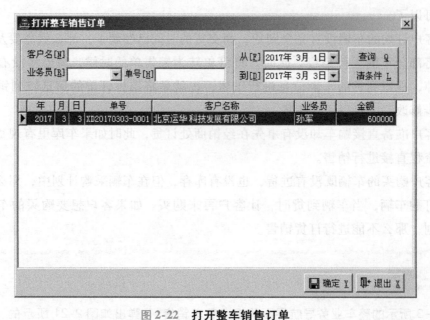

图 2-21　整车销售单

图 2-22　打开整车销售订单

如果在销售过程中有一条龙服务，那么可以在销售单制作的过程中帮助客户完成购车过程中的一些代办服务，这部分将在以后具体介绍。代办过程中会产生一些代办费用，如：税费、保险费和装饰项目费用等。

接下来登记车主信息，包括：车主的名称、联系人、联系电话、有效证件号码、车主电话、保险卡号和车牌号（对于新车，可以用 VIN 码和临时牌号暂代）等。最后，还应该确认销售的车辆以及选装件的型号价格，然后选择结算方式，预交车地点、日期以及销售合同号，摘要等。当所有信息都确定好后，可以单击 （销售）按钮完成销售记录，如果没有立即销售，则可以单击 （保存）按钮保存单据。

保存单据后，在真正进行销售的时候，可以通过 （打开）按钮，调出未确认的销售单，然后进行选择并确认。如果该单被中途取消，那么可以单击界面中的 （作废）按钮将销售单作废。

如果销售单已经确认，而客户要求退车时该怎么办呢？此时不能作废销售单，而应采用整车销售退货的办法来解决。

任务三　汽车销售服务管理

【任务目标】

掌握汽车销售一条龙服务的内容，能够进行汽车售前、售后服务管理以及客户投诉处理。

【任务理论知识】

汽车销售一条龙服务的内容，汽车售前、售后服务管理，客户投诉处理的具体操作。

【建议学时】

4 学时。

一、一条龙服务概述

在购买车辆时，相当一部分客户对汽车是比较陌生的。在汽车的销售过程中，为了给客户提供更加周到的服务，同时也为了吸引客户并增加利润，汽车销售者通常都提供附加的服务项目，这些附加服务项目通常称之为一条龙服务项目。

一条龙服务是一个模糊的概念，并没有确切的定义。一般来说，一条龙服务包括导购、试车、购车签约、按揭签约、新车上牌、代缴税费、代办保险和配套装饰等项目。有的还包括会员办理、赠送礼品礼券或者提供一些免费的美容装饰项目等。

这些服务项目有的可以带来直接收益，有的则是吸引客户的手段，能够增加客户的信任度，带来间接的效益。

1. 汽车导购

作为经销商，应该对所售车型与市场上类似车型的各种性能参数作一个详细比对，得出各种车型的性能优劣。同时，了解各种车型在市场上的各种变化。当客户来到经销商处选车时，经销商应主动为客户介绍销售车型的各种性能与结构、市场行情，供客户参考，同时对客户提出的各种疑问进行解答。好的经销商还会根据客户的喜好、性格与购车用途等因素，为客户提供适合自己的购车参考。客户在购车过程中如果充分体会到经销商的优质服务，便会对经销商产生好感，增加购车热情。

客户通过车型、颜色、性能和功能的多种比较后，在经销商处终于选购了一辆自己喜欢且适合自己的车后，作为汽车经销商应主动向购车者提供合法证明、发票及交车的相关手续。

在交车之前，销售商需要帮客户进行车辆的静态与动态检查。其中静态检查内容包括：车辆灯光是否齐全有效；音响调试；转向盘、座椅、反光镜的调整；各种电器开关、车门、车锁、车窗、遥控器，是否灵敏有效；蓄电池桩头安装是否牢固；轮胎气压是否正常。动态检查内容包括：起动汽车后的各种仪表显示；发动机有无异响；空调工况，压缩机和传动带有无异响；各种传感器和继电器是否正常启用；上路试验检查制动是否灵敏有效；转向是否跑偏、助力器有无异响；档位是否清晰，离合器和变速器、减振器有无异响。这些检查都得到客户的认可后，车辆就可以正式交给客户了。

2. 办理移动证/临时牌

没牌照的车辆不能上路，因此验车后本地居民还需到当地公安交管部门（或其驻场代办处）办理车辆移动证，去外地的车辆则需到检测场验车并办理临时牌照后才准许上路。

3. 验车

新车需经车辆检测场检验合格才能领牌，验车场由车管所指定。检验合格后，填发由驻场民警签字的机动车登记表。验车时，需带齐所需相关证件。验车前，应该事先清洗车辆，检查汽车有无漏油、漏水现象，发现后应及时修复。除了这些还应该检查车辆的灯光是否有效、制动系统是否制动有效、是否加装安全防护网以及附加装置（灭火器、三角警告牌）是否齐全。

验车时需要填写车辆检测表，记录车辆的基本信息以及各项指标；如果需要进行上线检测时，将准备好的车辆开至检测站检验；检测合格后，由相应的负责人签署意见；最后，将各种文件交与驻站民警审核并在"机动车登记表"上签字；完成整个验车过程。

4. 工商验证

车主持正规购车发票、厂家提供的汽车质量合格证，进口车还应提供海关货物进口证明或罚没证明书、商检证明书，到指定地点加盖工商验证章。

5. 车辆购置附加税

$$车辆购置附加税 = (车价 - 车价 \times 13\%) \times 10\%$$

6. 保险

汽车保险是保险人通过向被保险人收取保险费的形式建立保险基金，并将它用于补偿因自然灾害或意外事故所造成的车辆的经济损失，或在人身保险事故发生时赔偿损失，负担责任赔偿的一种经济补偿制度。

新车车辆保险一定要在领取牌照之前办理，购车时可一并完成投保。新车办理保险时，需要确定如何投保，提供身份证或法人代码证、购车发票。

7. 新车上牌照

车主准备好上牌照需要的各种材料，才能顺利上牌。首先要填写机动车登记表，将登记表、购车发票、车辆购置附加税证和发票、车管所回执、档案袋、身份证（企业代码证书）及复印件，交到相关的窗口挑选车牌号。通常车牌号挑选都是以电脑随机排号的方式进行。

8. 办理行驶证

新车在上牌照的时候，管理机关会给车主一个与车牌号相同号码的行驶证，它记录车辆的基本信息，包括车辆的归属和技术指标状况，可以确认车主对车辆的所有权，也是车辆能够上路行驶的书面证明。

行驶证的样式如图 2-23 和图 2-24 所示。

中华人民共和国机动车行驶证

车 牌 号 码 ＿＿＿＿＿＿＿＿＿ 车 辆 类型＿＿＿＿＿＿＿＿＿

车 主＿＿＿＿＿＿＿＿＿

住 址＿＿＿＿＿＿＿＿＿

发 动 机 号 ＿＿＿＿＿＿＿ 车 架号＿＿＿＿＿＿＿＿＿

厂牌型号＿＿＿＿＿＿＿

总重量＿＿＿＿千克 核定载重量＿＿＿＿千克

发证机关章 核定载客＿＿＿＿人 驾驶室前排共乘＿＿＿＿人

登记时间 年 月 日 发证日期 年 月 日

图 2-23 行驶证正本

中华人民共和国机动车行驶证副页

车 牌 号 码 ＿＿＿＿＿＿＿＿＿ 车 辆 类型＿＿＿＿＿＿＿＿＿

车 主＿＿＿＿＿＿＿＿＿

检 验＿＿＿＿＿＿＿＿＿

＿＿＿＿＿＿＿＿＿＿＿＿＿＿＿＿＿

图 2-24 行驶证副本

9. 缴纳车船使用税

车船使用税是以车船为征税对象，向拥有并使用车船的单位和个人征收的一种税。

二、一条龙服务的模拟

在这些一条龙服务项目中，通常被经销商用计算机系统进行管理的有三大类项目：代缴税费、代办保险和赠送装饰。

下面就对这三大类项目一一进行计算机模拟练习。

在图 2-3 所示的整车业务导航界面中的一条龙服务单（图 2-25）中，有如下几个部分内容需要填写：客户及服务基本信息、车辆信息、税费信息、保险项目、装饰项目以及相应的金额。

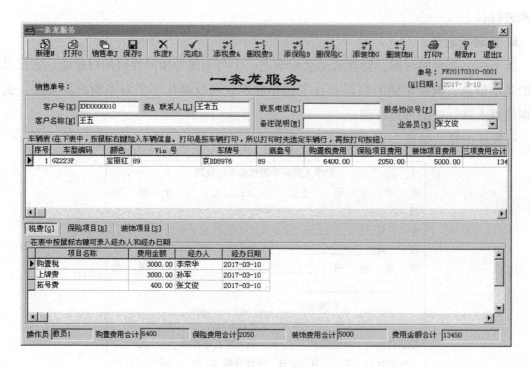

图 2-25　一条龙服务单

客户信息包括被服务客户的基本信息，如客户号、客户名称、联系人和联系电话等。服务信息包括服务协议号、单号等。车辆信息包括该客户所购车辆的车型、颜色、VIN码、车牌号、底盘号等。税费信息根据经销商为客户代办的税费项目以及代办费用、经办人和经办时间等填写。保险项目根据客户的要求，经销商给客户代办的保险项目、费用、经办人及时间等填写。装饰项目根据客户的要求，经销商为客户提供的个性化的车辆装饰项目、费用、经办人及时间等填写。当每辆车的税费、保险和装饰项目都填写完毕后，相应地在每辆车后会生成这些代办项目的默认费用，便于客户参考。

实习操作

首先进入一条龙服务单（图2-25）。单击 新建N（新建）按钮，然后在客户信息中填写购车客户的详细信息。在车辆表中单击右键，弹出添加车辆快捷菜单，单击后弹出车辆信息查询界面，选中该客户的选购车辆，单击确定后，该客户的车辆信息自动填写到了车辆数据栏目中。下面选择一条车辆信息，然后单击窗口上面的 添税费A（添税费）按钮，此时弹出税费列表，将客户需要经销商代办的税费项目选中，单击 确定Y（确定）即可。如果税费列表中没有相应的税费项目，可以单击税费列表中的 增加N（增加）按钮，在弹出的一条龙服务项目列表中新建一个税费项目，填写之后保存即可。如果在税费列表中需要一次性选择多个税费项目，只需要按住键盘上的 Ctrl 键，然后用鼠标点选需要添加的税费，最后单击确定按钮，所有选择的税费项目就会自动添加到税费表中了。当选择好税费项目后，在税费表中右键单击某一个税费项目，在弹出的对话框中，需要填写这个项目的经办人以及经办时间。如果客户想取消某项税费代办，先选中想要删除的税费，然后单击上面的 删税费D（删税费）按钮确定就可以了。

添加保险的操作与税费类似，区别在于录入经办人和经办时间的同时，还应该注明每项保险的保险类别、保险公司、保险单号、联系人及联系电话等。

如果客户购车时需要在车辆基本配置的基础上增加额外的装饰或者配置，那么在添装饰表中，应将客户需要添加的装饰进行记录，并注明每项装饰的金额、经办人以及经办日期等。

当需要代办的税费、保险和装饰项目都填写完毕后，选择操作单据的业务员，然后单击界面中的 保存S（保存）按钮，将这张单据保存。一条龙服务单经过客户确认以后，可以将单据进行确认，单击 完成R（完成）按钮，这张单据就完成了一条龙服务的登记。业务员根据单据的记录，为客户办理各种代办项目。如果在客户确认单据的时候，决定取消代办，那么可以单击界面中的 作废F（作废）按钮，将计算机中记录的一条龙服务单据作废。如果想打开某张保存过的服务单据，通过单击界面中的 打开O（打开）按钮，调出所有保存的一条龙服务单列表，选择需要的单据后，双击就可以继续该服务单上一次的操作了。

有的时候，一条龙服务单是在经销商向客户销售的过程中进行的（销售尚未完成），此时的一条龙服务单可以从保存的销售单据中调用。通过调用保存的销售单来建立一条龙服务单，可以节省操作时间。调用销售单可以单击一条龙服务单界面中的 销售单J（销售单）按钮，然后在弹出的销售单列表中选择需要服务的客户单据，双击即可调用到一条龙服务单中。

三、汽车售前和售后服务的管理

汽车商务管理并不只限于汽车的销售行为本身。所谓成交只是一瞬间，而服务才是价值的长期体现。

在市场经济日益发达的今天，任何商品的销售都面临激烈的竞争，汽车也不例外。随着产能的日益过剩，在整个汽车产业链条中，销售环节的利润越来越低，汽车制造厂家和汽车销售商的大部分利润都来源于售后服务。所以，由始至终，持续地抓住客户才是汽车销售商、服务商的生存之道。

汽车的售前服务通常包括接待客户、讲解导购、试车、接洽跟踪、办理按揭和签订合同等。

售中服务的内容大多就是上文所说的一条龙服务，在此不再重复了。

售后服务可以分为短期的服务和长期的服务。短期的售后服务包括会员卡的办理、售后的回访、首保、二保和易损件的更换等，目的是让新车能够顺利地进入到正常的行驶状态。长期的售后服务内容就比较丰富了，包括汽车的美容、维护、配件更换、维修和保险等，当然，这些内容有一部分是短期内容的延伸。

本任务主要讲解并练习售前服务中的接洽、跟踪和售后的回访等，其他内容在其他任务中叙述。

1. 整车售前客户接洽及跟踪

客户有购买新车的想法之后，从选车到做出决定的过程往往是比较复杂的。客户通常要比较许多经销点后才会最终做出决定。从客户考虑买车到最后决定买车，经销商是否能够抓住客户、赢得客户的信任、得到客户的认可，是决定能否将车辆销售出去的关键。客户接洽及跟踪是这一环节中最重要的部分。

当客户走进车辆销售厅的时候，业务员就应当尽快判断这个客户是否对车辆感兴趣，是否有意购买车辆。做出判断后，主动与客户谈话，了解客户的真正目的。即使客户对车辆仅仅有初步的兴趣，也应该将客户的信息留下，建立客户接洽档案。因为即便是一个小小的兴趣，在后期提供各种温馨服务的引导下，也可能会变成购车的欲望，从而使成交变为现实。"一个潜在的客户，也是我们重要的客户"，这个观念一定要在接待员的心中固定下来。

最初客户来到经销商处，接待员首先了解客户的需求，为客户建立接洽档案。接洽档案一般包括客户的详细信息、近期购车计划、意向车型信息以及是否需要其他服务等。同时，接待员通过与客户的谈话，应该判断客户的意向强度，以便对后期跟踪方法提供参考。接洽档案应尽可能全面记录客户的各种信息与意向，其中客户信息主要包括客户名称、联系人、联系电话、地址和行业类别等。意向信息主要包括意向车型、用途、颜色和计划购车日期等。其他的重要信息还包括来访时间、来访方式、预约时间、预约内容和访谈内容等。

每次接洽，接待员都要填写相应的接洽档案，随时记录客户的需求意向。接洽档案要尽量填写完整，尽可能保证客户信息准确性，通过计算机管理完整记录所有接洽客户的详细信息，减少因缺乏客户档案而导致意向客户流失的现象。同时，可以根据这些意向信息进行分析，根据市场需要制订汽车营销计划。

需要讲解的是，传统的接洽客户管理模式是和业务员个人挂钩的，每个业务员有自己的接洽客户档案，其他人无法查看到。从某些方面来说，这样的管理模式方便进行业务员的业绩考核，但是对于经销商来说，这样的管理模式非常不利。如果业务员因为各种原因没有在岗位上或者离职，当他的客户来店或者来电咨询时，其他的业务员对信息一无所知，会影响公司的形象，很有可能造成这个客户的流失，那么他手中的接洽客户档案就随着消失了。此时其他业务员的业绩没有受到干扰，而是直接造成经销商总体客户的流失。因此建立接洽档案，不依赖于个别业务员，是经销商留住客户的最好的方法。

接洽客户档案建立好后，不能置之不理，否则就失去了建立档案的意义。管理好客户档案、利用档案增加业绩是建立档案的真正目的。首先业务员要定期地对接洽客户的档案进行分析，把档案中的意向客户进行分类，同时在跟踪客户前详细地了解当前客户的主要意向。了解了客户的心理才能更加容易地接近客户，得到客户的认可。

【案例】 营销技巧：80%的销售成功来自多次的客户跟踪工作

记得 1995 年在欧洲一个汽车 4S 站做销售工作的时候，老板对我说："嗨，伙计，做销售，你得学会跟踪。"

为进一步说明问题，老板举了一个生动的实例：有个人看到我们的招聘广告，在应聘截止最后一天，他向我们投来他的简历（最后一天投简历的目的是使他的简历能放在一堆应聘材料的最上面）。1 天后，他打电话来询问我们是否收到他的简历（当然是安全送达），这就是跟踪。4 天后，他第 2 次来电话，询问我们是否愿意接受他新的推荐信（市场经济国家对推荐信格外重视），我们的回答当然是肯定的，这是他第 2 次跟踪。再两天后，他将新的推荐信传真至我的办公室，紧接着他打电话过来，询问传真内容是否清晰，这是第 3 次跟踪。我们对他专业的跟踪工作印象极深，他现在在我们公司本部工作。

从那时起，我体会到跟踪工作的重要性。后来，我看到美国专业营销人员协会和国家销售执行协会的统计报告后，我对销售的跟踪工作重新进行一番反思。请看生动的统计数据：

2% 的销售是在第 1 次接洽后完成的；3% 的销售是在第 1 次跟踪后完成的；5% 的销售是在第 2 次跟踪后完成的；10% 的销售是在第 3 次跟踪后完成的；80% 的销售是在第 4~11 次跟踪后完成的。

与此形成鲜明对比的是，在日常工作中统计发现，80% 的销售人员在跟踪 1 次后，不再进行第 2 次、第 3 次跟踪。少于 2% 的销售人员会坚持到第 4 次跟踪。

跟踪工作使您的客户记住您，一旦客户采取行动时，首先想到您。

跟踪的最终目的是形成销售，但形式上绝不是我们经常听到的"您考虑得怎么样？"

跟踪工作除了注意系统连续外，更需注意其正确的策略：

采取较为特殊的跟踪方式，加深客户对您的印象；

为每一次跟踪找到漂亮的借口；

注意两次跟踪时间间隔，太短会使客户厌烦，太长会使客户淡忘，推荐的间隔为 2 至 3 周；

每次跟踪切勿流露出强烈的渴望，想做这一单。调整自己的姿态，试着帮助客户解决其问题，了解客户最近在想些什么？工作进展如何？

请记住：80% 的销售是在第 4～11 次跟踪后完成的。在竞争激烈的现代社会，销售更需要一次次地跟踪。

一个好的销售员把握客户的本领在于他能得到客户的认同，如何才能做到呢？只有掌握客户的心理，了解客户的需求，同时，让客户记住你，当他需要的时候，首先想到的是你，这样才真正挖掘出了客户的价值。

那么需要通过什么方法对潜在的客户进行跟踪呢？

（1）电话跟踪　这是一种最直接也最简单的方法，适用于那些意向较强烈的客户。他们对车辆有一定的了解，也想进一步了解购车的具体情况，因此，他们会很乐意与销售员谈论有关车辆的内容，甚至会涉及购车期间以及购车后的各种事项。这种跟踪一般是在销售员与客户跟踪接洽后期，认为客户有很大可能来店购车的情况下采取的跟踪方式。电话跟踪切忌时间太久，也忌讳与客户纠缠。如果客户主动提问，那销售员要细心回答；假若客户急于结束通话，销售员不要勉强客户，表达出主要意思就可以了。

（2）短信跟踪　对于刚刚来店以及跟踪过几次的客户，手机短信跟踪是让客户记住销售员的一个十分有效的方法。当客户在接洽档案中提供了有效的手机号码后，根据客户的需求，不定期地将公司各种优惠活动、促销以及温馨提示等发给客户。例如，当客户向往的车型有了新的优惠，可以将这条信息通过短信告知客户，客户收到了自己需要的信息后，很可能会主动联系销售员询问详细信息。此时，销售员就做到了有效跟踪。或者销售员可以通过一些关怀提醒，如天气变化，提醒这些客户注意防寒避暑等。到了特殊的节日发出一份祝福也是不错的，客户在享受这些温馨提醒与祝福的同时，也会记住销售员，当他需要服务的时候，就会首先联系销售员了。

（3）邮件跟踪　当客户在接洽档案中留下了他的电子邮件或者联系地址，那么销售员可以采用 E-mail 或者传统信件的方式为客户发送一些新的车辆信息和宣传资料，作为他购车的参考，或者把公司的一些优惠活动通过这种方式告知。这种方式的优点是，客户对资料的感觉比较直观，而且不容易产生反感。这是趋于中性化的一种跟踪方式，缺点是不知道客户是否能够及时收到资料，有时间的滞后性，或者收到资料后是否想继续收到更进一步的信息。因此销售员需要在信件中注明详细联系方式，方便客户回复，这个技巧也适于短信跟踪。

上面说到的只是一小部分跟踪方式，更多地需要销售员在实际中摸索与学习，重要的是要注重跟踪的持续性和有效性。经过对接洽客户的不断跟踪，有些客户可能会给销售员回应，此时要对客户的意向程度进行修改，及时地将客户意向重新分类，这样可以为下次跟踪提供新的信息。

 实习操作

客户来访时，销售员首先了解客户的需求，接下来就要为客户建立接洽档案，在主菜单中选择"汽贸管理—客户接洽"，调出客户接洽记录（图2-26），在这个界面中会列出所有客户接洽信息，可以通过上面的查询条件，对所有接洽客户进行筛选。如果需要新建一个客户接洽记录，那么单击界面中的 新增N （新增）按钮，此时弹出客户接洽登记单（图2-27），在这个界面中需要记录客户的详细信息，包括：客户名称、联系人、联系电话、地址、来访方式和行业类别等。然后记录客户的来访原因，如：欲购车辆的车型、用途、颜色、来访原因、计划购车日期、访谈内容、下次来店预约时间以及预约内容等。最后，登记这次接洽的业务员。当所有的信息添加完毕后，单击确定按钮就可以将客户接洽单登记到客户接洽记录列表中了。此时可以看到，对于每一个接洽单，系统都会自动为其分配一个接洽单号，便于以后的管理。

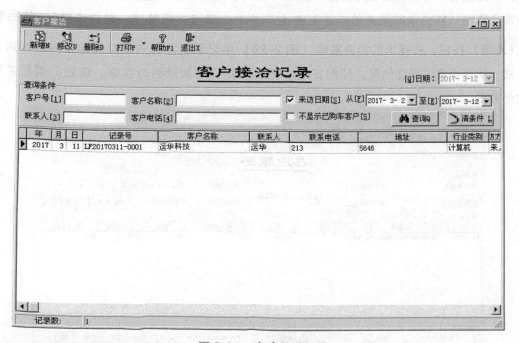

图2-26 客户接洽记录

在客户接洽记录查询的时候，会列出所有曾经登记过的接洽客户单，如果需要将已经购车的客户屏蔽掉该如何做呢？只需将"不显示已购车客户"项选中，然后查询就可以了。在销售车辆的时候，如果将接洽客户转入到正式客户名单中后，这些客户就成为需要进行售后

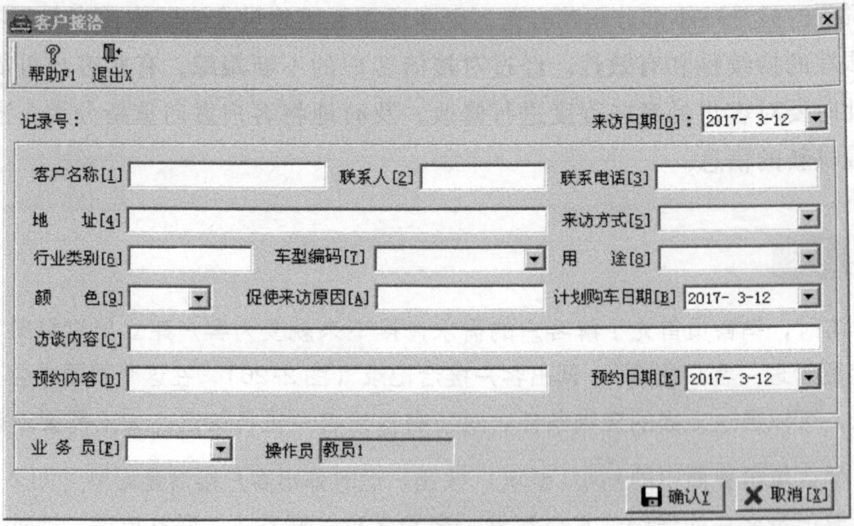

图 2-27　新建客户接洽单

服务而不是售前接洽的对象了，其名单会转入到售后服务客户的数据库中。

　　客户接洽完毕后，不能将这些接洽客户信息放在计算机中置之不理，应该对这些客户进行详细分析，然后进行跟踪。在客户跟踪界面中（图 2-28），首先会列出所有预约到期的接洽客户，这些客户可能会在预先的接洽过程中就有了购车计划，是主要客户。对于这些客户，应该重点跟踪，建立跟踪服务单。首先在主菜单中选择"汽贸管理—客户跟踪"，然后单击 按钮。在弹出的客户跟踪（图 2-29）中记录这次客户跟踪的详细内容，如：跟踪方式、访谈内容、跟踪结果、预约日期、下次预约日期和预约内容等。最后，填写进行跟踪的业务员。

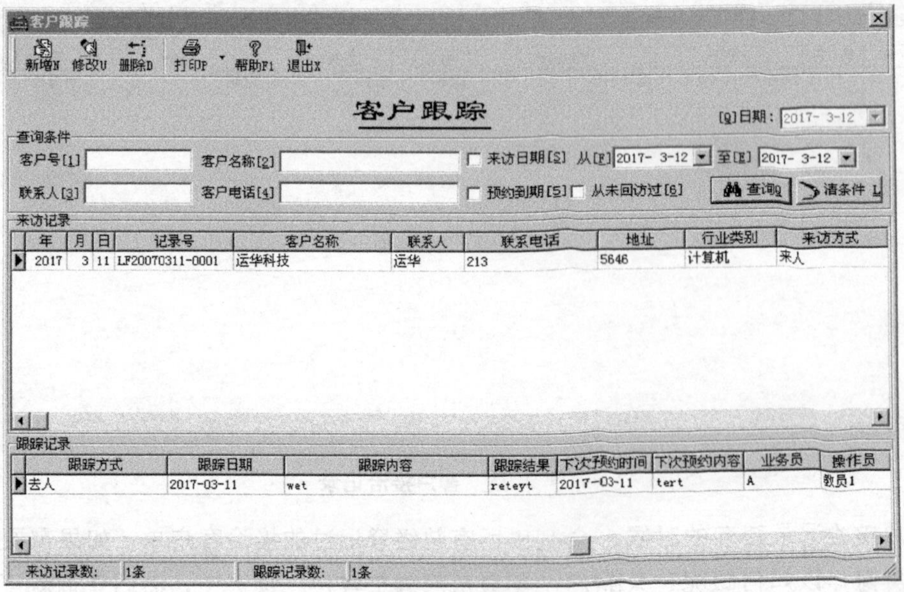

图 2-28　客户跟踪

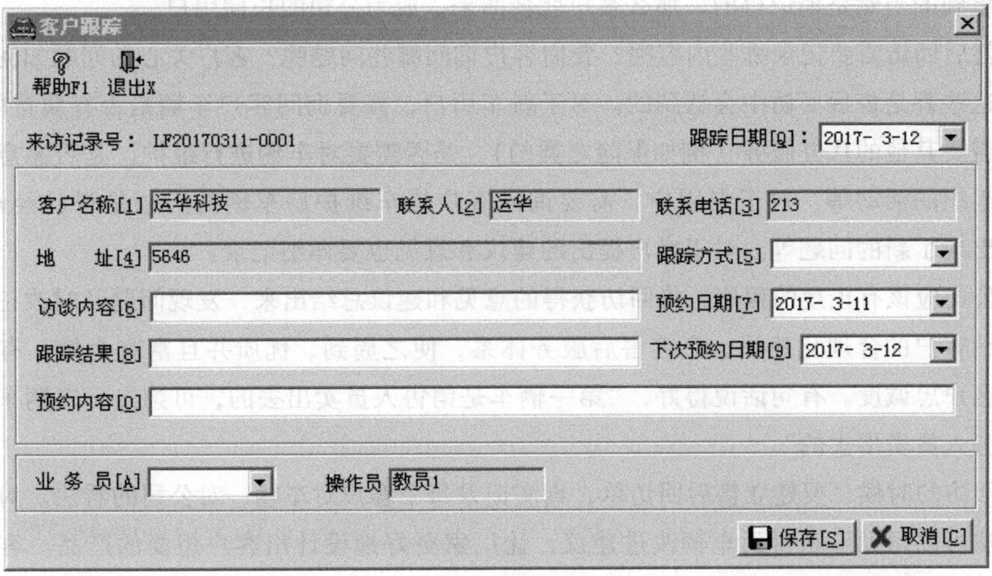

图 2-29　客户跟踪

2. 整车售后客户的回访

汽车售后服务是指汽车销售出去后，经销商、制造商、维修商、配件商和美容店等服务商为车主及车辆提供的各种服务。这种服务是全过程、全方位的。从车辆最初的保险服务到行车期间的维修服务、保险理赔服务、配件修配服务、美容装饰服务以及车辆后期的旧车交易服务等都是整车售后服务的重要内容。

在整车售后服务中，制造商对车辆在保修期间出现质量问题承担赔偿的责任；经销商是提供各种服务的中间商，他们可以代客户完成许多与厂家、保险公司的交涉；很多的经销商还担任着维修商的角色，为客户提供车辆的维修与维护服务；配件商与维修商共同承担着为客户提供质量合格、价格合理的配件服务；汽车美容装饰商则为广大车主提供清洗车辆、维护车辆甚至改装车辆的服务，使车主的爱车更加美丽、舒适、富有个性。围绕着车主与车辆，整个的售后服务体系十分庞大。在本任务中主要介绍关于整车售后回访的一些内容，其他的将在其他任务中继续讲述。

整车售后回访是经销商将车辆卖给客户后继续吸引客户的一个有效手段。有的客户在4S站购买了一辆汽车，结果自此就再也没有回来过，4S站也就失去了这个客户。因此，了解客户的想法是留住客户的关键，这就必须借助售后回访。

当车辆销售给客户后，那么这个客户不再是普通的接洽客户了，而成为公司的真实客户，更是公司的服务对象，他们将成为日常业务的主要来源，通过他们也可能给公司带来更多的销售客户和服务客户。售后回访无论是何种形式，只要做到让客户感觉公司在关心他，让他感觉没有被遗忘，那么回访就是成功的。因为当客户真的需要帮助的时候，首先想到的当然是他记得的，那么客户就会回来，成为公司的长期用户。

售后回访需要记录哪些内容呢？要向客户询问哪些问题呢？客户关心的问题如何回答呢？这些都是售后回访中会遇到的。对于新车用户，需要询问客户车辆是否有质量问题，是否需要其他的代办服务（例如保险之类的），是否需要对车辆进行维护，是否愿意参加会员组织的活动等。对于老用户，需要询问客户修车维护后车辆的问题是否已经解决，是否出现了新的问题等。对于客户提出的建议和意见也要详细记录。

公司应该有正规的程序，将回访获得的意见和建议总结出来，发现问题及时改正，或者采纳客户的合理化建议，完善售后服务体系，使之周到、优质并且富有个性，有助于培养客户忠诚度。有句话说得好，"第一辆车是销售人员卖出去的，可第二、三辆车是售后服务人员卖出去的"。

回访的时候，要建立售后回访单，真实记录每个客户对车辆、对公司的看法。对车辆的看法可以帮助厂家得到车辆改进建议，让厂家更好地设计出客户想要的产品。客户对公司管理及服务的建议，是公司完善服务、提高服务质量的指南针，"客户需要的就是我要做的"。只有这样才能赢得客户的心，让客户成为公司永远的客户。

 实习操作

当整车销售交车（一到两周）后，应该主动联系车主，询问车辆的使用情况（例如有的厂家规定销售后7日回访，称为7DC）。在"客户服务"的售后回访单中（图2-30），按照销售日期的条件会列出当期所有的已交车单据，查询出需要回访的单据，单击"回访记录"栏

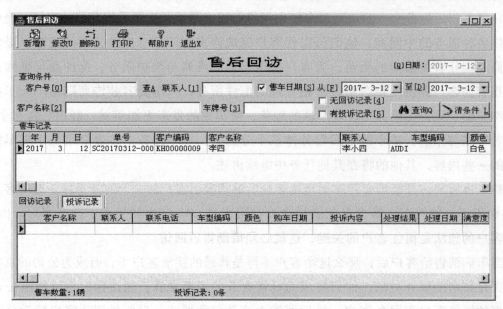

图 2-30　售后回访单

目，然后 新增N （新增）一个回访记录单（图 2-31），在记录单中需要记录该次回访的主要信息，包括：回访日期、回访人和客户意见等。填写完毕后，单击保存即可。当这些客户意见被记录后，需要在部门开会的时候将这些意见归纳总结，然后讨论出一个处理结果，由专人进行处理。此时，需要将回访记录进行修改，单击需要修改的回访记录，然后单击 修改U （修改）按钮，在弹出的售后回访单中，将处理结果、处理日期和处理人等进行修改。然后再次联系客户，通知客户公司对他提出的意见所得出的处理结果，最后记录客户的满意度等。

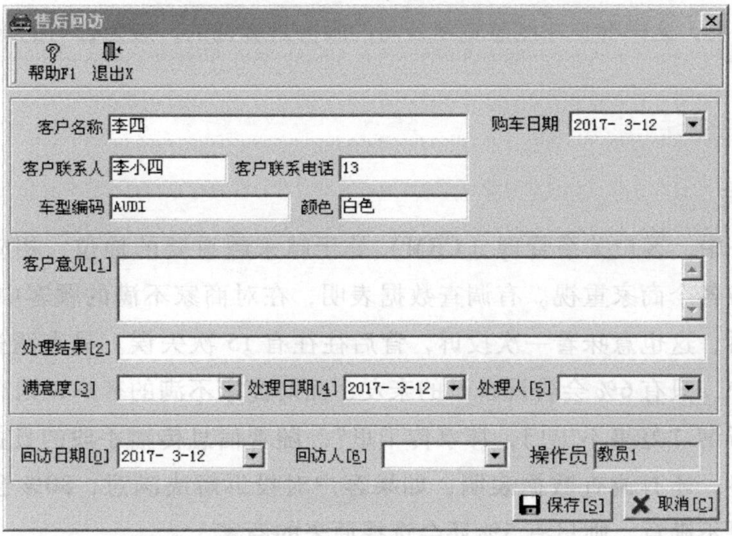

图 2-31　新建售后回访单

如果在进行客户回访的时候，出现客户投诉的情况，那么也应该如实记录，选择售后回访单中"投诉记录"一栏，单击"新建"，弹出客户投诉记录界面（图 2-32），在投诉单中需

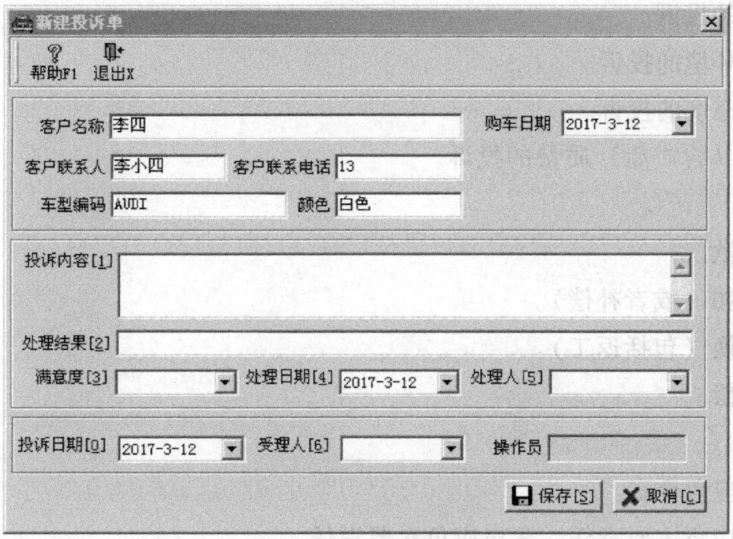

图 2-32　新建投诉单

要记录客户的投诉内容、投诉日期和受理人等。如果当时能够解决，那么就要给客户得出一个处理结果，同时记录处理人与处理日期。假若当时没能给客户一个处理结果，应该告诉客户，会在尽可能短的时间内给出一个合理的处理结果，然后将客户的投诉记录提交到负责人那里进行处理。当负责人商讨出结果后马上通知客户，征求客户对处理结果的意见。处理完之后，还要记录客户对处理结果的满意度。在投诉记录中修改投诉处理结果、处理人以及处理时间等。至此一次简单的客户回访就完成了。

当然，每一个客户都应该在一段时间后进行一次回访，每次遇到问题都要尽量给客户一个满意的处理结果，这样客户才能感觉到公司的服务是真诚的，成为公司的永久客户。

四、客户投诉的处理

1. 客户投诉

在现代商务中，客户关系管理（CRM）处于越来越重要的地位，相应地，投诉的处理工作越来越被各个商家重视。有调查数据表明，在对商家不满的顾客中，只有 1/15 的顾客选择了投诉，这也意味着一次投诉，背后往往有 15 次失误。另有调查数据表明，对商家满意的客户，只有 6% 会告诉自己的亲友，而对商家不满的客户，则有 28% 会告诉自己的亲友。正所谓"好事不出门，坏事传千里"。随着信息传播手段的日益先进，这种现象会越来越凸显。还有调查数据表明，如果客户对投诉解决满意，80% 会继续选择原来的商家，而如果不满意，则只有 5% 还会选择原来的商家。

投诉的起因有很多种，例如产品质量、服务态度和价格分歧等。归纳起来就是一条：客户的所得与所想发生了差异。

（1）按照投诉原因分类

1）对价格的投诉。

2）对服务环境的投诉。

3）对服务态度的投诉。

4）对服务（含产品）质量的投诉。

（2）按照投诉的要求分类

1）要求道歉。

2）要求折扣（或者补偿）。

3）要求退换（包括返工）。

4）要求赔偿。

（3）按照责任的划分分类

1）公司方应负全责。

2）公司方应负主要责任，客户应负次要责任。

3）双方责任基本相当。

4）公司方应负次要责任，客户应负主要责任。

5）客户应负全责。

（4）按投诉人的情绪和性格表现分类

1）和善型。

2）计较型。

3）纠缠型。

4）取闹型。

5）暴怒型。

（5）按照可能造成后果的强烈程度分类

1）轻微：通常只要口头解释或者致歉即可。

2）中等：通常除了口头致歉外，需要给客户进行折扣或者优惠。

3）严重：需要退换、无偿返工，被迫大幅减免客户的费用。

4）很严重：除了上述处理之外，通常需要赔偿或者书面道歉，否则就会招致严重后果。严重后果通常包括媒体曝光、行业主管部门处罚、整车制造企业处罚和法律纠纷等。

投诉的几个要素的因子关系如图2-33所示。

通常来说，公司方的责任越大，客户的情绪越激动，可能导致的后果就越严重，越需要慎重处理。

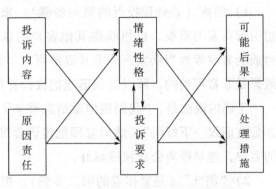

图2-33 投诉的几个要素的因子关系图

2. 投诉处理

在应对客户投诉的工作中，每个企业、每个职员都有自己的方法，一些比较通用的办法可总结成为"一个中心、三个基本原则、六个步骤"。

（1）一个中心：以解决问题为中心 接待客户投诉是一项吃力不讨好的工作。但是，客户投诉是来要求解决问题的，否则客户就会直接选择向主管部门投诉、找整车厂投诉或者找媒体曝光甚至打官司，所以处理投诉的中心思想就是把问题化解，决不能逃避、推诿、拖延，任何消极手段，都只会导致问题越来越严重。

即使纠纷是由客户的责任引起的，也要耐心、和气、不厌其烦、面对问题、解决问题。

（2）三个基本原则

1）首问负责原则。首先，要遵从首问负责原则，接待投诉的服务人员一定要注意，既然接下这个投诉，就得处理到底，切不可推三阻四。很多投诉，本来事情不大，但是在被推到多个部门轮番折腾后，客户就会被激怒。

2）自我批评原则。遵从自我批评原则，不论客我双方谁负的责任大或小，绝不能上来就指责客户。正确的方法是，首先要说"感谢您选择了我们的产品和服务，对您在接受我们服务中遇到的麻烦，我和您一样感到难过，并向您致歉"，然后再问"您遇到的麻烦，可以详细告诉我吗？我会尽力帮您解决的"。谦虚谨慎是解决投诉的说话方式。

3）责任归人原则。在处理投诉中，经常遇到这样的情况：责任在公司方，但是可能是产品的质量问题，也可能是员工的人为错误，那么应该怎样给客户交待责任的归属呢？

大多数缺乏经验的员工都会这样说："我做的事情没有问题，是配件质量不好造成的。"因为揽功推责，乃人之常情，尤其是责任可能归结到本人的时候更是这样。可是，客户的信任首先来源于对产品的信任。如果员工的操作出了瑕疵，可以通过教育、培训、奖罚制度来提高员工的工作水平；如果产品质量不好，客户就会彻底丧失信心了。

（3）六个步骤

1）隔离（是处理投诉的第一步骤）。来投诉者，在心理上总想引起别人的注意，既想引起商家的重视，也想获得其他客户的认同，所以，很多投诉者都会选择在前台、柜台或会客室等地当众大声诉求并责备商家。如果任其在公众场合发表对公司不利的观点，效果是非常可怕的，所以应该迅速把投诉者带离公众视线。

正确的说法是，"我们很抱歉给您带来了疑难，公司非常重视您的问题，请您随我来办公室商议一下好吗"，然后立即把投诉者带到单独的场合进行处理。对于情绪越是激动的客户，越早带离公众视线越好。

2）"消气"（是紧接着的第二步骤）。把客户带到单独的场所后，应该立即请客户坐下，让客户的情绪平静下来，这是解决问题的前提。

如果客户情绪激动，吵着要见领导。这时应该说："您来得不巧，经理外出了，他委托我来帮助您解决问题。"缺乏经验的员工恰恰相反，他们可能会说，"既然您不愿意和我谈，我就去给您把领导找来吧"。这是最不好的做法，因为这样我方就处于两难境地了：如果这时领导不出面，客户的情绪往往是火上浇油；如果让领导直接出面，一来可能耽误重要工作，二来就失去了解决问题的回旋余地。

3）摸底（是解决问题的开始）。投诉既然已经发生，通常都包含着比较复杂的情况。当客户已经消气坐下来以后，服务人员一定要仔细询问情况并做好记录。做记录的目的，一是真实记录第一手材料，二是让顾客感觉我方的重视，三是有益于养成良好的工作习惯。

记录完客户的陈述后，应该请客户坐着稍等，自己立即找到当事人（销售员、服务顾问、回访员等）核实情况。如果当事人的核实结果与客户陈述有较大出入，应该再次核实。但是如果几次核实后，出入仍然较大，也可不必刨根问底，以免激怒客户。接下来应该是实际核查，也就是亲自陪同客户，去检查车辆实际情况，如果有必要，应带上专业技术人员同去。

综上所述摸底有三方面的内容：记录客户陈述；找当事人核对；亲临现场实际考证。

4）请示（是解决疑难投诉的重要步骤）。如果该次投诉解决难度不大，采取的措施在自己的职权范围之内，不经请示能够直接处理，是最好不过的。反之，如果遇到疑难投诉，则应该请示相关领导。这样做有几个好处：第一，让领导知道这件事情的详情，询问处理办法的底线，以免两头不讨好；第二，如果领导能够当即做出决定，则免去了很多麻烦；第三，如果问题过于棘手，也为在最后关头请领导出面埋下伏笔。

5）小恩小惠（是解决投诉的辅助手段）。虽说是辅助手段，但是往往很有效。按照中国的人之常情，客户买东西都喜欢讨价还价，更何况是带着怨气来投诉呢？

在汽车销售公司、维修厂、配件店和4S站等处，常见的小恩小惠方式有：赠送小礼品，小幅度减免客户费用，免费进行维护、检测等。

在正面解决问题之外，如果能够对客户施以小恩小惠，往往可以大大缓解客户的对立情绪，甚至收到立竿见影的效果。

6）软硬兼施（是解决疑难投诉的"杀手锏"）。如果服务人员，能够熟练运用上述5个方法，一般的投诉都能妥善处理。但是也有个别情况很棘手，有的客户得理不让人，会提出让公司接受不了的要求，例如要求退车、要求大幅度减免费用、要求高额赔偿等。这种情况的发生，往往发生在公司方理亏的情况下，公司既不能拒绝处理，又不能完全满足客户的要求，而且由于如果满足客户要求，公司就要蒙受重大损失，请示领导也得不到或者不可能得到批准。这时，软硬兼施就成为必要手段了。

服务人员应该诚恳地表达公司处理问题的诚意和办法，然后要坚决地告诉客户，他的过分要求公司实在无法满足，而且，即便他采取媒体曝光、向上级投诉和起诉等方法，也得不到他想要的结果。如果客户一定要采取过激措施，很可能两败俱伤，得不偿失。必要时，也可以请律师出面和对方周旋。

在表达公司绝不让步的意思时，要注意两点，一是立场坚定，不要让客户再有非分之想；二是有理有据有节，语气和用词注意分寸，既要让客户知难而退，又要让客户保全面子。

3. 投诉的预防

处理投诉的最好办法是预防和减少投诉。预防投诉有3个要点：

一是加强敬业精神教育，使公司的每一个员工都要牢记：不管是产品质量还是服务质量都要精益求精；不论做好一件事情有多难，总比解决投诉要容易得多。

二是加强质量控制，对质量问题，建立可行的奖罚制度；优化公司的工作流程和管理制度，把不合格发生率压到最低。

三是保证信息畅通，反应迅速，把投诉解决在萌芽状态甚至在"可能"状态。

【案例】　投诉的预防

　　××4S店下午,临近休息时间时,一位女士走进店面。

　　"您好,请问您有什么需要?"一天忙碌下来,装饰品部的接待员小于早已疲惫不堪,但她依然笑容满面的和这位外国女士打招呼。

　　"我想买一台××汽车上配置的CD音响,送给我公婆,请问哪种牌子的好?"这位女士问。

　　"就买'××'牌的吧,音质好,失真度低,顾客一般都愿意购买。"小于热心地向她推荐。

　　"好吧,请给我拿一台……"说着,她就准备掏钱,"多少钱?"

　　这时,她挎包里的电话响了,她拿出电话,小于听她说道:"是的,我是布罗·杰丝……美国快递公司,请他们找我的父母好了,我有采访任务,不在美国……好的,就这么办吧。"说完,她挂了电话。

　　小于随手从柜台上取出一台还未开封的CD机,用双手递给杰丝,微笑着说:"谢谢,杰丝女士,一共300元。"

　　杰丝从挎包里取出钱,递给小于,说道:"谢谢。"便抱着那台CD机出了门。

　　"您请走好!"小于俯身鞠躬,在背后甜甜地喊道。

　　"××品牌的4S店的确名不虚传,果真服务一流。"杰丝出了店,回到自己的公寓,杰丝想打开欣赏一下,当她打开包装,取出CD机时,却发现其根本无法使用——这台CD机竟是一个没有机芯的空壳子。这要是送到公婆家,岂不是太让人难堪了吗!杰丝火冒三丈,她决定第二天一早就赶到××4S店去交涉。

　　第二天早晨,当杰丝正准备动身之际,忽然接到了一个电话,竟然是××4S店打来的,对方一再向她道歉,并请她留下地址,在公寓稍候一会儿公司会来给她换一台合格的新CD机。

　　杰丝弄不清××4S站是如何知道自己的电话号码的,她正在胡乱猜疑之时,××4S店的汽车赶到了。4S站的副经理和提着皮箱的小于一进客厅便表示道歉,除了更换一台合格的CD机外,他们还加送了著名唱片一张、蛋糕一盒和毛巾一套。

　　杰丝的气消了,她请这两人坐下,谈话中,杰丝才知道,为了找到她,公司的几位负责人一夜未眠。

　　原来,昨天下午下班后,在清点商品时,小于才发现错将一个当做样品的空心机盒卖给了客户,于是她立即报告了经理,要求公司处理。

　　此事非同小可,直接影响着公司的信誉,但客户早已离去,茫茫人海,到何处寻找?

　　小于回忆起这位客户曾打过电话,从谈话内容可以知道:这个客户是一位美国记者,叫布罗·杰丝,好像和美国快递公司有关系,除此之外,没有别的线索可寻。

公司立即召集有关人员商议对策，并连夜开始了无异于大海捞针的寻人行动。经过多方努力，终于找到了这位女士的电话号码。

杰丝得知了事情的原委后，非常感动。小于由于自身失误而引发的危机，就这样巧妙地被化解了。

案例点评

这个4S站，在处理问题的过程中，充分展现出来上面提到的投诉预防的3个要点。

第一，对工作质量认真负责，下班以后在疲惫状态中还能一丝不苟检查自己的工作，实属难能可贵。

第二，没有看到该公司对犯错误职员的处罚制度如何，但是看到了他们以小礼品形式给客户进行补偿的做法。

第三，职员和管理层的信息畅通和及时反应，而不是掩盖问题或者拖延解决。

最难能可贵的是，该公司敬业者不止一个员工，为了解决这个问题，该公司上下想尽了所有的办法，也几乎调动了所有的能用到的资源。这样的企业，这样的员工，当然会赢得客户，赢得市场。

习 题

1. 你怎么理解汽车贸易的概念？
2. 汽车作为商品，有什么特殊性？
3. 为什么在汽车的销售过程中，其步骤比一般的商品复杂得多？
4. 在汽车贸易中，其成本核算方式，为什么采取个别计价法？
5. 在整车销售中，开单时为什么通常采取"一车一单"的方式？
6. 在整车销售过程中，一条龙服务都包含什么内容？
7. 在接洽新客户时，销售员要注意什么礼仪？
8. 整车销售中，一般开具什么类型发票？为什么？

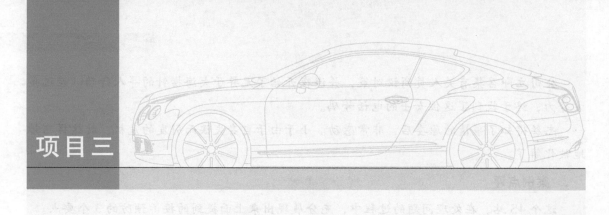

项目三

汽车配件商务管理

【任务目标】

通过认知汽车配件的含义、特点和编码规则，能够进行汽车配件基础信息的建立和管理工作。

【任务理论知识】

汽车配件的含义、特点和编码规则；汽车配件进销存的基本原理和流程。

【建议学时】

2 学时。

一、汽车配件的概念

1. 汽车配件的定义

关于汽车配件，有很多种不同的定义。通用的一种是：在汽车商务和服务企业中，一般把汽车的零部件和耗材统称为汽车配件。

2. 汽车配件的分类

汽车配件的分类比较复杂，由于其品种繁多而又日新月异，全球各地各个机构对汽车配件的分类方法各有不同，一般来说有如下几种分类方法。

汽车配件按照用途可以分为必装件、选装件、装饰件和消耗件 4 类。

（1）必装件　就是汽车正常行驶所必需的配件，如转向盘、发动机等。

（2）选装件　就是非汽车正常行驶必需的备件，但是可以由车主选择安装以提高汽车性能或功能的配件，例如 CD 音响、氙气前照灯等。

（3）装饰件　又称精品件，是为了汽车的舒适和美观加配的备件，一般对汽车本身的行驶性能和功能影响不大，例如香水、抱枕等。

（4）消耗件　是汽车使用过程中容易发生损耗与老旧，需要经常更换的备件，例如机油、前风窗玻璃清洁剂、冷却液、制动液和刮水器等。

汽车配件按照生产来源可以分为原厂件、副厂件和自制件 3 类。

（1）原厂件　是指与整车制造厂家配套的装配件。

（2）副厂件　是指由专业配件厂家生产的，虽然不与整车制造厂配套安装在新车上，但是按照制造厂标准生产的，达到制造厂技术指标要求的配件。

（3）自制件　是指配件厂家依据自己对汽车配件的标准的理解，自行生产的、外观和使用效果与合格配件相似，但是其技术指标由配件制造厂自行保证，与整车制造厂无关的配件。自制件是否合格，主要取决于配件厂家的生产技术水平和质量保障措施。

需要说明的是，不论副厂件还是自制件都必须达到指定标准水平。这里说的原厂件、副厂件和自制件，都是合格的配件。那些不符合质量标准的所谓"副厂"配件，不属于上述范畴。

汽车配件按照使用周期和库存要求可以分为常备件和非常备件；或者快流件、中流件和慢流件。

汽车配件按照材质可以分为金属配件、电子配件、塑料配件、橡胶配件和组合配件等。

汽车配件按照供销关系可以分为滞销配件、畅销配件和脱销配件等。

汽车配件按照配件安装的位置可以分为发动机配件、变速器配件、空调配件和制动系统配件等。

除了上述分类方法，每一个国际大型整车制造厂都有自己的零配件分类方法。总之，汽车配件的分类方法繁多，在此无法全部列举。作为经手汽车配件的工作人员，应该了解常见的配件分类方法，并熟练应用其中一两种方法。

3. 汽车配件的特点

汽车配件作为商品，它既具有普通商品的一般属性，也有一些独特的特点：

（1）品种繁多　只要是有一定规模的汽配商或者汽修厂，其经营活动涉及的配件都很多，一般都上万种，甚至几十万种。

（2）代用性复杂　很多配件可以在一定范围内代用，不同配件的代用性是不一样的，例如轮胎、灯泡的代用性很强，但是集成电路芯片（IC）、传感器等的代用性就不强，掌握汽车配件的代用性，也是管好汽车配件的重要条件。

（3）识别体系复杂 一般汽车配件都有原厂图号（或称原厂编号），而且通常经营者还会为其配件进行自编号。

（4）价格变动快 整车的价格经常变动，而汽车配件的价格变动更加频繁。

二、汽车配件的原厂编码

通常，整车制造厂都会对制造汽车所用的配件进行统一编码，编码的规定各不相同，但都有相对固定的规则。这些固定的编码通称原厂编码，由英文字母和数字组成，每一个字符都有特定的含义。

下面以几个常见车系的编码为例，举例说明。

（1）奥迪车系 奥迪车系的配件编码一般是一个10位的字符串，可以使用英文字母或者阿拉伯数字。其分段规则是3—1—2—3—1，例如奥迪 A6 的一款发动机 ECU 原厂编码如下所示：

型号			主组	子组		零件号			变更字母
4	A	0	9	2	7	1	5	6	A

奥迪汽车配件主组：

主组 1——发动机

主组 2——油箱、油管、排气系统和制冷系统

主组 3——变速器

主组 4——前轴、差速器和转向器

主组 5——后桥

主组 6——车轮与制动系统

主组 7——手操纵系统与脚踏板系统

主组 8——车身

主组 9——电器

主组 0——附件

（2）奔驰车系 奔驰车系的配件分为基本件、电器件、辅助件和选装件。

1）基本件：编码由 10 位阿拉伯数字组成，分为 4 段，格式是 3—3—2—2。例如，奔驰汽车的某种弹簧的原厂编码如下所示：

车系			系统分属			材料、左右		子系统	
4	3	5	3	2	4	0	6	0	4

2）电器件：由 10 位阿拉伯数字组成，分为 4 段，格式是 3—3—2—2，其中，首位为 "0"。例如，奔驰汽车的一种开关的原厂编码如下所示：

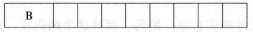

车系	系统分属	材料、左右	子系统
0 0 1	5 4 5	2 9	0 9

3）辅助件：由 12 位阿拉伯数字组成，分为 4 段，格式是 6—2—2—2，其中，前 3 位数字都为"0"，代表辅助件（包括螺钉等标准件）。例如，奔驰汽车的某种垫片的原厂编码如下所示：

0 0 0 1 3 7	0 0	8 2	0 4

4）选装件：由 9 位字符组成，其中第 1 位是"B"，后 8 位为阿拉伯数字。

B								

（3）日产车系 日产车系的配件编码一般由 10 位字符组成，可以是英文字母或者阿拉伯数字。格式是 5—2—3，其中最前两位字符代表类别。例如，日产车 FS2 的某种前纵梁螺钉的原厂编码如下所示：

零件名称	车型	颜色、新旧
0 1 1 2 5	0 2	4 3 1

类别

（4）丰田车系 丰田车系的配件分为普通件、单一件、半总成件、组件、修理包和专用工具等几大类。

以普通件为例：普通件的编码有 12 位，分为 3 段，是 5—5—2 结构。其中第 1 段的 5 位字符是基本编号，表示配件的种类；第 2 段的 5 位字符是设计和变更编号，表示发动机类型和汽车型号；第 3 段的 2 位字符是附加编号，表示配件的颜色和其他属性。例如，丰田车的某种室内镜的原厂编码如下所示：

基本编号	设计和变更编号	附加编号
8 7 8 0 1	2 8 0 1 0	2 5

任务二 汽车配件商务管理认知

【任务目标】

掌握汽车配件自编号的常用方法，能够进行汽车配件的成本核算、采购管理和库存分析。

【任务理论知识】

汽车配件自编号的常用方法、汽车配件的成本核算方法、ABC 管理法和库存分析。

📋 【建议学时】

2学时。

一、汽车配件自编号的常用方法

读者看见这个题目可能要问，汽车配件不是都有原厂编码吗？何必还要自己进行编号呢？就算要自行编号，不就是给每个配件一个号码吗？随便定义一个不就可以了？其实情况远远没有这么简单。

首先，大多数汽车配件确实有原厂编码，而且这个编码在一定程度上可以作为配件的识别符号，这个识别体系一般来说能够得到行业内人士的普遍认可。

但是，由于配件可以分为原厂件、副厂件和自制件；也可以分为新配件与旧配件；即使两种配件原厂编码相同，但其性能、产地和价值未必相同，更不一定就是同一种商品，所以原厂编码并没有唯一性。在企业的经营管理中，必须为配件进行自编号工作。

在汽车服务企业经营的汽车配件中，原厂编码可以重复，但是自编号却不能重复。

最简单的汽车配件自编号方法是自然顺序法。就是从1（或者在"1"前面加上若干个"0"）开始，按照先后顺序给予配件一个号码，这个号码就成为该配件的商品编号。这个方法很简单，最大的优点是可以由计算机自动生成，无需人工操作，而且该号码既不会漏编，也不会重复。但是这种方法却有严重的缺点，就是该编号不具有任何实际上的意义，对管理工作的帮助不大。所以这样过于简单的编号规则，已经几乎没有人采用了。

下面介绍几种常见的配件自编号规则。

1. 分类顺序法

这种编号方法是在自然顺序法的编号规则上变通而来的，就是把配件分类，然后对每一类按照顺序进行编号，这样，配件编号就分为两段，前一段表示配件的类别，后一段表示配件的序号。其中，对配件不同类别的标识办法可以参考前文。

这种方法的优点是配件类别一目了然，而且还可以在配件的类别之下，再细分子类别，层层细分，结构严谨。其缺点是：在制订编号规则之前，必须对整个配件的分类体系非常清楚。由于很多汽车服务企业的对象包含很多车型，尤其对于新建的企业来说，这是一项繁重的工作。

2. 原厂编码加注法

这种编号方法是在原厂编码的基础上发展而来的，就是在汽车配件的原厂编码的基础上增加前缀或者后缀（通常是后缀），用以表示不同的配件。这样，配件编号就分为两段，前一段是配件的原厂编码，后一段则被经营企业赋予特定的含义，例如产地、新旧和批次等。

这种方法的优点是各种配件的原厂编码是行业内公认的，非常有助于订货、采购和销售，尤其适合于汽车4S站、特约维修服务站等固定汽车品牌的服务企业。缺点是由于各个汽车制造企业的配件原厂编码规则千差万别，直接影响到本单位的编码体系，如果经营的配件涉及车系较多，则其编号规则缺乏一致性。

3. 车型分类加注法

这种分类方法是把经营的配件按照车系与车型分类，也可以进一步根据系统和子系统进一步细分。然后在分类的后面加上序号和注释内容。

这种方法的优点是各种配件的适用车型一目了然，即便是对汽车配件不太熟悉的非专业人士，也能较快地上手。缺点是这种方法对分类规则的制定者要求比较高，要求熟悉多种车型的配件体系。而且很多配件都有通用性和代用性，用车型来区分时，会遇到一些难题。

4. 货位序号法

这种编号方法是基于库房管理的货位编号生成的，就是首先对仓库的货位进行分类编号，给每一种配件规定固定的放置位置，相似的配件往往放在相邻的位置，然后根据货位的不同，给不同配件赋予相应的编号。

这种方法的优点主要是方便库存管理，而且非常切合企业本身的实际。缺点是如果发生企业搬迁、改建和仓库变动等情况，配件编号就要重新修正，否则实用性就大打折扣了。

以上这些方法是当今比较常见的汽车配件自编号规则。有的企业还有自己的编号方式，例如按照供应商来编号，按照配件的拼音缩写来编号等，还有的企业的配件编号规则比较复杂，是把上述方法组合起来使用，使之既精确又方便。各个企业可以结合本身情况制订适用的规则。

需要特别指出的是，在手工管理账目的企业中，还能见到用拼音缩写对配件进行编号这种办法，而在用计算机管理的企业中，则很难见到。因为计算机管理软件通常都具备对配件名称的拼音缩写进行自动识别和模糊查询的功能，这样的编号方法等于做了重复的无用功。

二、汽车配件成本的核算方法

汽车配件作为商品，在经营过程中是有成本的。成本是指为获得该商品所付出的代价。通俗地说，成本就是购买商品花费的钱。

成本问题看来简单，其实不然，因为汽车配件的价格变动频繁，加上经营过程中的情况瞬息万变，所以选择合适的成本核算方法对企业的管理是至关重要的。在会计学上商品的成本包括采购成本、加工成本和其他成本。

采购成本包括购买价款、相关税费、运输费、装卸费、保险费以及其他可以归属于商品采购成本的费用。其中，商品的购买价款是指企业购买商品时的发票单上列明的价款，但是不包括可以抵扣的增值税额。商品的相关税费是指企业购买商品时发生的进口关税、消费税、资源税和不能抵扣的增值税进项税额以及相应的教育附加等应计入商品采购成本的税费。其他可归属于商品采购成本的费用是指采购成本中除上述费用以外的可归属于商品采购的费用，如在采购过程中发生的仓储费、包装费、运输途中的合理损耗和入库前的挑选费用等。

从会计学上来说，企业的进销存业务可以按照实际配件成本核算，也可以按照计划成本核算。但是如果采用计划成本核算，在会计期末应该调整为实际成本。所以本文中只介绍实际成本核算方法。

按照会计原理，对于性质和用途相同的商品，应当采用相同的成本核算方法确定商品成本。

在汽车配件的经营企业中，配件成本的核算方法有个别计价法、月末一次加权平均法、移动加权平均法和先进先出法等。

1. "平均类"的几种成本核算方法

（1）月末一次加权平均法　这种方法是指本月全部进货数量加上月初存货数量作为权数，去除本月全部进货成本加上月初存货成本，计算出商品的加权平均单位成本，以此作为基础计算本月发出商品的成本和期末存货的成本的一种方法。该方法的计算公式如下：

$$商品单位成本 = \frac{月初库存成本 + \sum（本月各批进货实际单位成本 \times 本月各批进货数量）}{月初库存数量 + 本月各批进货数量之和}$$

相关几个公式如下：

$$本月发出商品的成本 = 本月发出商品的数量 \times 商品单位成本$$

$$本月月末库存成本 = 月末库存数量 \times 商品单位成本$$

$$本月月末库存成本 = 月初库存成本 + 本月入库实际成本 - 本月发货实际成本$$

采用这个方法的，只在月末一次计算加权平均单价。其优点是每月只进行一次成本核算，工作量小，有利于简化成本计算工作。其缺点是由于平时无法从账上看出发出和结存商品的单价和金额，因此不利于商品成本的日常管理和控制。

随着计算机管理的普及，在汽车配件经营企业中，采用这种成本计算方法的企业越来越少。

例题　在采用月末一次加权平均法的企业，假设 A 配件月初库存 2 个，单价为 2 元。在本月内采购进货 3 次，价格分别是每件人民币 3 元、4 元和 5 元，3 次的进货数量分别是 3 件、4 件和 5 件，则其目前存货单位成本是多少？

题解　按照存货单位成本的公式，则

月初库存成本 = 2 元/个 × 2 个 = 4 元

$\sum$（本月各批进货实际单位成本×本月各批进货数量）=3元/个×3个+4元/个×4个+5元/个×5个=50元

月初库存数量+本月各批进货数量之和=2个+3个+4个+5个=14个

存货单位成本=54元/14个≈3.857元/个

（2）移动加权平均法　这是指以每次进货的成本加上原有库存成本之和，除以每次进货数量加上原有库存数量之和，据以计算加权单位平均单位成本，作为在下次进货前计算各次发出商品成本依据的一种方法。其计算公式为

$$商品单位成本 = \frac{原有库存的实际成本 + 本次进货的实际成本}{原有库存数量 + 本次进货数量}$$

相关公式如下：

$$本次发货成本 = 本次发货数量 × 本次发货前存货的单位成本$$

$$本月月末库存成本 = 本月末存货单位成本 × 本月末库存存货数量$$

这种方法的优点是，除了考虑商品每批进货量的单价和数量外，还把时间的有效性考虑进去，在每次进货后，"动态"地得出配件的平均成本单价。

例题　在采用移动加权平均法的企业，假设A配件在本月内采购进货3次，价格分别是每件人民币3元、4元和5元，3次的进货数量分别是3件、4件和5件，如果把A配件卖掉2个，出库成本金额是多少？再以6元的单价进货6个，现在成本单价是多少呢？

题解　3次进货之后，

$$成本单价 = \frac{3元/件×3件+4元/件×4件+5元/件×5件}{3件+4件+5件} ≈ 4.1667元/件$$

卖掉2个A配件，

出库成本金额=4.1667元/件×2件≈8.333元

剩下10个配件

剩余总货值=4.1667元/件×（12件-2件）=41.667元

再进货6个后，

成本单价=（41.667元+6元/件×6件）/（10件+6件）≈4.854元/件

采用移动加权平均法，能够使企业经营管理者及时了解存货的结存情况，计算出的平均单位成本以及发出、结存的存货成本比较客观。其缺点是由于每次收货都要计算一次平均成本，计算工作量较大，所以这种方法尤其适合于采用计算机软件自动计算成本的企业。

在我国的汽车配件经营企业中，移动加权平均法是目前最常用的成本核算方法之一。

2. "批次类"的几种核算方法

这类方法的特点是不计算商品的平均价格，而是精确到每一个进货批次来计算商品的

成本价格。

（1）**先进先出法** 这个方法是指以先购入的商品存货应该先发出（销售、耗用和采购退货等）这样一种存货实物流动假设为前提，对发出商品的成本进行计价的一种方法。

采用这种方法，先购入的存货成本在后购入的存货成本之前转出，据此确定发出存货和期末存货的成本。其具体方法是：收入商品时，逐笔登记收入商品的数量、单价和金额；发出商品时，按照先进先出的原则，逐笔登记商品的发出成本和结存金额。通俗地说，这种成本核算方法是假设商品的出库顺序与入库顺序相同。也就是说，先入库的商品先出库。

先进先出法可以随时结转商品发出成本，但是比较繁琐；如果商品收发业务频繁，且商品价格不稳定时，其工作量较大。

另外需要注意的是，在物价持续上升时，期末存货成本接近于市价，而发出成本偏低，会高估企业当期利润和库存存货价值。反之，在物价持续下降时，则会低估企业当期利润和库存存货价值。

例题 在采用先进先出法的企业，假设 A 配件本月进货 3 次，按照先后顺序，数量分别为 3 件、4 件和 5 件，单价分别为 3 元、4 元和 5 元，现在第 1 次销售 2 件 A 配件，第 2 次销售 3 件 A 配件，问：这两次销售配件的成本金额分别是多少？剩下的配件成本金额是多少？

题解 为了讲解方便，作表如下：

批次	单价/(元/件)	进货数量/件	第1次销售	第1次销售之后	第2次销售	第2次销售之后
1	3	3	-2	1	-1	0
2	4	4	0	4	-2	2
3	5	5	0	5	0	5
数量合计		12	-2	10	-3	7

先来看第 1 次销售，本次销售 2 个，由于遵循先进先出的规则，首先出库的是批次 1 的 2 个配件：

第 1 次销售，配件成本金额 = 3 元/件 × 2 件 = 6 元。

第 2 次销售 3 个，在同样的原则下，应该先把批次 1 的剩余 1 个配件出库，它的成本 = 3 元/件 × 1 件 = 3 元；然后把批次 2 的 2 个配件出库，它的成本 = 4 元/件 × 2 件 = 8 元，所以第 2 次销售，成本金额 = 3 元 + 8 元 = 11 元。

剩下 7 个配件，其中有批次 2 的 2 个，成本 = 4 元/件 × 2 件 = 8 元。

还有批次 3 的配件 5 个，成本 = 5 元/件 × 5 件 = 25 元。

剩余配件总成本 = 8 元 + 25 元 = 33 元

（2）后进先出法　顾名思义，这种成本核算方法是假设商品的出库顺序与入库顺序相反。也就是说，后入库的商品先出库。

其计算方法与先进先出法类似，不再重复讲解。

（3）个别计价法　在整车贸易的有关任务中已经介绍过个别计价法，而且个别计价法不太适合于汽车配件这类商品，在此不再重复介绍。

在这一类方法中，最常见的是先进先出法。

三、用 ABC 分类法管理采购

在谈到管理的时候，往往有一个疑问：管理，到底是一门技术，还是一门艺术？通过研究发现，西方的企业管理对技术手段的依赖性很大，以技术型管理为主；而东方的企业管理更多依靠对人的监控，讲究管理的艺术性。

ABC 分类法就是这样一种数学方法，它可以用简单的数学模型，对复杂的采购行为进行简单的规划和管理。这种方法在汽车配件的供应管理上，具有很强的实用性。

1. 原理

下面以操作实例简单讲述 ABC 分类法的应用。按照配件的价格和数量，把常见的配件分为以下 3 类，如图 3-1 所示。

1）A 类配件：占配件种类 10% 左右，金额占总金额的 65% 左右。

2）B 类配件：占配件种类 25% 左右，金额占总金额的 25% 左右。

3）C 类配件：占配件种类 65% 左右，金额占总金额的 10% 左右。

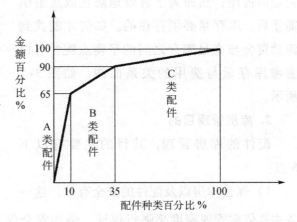

图 3-1　ABC 分类图示

显然，这 3 类配件具有如下特点：

1）A 类配件：种类少、金额高。

2）C 类配件：品种多、金额少。

3）B 类配件：介于 A 类与 C 类之间。

2. 实操步骤

1）配件的资料统计：将每一种配件上一时间段的用量、单价和金额进行制表。

2）按照金额大小进行排序，计算每种配件占配件总金额的百分比。

3）按照金额大小顺序计算每一种配件的累计百分比。

4）根据累计百分比绘制 ABC 分析表（柏拉图表）。

5）进行 ABC 配件分类。在制订采购计划时，应该从 C 类配件　*ABC 库存分类管理法*

入手，如机油与三滤等，这类配件需求量大，容易找到消耗的数量规律。在完善 C 类配件的采购计划的基础上，逐步制订 B 类配件的采购计划，由于 B 类配件的数量规律往往波动较大，所以没有办法全部严格定量计划，但是可以制订一个大致的计划。对于 A 类配件，一般不制订采购计划，而是按照需要随时订货。需要补充强调的是，制订采购计划时，需要考虑配件的到货时间和付款条件。

四、配件的库房管理和库存分析

1. 配件的库房管理

配件的库房管理是汽车服务企业管理的一个很重要的内容。负责库房管理的人员应该接受严格的训练和系统的培训才能上岗。从维修管理的角度来讲，配件合理仓储是保证正常维修销售的重要部分，仓库存储越完备则配件的后备利用机会越多。如何合理地分配资金与仓储的比例是配件库房管理的重要内容。

某种角度上讲，库存的存在是对资源和资金的占用；然而为了有效地防止或缓解供需矛盾，库存是必须存在的。如何才能找到流动资金与充足库存之间的平衡点呢？可以参考库存量与费用的关系曲线，如图 3-2 所示。

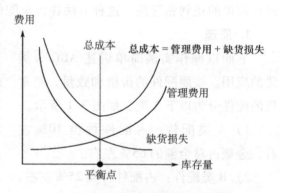

图 3-2　库存量与费用的关系曲线

2. 库房管理目的

配件的库房管理，其目的主要有以下 6 点：

1）保证库房以及配件的安全有效。这一条主要依靠管理制度来强行保证，例如安全保卫制度、收发签字制度和仓库岗位制度。至于配件的时效性，则主要依靠库房管理员工作的细致程度。

2）保证配件出入库数量的准确性。这也是库房管理基本要求，如果数量都不准确，就很难称得上管理。

3）保证配件出入库的及时性。配件采购和发出是否及时，影响生产部门和销售部门能否正常运转，所以库房的工作效率直接影响其他业务部门的工作效率。

4）尽量降低配件占用的周转资金。资本的本质决定了任何企业都意欲用尽可能少的资金获取尽可能多的利润。如何提高流动资金的使用效益，是企业永恒的话题。

5）合理利用库房空间。和资金一样，仓库的占地面积总是有限的，合理地编排货位、巧妙地立体化使用空间，可以节约空间成本，提高工作效率，还有助于盘点与统计等工作的进行。

6）给财务提供精确的依据。仓库管理是企业的有形资产，其工作内容和工作质量要接受财务部门的监管。同时，还要向财务部门提供准确的数据，供财务部门进行核算。

3. 库房管理工作的特点

（1）重要性　作为企业有形资产的主要管理部门，其工作重要性不言而喻。在汽车修配企业中，一般来说，仓库负责管理企业的大部分有形资产（包括设备、配件、工具和消耗品等），其中既有固定资产，也有流动资产。

（2）独立性　在大多数企业，仓库这个部门都是比较独立的，不论其在行政上作为独立的部门存在，还是隶属于生产部门管理，或者隶属于财务部门管理，它的工作性质决定了它具有不同于其他部门的独立性。

（3）关联性　由于业务流的进行依赖于物资流，所以几乎所有的业务部门（包括生产部门和销售部门等），其工作都或多或少与仓库紧密相连。

（4）无形性　仓库管理的对象一般是有形资产，但是其工作的质量和效益的指标往往不像生产部门和业务部门那样一目了然。无形性既指的是其工作内容，也指其工作考核的方式。

（5）连续性　大多数汽车服务企业，库存的商品种类繁多，情况复杂，这样的工作，对经验要求比较高，对人员的稳定性要求也比较高。

（6）滞后性　滞后性指的是管理的效果。仓库管理与财务管理类似，其管理效果的好坏，往往要经过一段时间后才能体现出来。所以，企业的管理层如果需要评定仓库的管理水平，应该进行长时间的持续考察。

4. 库房管理的考核

由于库房管理的工作特点，对其进行考核是比较难的。本文中列出了以下几个仓库管理的考核项目，供读者在将来的管理中参考：

库房的安防措施、商品的丢失金额和丢失率、商品的破损率和失效率、商品的到货入库速度、商品的发货出库速度、发货的错误率、入库的错误率、单位面积的存放货值、库房的整洁程度。

至于以上考核项目的具体评分标准，应该由企业自行制订。

5. 配件的库存分析

所谓库存分析，就是通过对库存商品的存量和流量的数据分析，找到控制采购和库存的办法。本任务讲解库存分析的基本要点和方法。

（1）初级库存分析　所谓初级的库存分析，就是观察哪些配件缺货、哪些配件库存过剩或有缺货与过剩的可能，以向采购部门提供采购计划的参考意见。库存分析最好是建立在计算机管理的基础上，如果上述的工作内容要用人工来实现，工作量巨大。

首先，要对每一个汽车配件规定它的属性，除了规定它的名称、价格等参数外，必须要规定它的库存参数。库存参数包括其存放时间、占地面积或体积、货位和数量等。初级库存分析涉及的主要是其数量参数，在不考虑库存体积和容积的情况下，最常用的数量参数有 3 个：库存上限、库存下限和库存警戒线。

库存上限就是正常情况下，商品在仓库里允许存放的最大数量。也就意味着，超过上限的商品库存，就成为冗余了。库存下限就是在正常情况下，库存中商品应该保持的最低数量。低于下限，就意味着商品库存严重不足，可能影响生产。库存警戒线是为了保证商品库存不低于下限。当商品在使用过程中，数量减低到一定限度，就要进行补货采购，这个限度就是警戒线。

例如，对于最常用的慢流件：库存上限 = 库存下限 = 库存警戒线 = 0。

因为这样的配件一般不需要有常备库存，需要时才会进行临时采购。一旦发现其库存数量大于 0，就要确定是否有客户预订了该配件，否则就可能发生了采购失误。所以，库存分析对采购也有监督的作用。

一般来说，仓库管理员每天上下班时都需要检查一下库存，以确定是否有库存过剩或不足的情况。

对于采取人工管理库存的企业来说，这个要求恐怕难以达到，因为库存配件少则几千种，多则几万种，每天检查库存数量是不可能的。对于配备了计算机管理系统的企业来说，这个事情很简单了。

（2）进阶库存分析 进阶库存分析就是不仅仅简单地查看直观的库存数据，而是根据这些直观数据结合其他信息进行计算和分析，找到维持合理库存的有效办法，例如给采购部提供补货参考。

这时，除了要知道库存数量这些数据外，还需要掌握配件的存放时间与订货周期等，才能计算出合理的补货量。如果该参考建议要成为可行的计划，还需要把可替代配件与采购金额等考虑进去，并结合本企业的实际情况，才能给出可行的计划。

如果企业的商品流量很大，可能还会要求库存分析者提供特定的图表供采购部门参考。

五、汽车配件管理的职业要求

从事汽车配件管理的职业特定要求有：具备强烈的责任心；熟知汽车配件出入库的正规流程；初识财务知识和票据知识；能独立进行汽车配件检索和查询。

1. 发票知识

发票是企、事业单位和个人在提供或接受商品、服务以及从事其他经营活动中，对接受商品、服务以及从事其他经营活动的单位和个人开具、收取的收付款凭证。发票是财务收支的法定凭证，是会计核算的依据，也是税务机关征收税款、进行税务稽查、有关部门进行财务会计审计、办理证明发放和处理经济纠纷案件等的依据。

违反发票管理法规，导致其他单位或个人未缴、少缴或骗取税款的，由税务机关没收非法所得，可以根据法规进行罚款。情节严重者，应该交司法机关处理。

2. 凭证知识

凭证是财务记账的单证，分为手工凭证、机制凭证和派生凭证。

（1）手工凭证　指手工对原始凭证进行处理后编制的记账凭证。

（2）机制凭证　指已实现计算机处理的业务子系统对原始凭证进行处理后编制的记账凭证。

（3）派生凭证　指账务系统根据系统在计算机内已有的数据产生的记账凭证。

尽管凭证的来源有所不同，记账凭证的格式也有很多种，但它们的基本内容或者说本质上是相似的。

3. 原始单据

原始单据就是业务发生时的记录单据，例如常见的采购入库单、销售出库单、采购退货单和盘点单等都是原始单据。

原始单据是财务记账的根本凭据，随着计算机管理的推广应用，原始单据的电子化是一个大趋势。

任务三　汽车配件进销存管理练习

【任务目标】

学习采购、销售、仓库管理及实际操作方法，能够进行汽车配件的采购、销售和仓库管理操作。

【任务理论知识】

汽车配件采购、销售和仓库管理的基本知识。

【建议学时】

4 学时。

一、配件的采购管理和练习

1. 配件订货管理及练习

无论是维修厂还是经销商，配件销售的随机性很大，客户何时来、需要何种配件都是无法预测到的。一辆汽车的零配件数量可能有数万个，而任何公司都很难保证每种配件都储备大量库存，因此当客户来店时，库存是否充足是不确定的。

配件订货

汽车维修商或汽车配件商都力图用最少的资金占用量取得最大的经济效益。所以，用最少的资金保证供货及时是配件订货的原则。订货的时间早晚、订货数量的多少是关系到商家库存资金占用多少的重要因素。订货过早、数量过多则可能造成库存占用流动资金过多，存储成本加大；订货过晚、数量过少则库存缺货严重，可能影响生产，造成客户流失，减少了销售利润。订货时间及数量还需要根据近期库存出入库情况以及外界各种综合因素进行考虑，如市场上车辆的销售情况、天气原因和零配件的价格波动等。

各种配件在库存中有一定的流动性，根据商家修理的车型或销售的配件类型不同，配件类别的需求也是不同的。一般对于某一个商家来说，经常流动的配件也许只占所有配件的一部分，而其他的大部分配件的销售频率并不高，因此并不会频繁进行订货。同样，根据零配件周转周期长短可以把它们分为快流件、中流件与慢流件。一般来说，快流件占所有配件种类的比例是比较少的，但是它所带来的销售额却比其他配件的销售额高；相反，中流件与慢流件虽然零件种类占有比例比较大，很可能单价也高，但是销售额却只占较少的一部分。

订货的品种与数量根据公司对配件的实际需要与现有库存的情况进行对比后确定。其订货方法有很多，如定期订货、紧急订货和临时补货等。在一些管理比较规范的商家里，每隔一段时间，会定期对配件进行盘点，然后得出库存的准确数量，对前段时间的库存进行比较分析后，得出本次应该订货的商品数量。

定期订货是在掌握公司某段时间内配件平均需求的基本前提下，结合客户的预定品种及数量，同时参照现有库存数量品种进行订货的方法。定期订货要尽可能保证配件的订货需求能满足一段时间内的绝大多数可预测的需求。

临时补货指当库存的配件低于库存警戒数量的时候，要进行临时补货，保证库存有足够的库存数量以备使用。这类配件一般都是比较常用的，因此，在库房内备有足够的库存是十分必要的。

紧急订货是指当客户来店时，所需要的配件的数量品种不能满足客户的需求，此时就要根据客户需求情况快速制订订货计划马上进货，这样既不影响维修与销售，还可以留住客户。

订货的时候选择供货商与供货地点也是很重要的。一般来说，选择供应商的原则是：选择正规的信誉良好的厂家或者配件供应商，最好选择有长久合作关系的供应商。供货地点尽量遵循先市内后市外、先国内后国外的订货原则，这样可以尽量节约运费与时间，还可以规避一些可能存在的法规风险。

订货有的时候还要签署订货合同，如果是金额较大的订单，还可能缴纳订金才能正式下订货单。

一般来说，订货工作中包含着询价工作。询价工作是"货比三家"的有效手段，也是企业寻找合适供应商的前提。各个企业的询价制度不太相同，但是按照常规，普通商品至少要求询价 3 家以上，重要商品则应询价 5 家以上。在大多数企业中，订货和询价是由同一个部门进行的，但是可能会交给不同的人员进行。

在计算机管理系统中，询价和订货可以在一个功能模块中进行，当然其中的步骤可以按照企业的制度，分解给不同人员配合完成。在练习用的模拟系统中，询价和订货工作合成为一个单据，称为订货询价单，简称订单。其操作方法如下：

在主菜单的"帮助"中找到"配件业务导航"（图 3-3），单击"订货询价"，弹出如图 3-4 所示界面。订货询价单需要登记的信息包括供应商信息、配件信息和其他信息等。

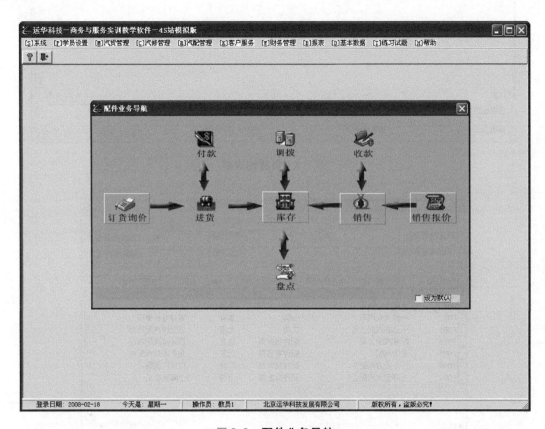

图 3-3　配件业务导航

首先单击界面中的 按钮，新建一张空白的订单，单击 查A（查询）按钮，在弹出的供应商列表（图 3-5）中选择一个供货商。如果在列表中没有该供货商，那么单击 按钮，在弹出的窗体中建立一个新的供应商，单击确定就可以了。

选择供应商后，就可以添加配件了。配件选择的时候单击 按钮，在弹出的配件列表中，双击配件或者单击"确定"把需要的配件选择到订货单中。如果要预订的配件没有在配件列表中，那么单击 按钮，在配件属性（图 3-6）界面中把这个新的配件信息添加好，单击"确定"即可。

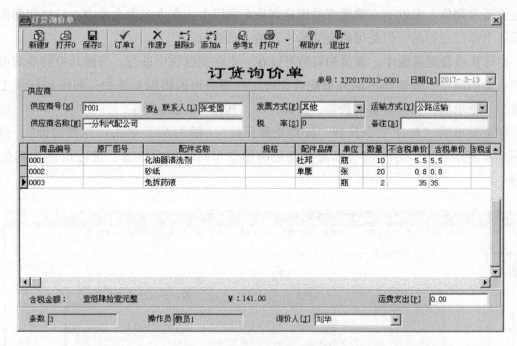

图 3-4　订货询价单

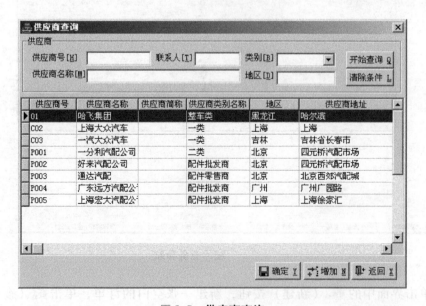

图 3-5　供应商查询

当所有的配件都添加好了以后，需要确定每个配件的数量以及订货价格。单击订货询价单界面中的 （参考）按钮，可以查询到选定配件一些属性价格（图 3-7），例如，配件的进货参考价、零售价、批发价和索赔价等，还有现库存最早进货价、针对当前供应商的最近一次进货价、历史最高进货价以及最低进货价。这些属性价格可以作为本次订货的参考。

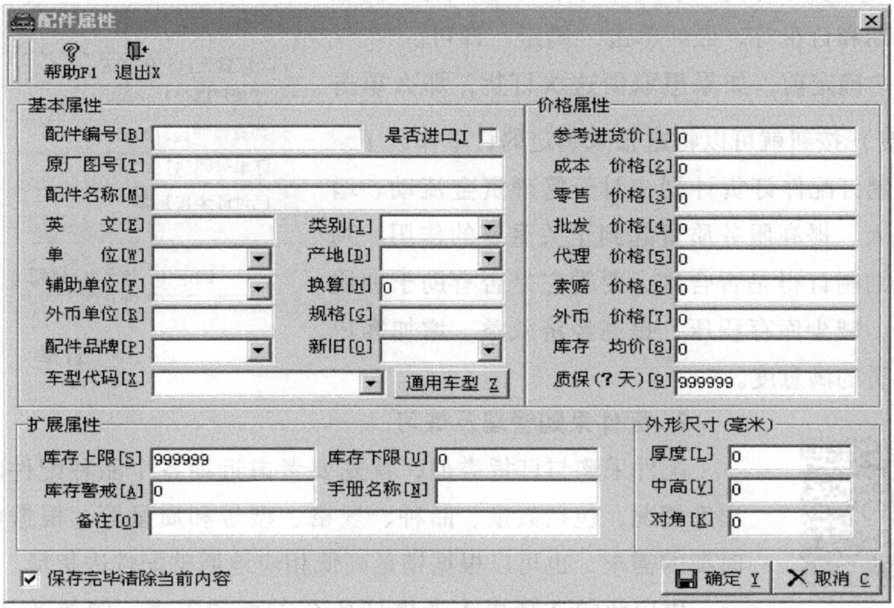

图 3-6 新增配件

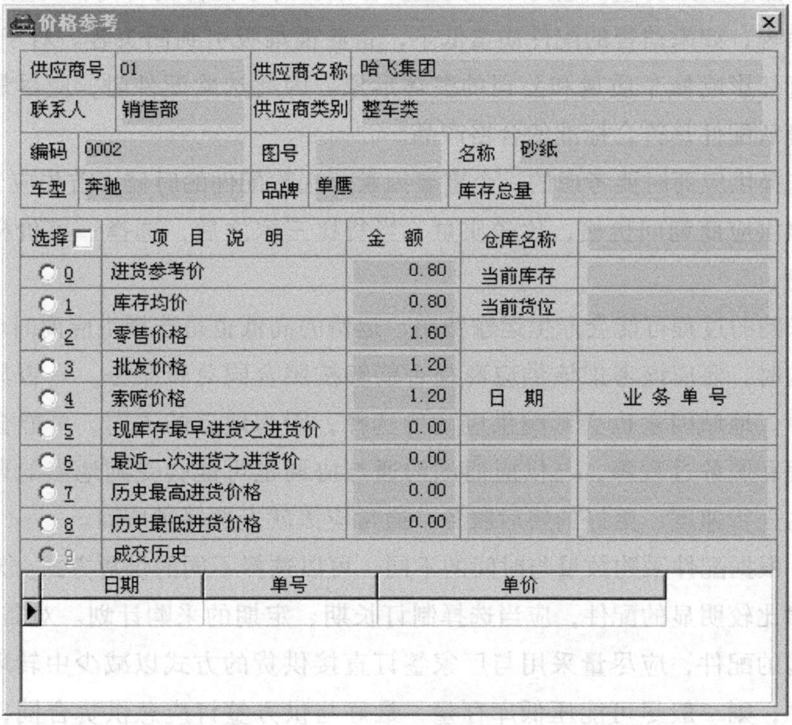

图 3-7 订货询价参考

当配件的数量和价格确定好了以后，再填写发票方式、运输方式和运费等信息。如果询价后要进行订货，则在"订货询价单"（图 3-4）界面中单击"订单"，在"订单"界

面（图3-8）填写订货人、订单号、订单日期以及预
计到货日期和订金等，最后单击"确定"即可。

在订单确定前，如果想取消这次订货，那么单击
（作废）按钮就可以将这张未确定的订单作废了。

合理制订配件订货计划，对于管理资金流动、增
加经济收入、提高服务质量起到至关重要的作用。判
断订货计划制订得是否合理，要看它是否有助于加快
资金流动，减少库存积压，提高经济效益，增加客户
对服务质量的满意度。

图3-8　订单

2. 配件采购管理及练习

配件采购与订货类似，首先要考虑近期各个品种配件的库存和
出库情况，包括数量、品种、规格、型号和质量等。根据市场不同
时期的需求，也可以根据销量高低相应地调整配件进货量。

供应商的选择要求考虑到各个方面的需求，例如产品的质量、
配件的报价、服务水平、保修情况、生产技术能力以及管理水平等。

首先，产品质量是衡量供应商好坏的重要标准。对于配件销售商，质量的好坏直接影
响到自己的信誉，如果销售的配件质量低下，企业很难吸引到回头客。对于汽车维修商，
配件质量的好坏影响修车质量和公司的整体形象。因此选购配件时，应尽量选择知名品
牌，至少要确认配件是符合标准的合格产品。

价格是选择供应商时要考虑的一个重要因素。选购配件的时候，首先应当了解市场行
情，选择多家供应商询问价格，比较质量，当货比三家之后，选择一家价格合理、质量
过硬的供应商。

另外，采购的过程可能会产生运输费用，运费的高低也是选择供应商时应该考虑的一
个因素。采购时，还应该考虑该供应商是否能够按照合同兑现服务，是否具有良好的售
后服务态度等。地域因素也会影响供应商的选择，因为地点的不同，可能会影响运输过
程、付款过程和服务过程等，与供应商的沟通与协调也可能会受到地点的影响，为了能
够得到快捷的送货速度、更好的售后服务，通常应该就近选择供应商。

采购时，根据配件采购数量与时间的不同，可以选择不同的供货方式。对需求数量稳
定且采购规律比较明显的配件，应当选择制订长期、定期的采购计划。对需求数量较大，
但不定期采购的配件，应尽量采用与厂家签订直接供货的方式以减少中转环节。对需求
量不大的配件，则一般尽可能压低库存量，最好与供方签订应急供货合同，保证需要时
的供给。

在采购中，经常需要签订合同，尤其是当采购金额较大或者与供货商建立长期合作关
系时。合同需要按照法律规定的要求拟定，也要考虑到各方面的问题，对配件的型号、

规格等属性要明确；对价格应该详细说明；用词要准确，以免语意混淆造成双方误解。合同签订后，供需双方需依据采购合同履行职责。

当配件按照合同签订的时间、地点到货后，接货人员需要对到货配件进行严格检验，只有对到货配件的产地、型号、规格、名称、数量和质量检验合格后才可接收。

在进行配件入库时，还要考虑到配件成本是否含税的问题。配件的入库成本通常分为含税与不含税两种。含税入库是指在入库时，成本单价取值为含税单价。不含税入库是指入库时，成本取值为不含税单价。其区别在于，成本核算的时候，当含税入库的时候，营业成本等于含税成本；而不含税入库的时候，营业成本等于不含税成本与税额之间的合计。

 实习操作

配件采购过程中需要新建配件入库单，作为采购凭证。下面介绍采购入库单（图3-9）的制作方法。

图3-9 采购入库单

在"配件业务导航"界面（图3-3）单击"进货"，则出现图3-9所示的采购入库单。首先单击界面中的 ⬛（新建）按钮，选择供应商，单击供应商号右面的 查A（查）按钮，看见供应商列表，在列表中选择供货的商家，然后点击"确定"按钮。如果这是一家新的供应商，那么单击"添加"按钮，在供应商管理界面中填写该供应商的详细信息，然后保存即可。

选择供应商之后，选择配件需要存入的仓库，然后填写配件的详细信息。单击界面中的 ⬛（添加）按钮，弹出配件列表（图3-10）。在这个界面中选择需要添加的配件，双击配件

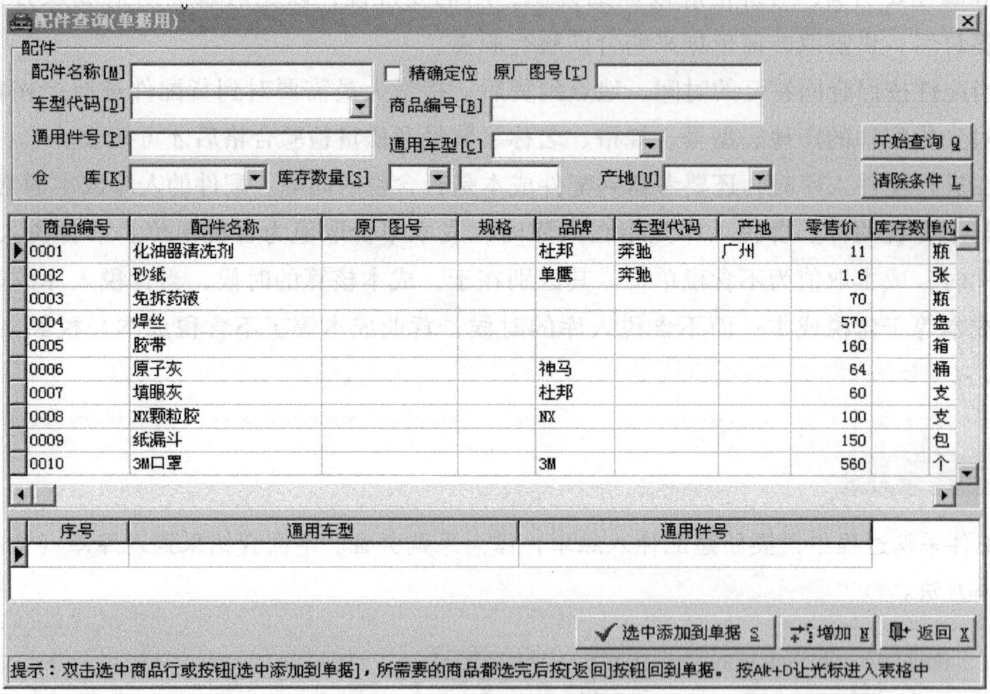

图 3-10　供应商的配件列表

或者单击 ✓选中添加到单据 S（选中添加到单据）按钮，都可以将配件添加到入库单中。如果需要一次性添加多个配件也可以按住键盘中的 Ctrl 键，然后用鼠标点选需要添加的配件，最后单击 ✓选中添加到单据 S 按钮就可以了。

配件添加好后，在入库单界面中，将入库数量、入库单价填好。

> 若系统设置为"以不含税单价入库"，入到库中成本为不含税单价，即：
>
> 入库成本单价＝不含税单价
>
> 若系统设置为"以含税价入库"，入到库中成本为含税单价，即：
>
> 入库成本单价＝含税单价

当入库仓库、配件数量及价格都填写完毕，在单据下面会列出一系列单据的金额统计，包括货款、税额、价税合计、应付合计和欠款等。

如果采购的时候直接付款给供货商，那么则要填写实付金额（否则实付金额默认为零），然后选择结算方式和发票品种，同时将发票号进行记录。如果与供应商商定的是延期付款方式，那么就不用在实付金额中填写金额，只需要将付款方式改为挂账，入库的时候只会记录贷方金额也就是本公司暂欠供应商的款项，到了结款日期，再用"应付款支付"功能进行结款。

最后填写采购员姓名，保存单据，并进行核对。核对、检验完毕，单击 入库R （入库）按钮，就可以将配件正式入库了。当配件入库时，计算机软件会自动把该笔业务发生的应付和实付款项记录到往来账目中。

另外，入库的时候，可以查看从指定供应商处采购某个配件的价格历史。具体方法是：选中需要查看的配件，单击 参考K （参考）按钮，此时会弹出价格参考界面（图3-11），在这个界面中，会列出与这个配件有关的属性和价格信息，同时显示出以前从该供应商处采购的成交历史，包括该商品的日期、单号以及进货单价。

价格参考				
供应商号　P003	供应商名称　通达汽配			
联系人　陈小姐	供应类别　配件零售商			
编码　0001	图号	名称　化油器清洗剂		
车型　奔驰	品牌　杜邦	库存总量		

选择□	项　目　说　明	金　额	仓库名称	配件1库
○ 0	进货参考价	5.50	当前库存	
○ 1	库存均价	5.50	当前货位	
○ 2	零售价格	11.00		
○ 3	批发价格	8.25		
○ 4	索赔价格	8.25	日　期	业　务　单　号
○ 5	现库存最早进货之进货价	0.00		
○ 6	最近一次进货之进货价	0.00		
○ 7	历史最高进货价格	0.00		
○ 8	历史最低进货价格	0.00		
○ 9	成交历史			

日　期	单　号	单　价
▶		

图 3-11　供应商配件价格参考界面

入库单的生成，还可以从订货询价单调入，免去了重复录入的麻烦。在入库单界面，可以单击 询价单J （询价单）按钮，在弹出的订货询价单列表中选择需要的订货询价单，单击确定就可以了。询价单调过来形成入库单草稿，可以继续对配件数量或价格信息进行修改，入库数据以最终的入库单为准。

3. 配件采购退货管理及练习

配件的采购退货是指由于各种原因销售商将配件退回到供应商。发生采购退货的原因很多，最常见的是质量问题和库存积压，需要将配件退回到供应商，供应商应将相应的货款返还。

需要重点强调的是，配件的采购退货是一种出库行为，也有成本和收入，也可能会产生账面盈利和亏损。因为如果把供应商看作

配件退货

客户，从财务角度来看，这个退还行为相当于将商品销售给了供应商，既耗费了成本，也获得了收入；而且，返还的金额不一定等于入库时的金额，可能会产生账面利润或者亏损。

下面对各种情况逐一说明：

1）如果因为质量问题而按原数量和金额全款退回给供应商，此时成本与退回的价格大多数情况会相等，退货过程并没有产生盈亏。

2）如果由于库存积压而退货，销售商与供应商各自分担部分损失，此时的退回价格有可能低于进货的成本价，销售商会有亏损。

3）如果某配件是从多个供应商处进货，且供货价格不同，此时配件的进货金额和退回金额之差就可能产生了账面利润。

4）成本核算的计算方式可能会在采购退货时造成账面盈亏。不论采取先进先出还是移动加权平均法核算成本，都有可能发生退货收入与退货的出库成本不一致的情况。

为了进行严格的管理，正规的公司会规定"原进原退"，也就是说，每一个商品只允许向其真实的原供应商进行退货，不允许退给别的供应商，而且退货时只能进行该批次数量限制之内的退货。这样对数据进行统计分析的时候，对供货商的评估就更加完整真实了，公司的长远利益就可以充分地得到保障。

 实习操作

在本实习软件中，建议按默认"原进原退"原则，系统将采购退货限制为只允许从入库单退货，这样，从哪个供应商处进货就向哪个供应商退货。这样，才可以通过供应商进货台账分析出每个供应商的实际进退货状况，为评估供应商作出详细分析。

采购退货的时候，在主菜单中单击"汽配管理—进货管理—采购退货单"，出现图3-12所示的采购退货单。单击采购退货单中的 新建N （新建）按钮，然后选择需要退回的入库单。方法是单击界面中的 入库单R （入库单）按钮，此时弹出入库单列表（图3-13），在这个界面中，可以通过查询条件进行筛选。在选择过程中，还可以通过单击界面中的"明细"按钮，查看某入库单的详细信息。

选定入库单后，单击 确定I （确定）按钮，就可以将入库单据调用到采购退货单中了。此时的采购退货单显示的是所有的入库配件，如果只退其中的部分商品，那么可以通过鼠标右键中的快捷菜单（图3-14），将需要退货的配件保留，不需要的配件删除就可以了。如果需要多选配件，可以按住键盘上面的 Ctrl 键，然后用鼠标左键单击配件就可以进行多选了。

当退货配件的品种都选定以后，还要填写退货单价、退货摘要和实退金额等信息，然后单击界面中的 保存S （保存）按钮，保存该采购退货单，等待主管审批。

主管在审批时，通过界面中的 打开O （打开）按钮调出需要审批的退货单，确认无误后，单

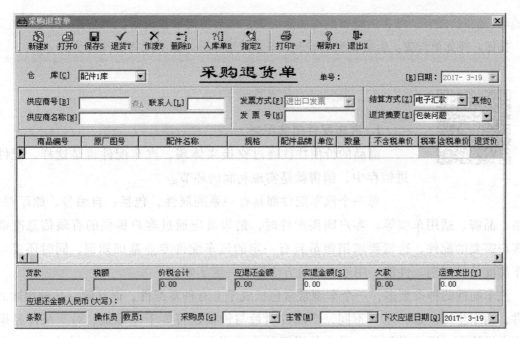

图 3-12 采购退货单

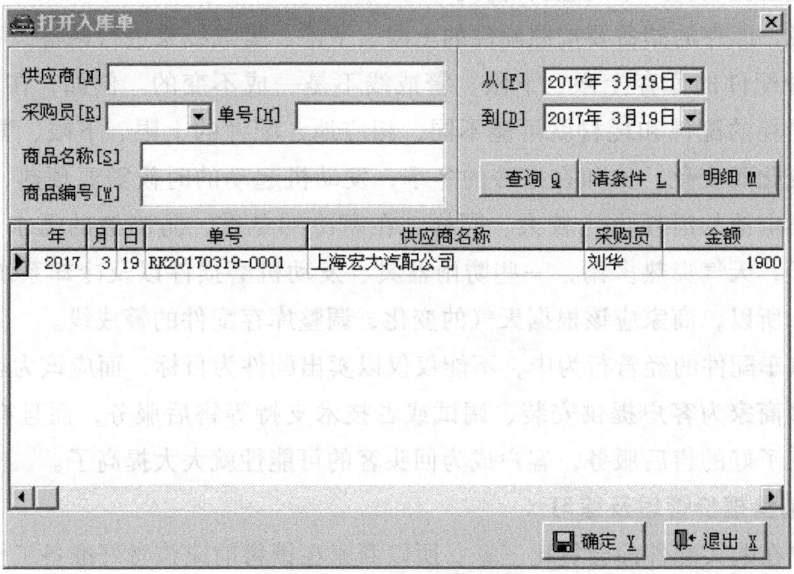

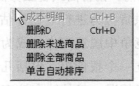

图 3-13 入库单列表

图 3-14 右键快捷菜单

击 （退货）按钮。如果主管审批不同意退货，那么将此单作废时，单击界面中的 作废F （作废）按钮，将此单作废。但是，当采购退货单完成退货后，就不能将它作废了。

二、配件的销售管理和练习

1. 汽车配件销售概述

商品的价值往往通过交换来体现，汽车配件也是这样，配件的进销存中，销售就是实现利润的环节。

配件销售

每一个汽车配件都具有一系列属性，包括：自编号、原厂图号、规格、品牌、适用车型等。客户购买配件时，销售员应通过客户提供的有限信息准确判断客户需要的配件，这就要求销售员具有一定的汽车配件专业基础知识，同时还要对各种车型配件的区别、性能、用途、检验方法等有一定了解。

汽车配件的种类繁多，一个车型常常包括成千上万种零配件，而且同一品种用途的零配件，由于生产厂家、地区不同，产品的质量与价格也可能千差万别。对于配件经销商与汽车维修商，要将常用的、易损的零配件在仓库中常备，以便客户的不时之需。库存商品往往是企业流动资产中的重要部分。

一般来说，库存的储备要按照配件的上限、下限、警戒线来进行调整，不过需要指出的是，每一种配件的库存上限、下限、警戒线不是一成不变的。例如，在不同的季节，维护车辆所消耗的配件和耗材就可能不同，相应地，配件的上限、下限、警戒线也可能随着季节的变化而变化。比如在寒冷的冬季，发动机起动的时候需要预热，齿轮的磨损程度增大，蓄电池的消耗也比较大。同样，在寒冷的冬季，防冻液的需求也相应增大。反之，在夏天，天气炎热多雨，一些防雨器具、发动机磨损件以及冷却系统部件的需求就相应提高。所以，商家应该根据天气的变化，调整库存配件的警戒线。

商家在汽车配件的经营行为中，不能仅仅以卖出配件为目标，而应该为客户提供周到的服务。很多商家为客户提供安装、调试或者技术支持等售后服务，而且有充分的质量保证期。得到了好的售后服务，客户成为回头客的可能性就大大提高了。

2. 配件销售报价管理及练习

很多客户在购买配件前会货比三家，所以商家在销售前应该做好准备工作，以利于配件的销售。销售报价是最常见的售前准备和服务内容之一。

配件销售报价单是销售配件之前，销售商或者服务商向客户提供的参考价格表单。报价单的作用是让客户对销售商的供货行为进行对比评估，选择性价比最优的供方。作为配件销售商，要想在众多同行的竞争中脱颖而出，成为客户的最终选择，给出一份合理清晰的报价单是非常重要的。建立一个报价单，包括几个部分的工作内容，一个是选择客户，二是查看该客户以往的进货情况，三是结合该客户的成交历史和最近的市场走势确定报价。

配件销售报价的练习

在"配件业务导航"界面（图3-3）单击"销售报价"，弹出报价单界面（图3-15），单击界面中的 （新建）按钮。然后选择客户信息，单击客户号后面的"查"按钮，会弹出客户信息列表（图3-16）。

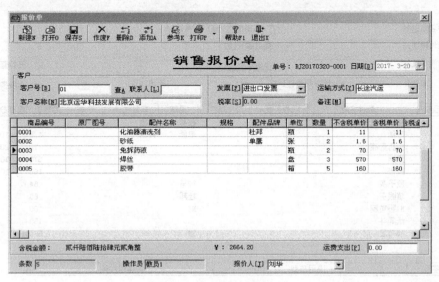

图 3-15 报价单

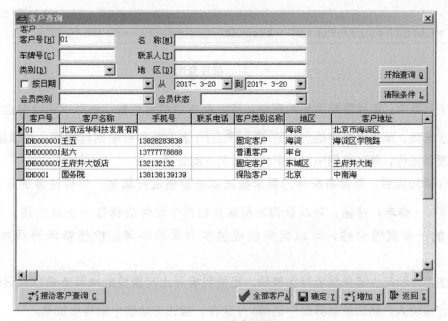

图 3-16 客户查询

　　如果该客户曾经在系统中登记过，那么可以通过各种查询条件将客户信息查询出来。如果是新客户，那么单击界面中的 [增加 N] （增加）按钮，可以在客户管理界面中增加新的客户。

　　当客户信息添加完毕后，接下来添加配件信息。单击界面中的 [添加 A] （添加）按钮，弹出配件查询列表（图3-17）。

图 3-17　配件查询

　　在这个界面中，选择需要添加的配件，可以双击添加到单据，也可以通过键盘与鼠标结合，进行多选后，单击界面中的 [✓选中添加到单据 S] （选中添加到单据）按钮。必须指出的是，为了避免重复报价，每张单据中同一配件的出现不能超过一条。

　　当配件添加完后，需要将配件的需求数量以及价格进行填写。值得注意的是单价的选择，单击 [参考 K] （参考）按钮，可以查询当前客户对某个配件的销售历史及价格，而且还可看到配件的一些属性价格，可以为报价提供多方面的参考。价格参考界面如图3-18所示。

　　当这些客户和配件信息都填写完整后，还需要填写此次报价的发票方式以及运输方式等信息并登记报价人，然后单击界面中的 [保存 S] （保存）按钮完成整个销售报价单。

图 3-18　价格参考

3. 配件销售管理

建立销售单时，可以直接新建单据，也可以通过报价单转入销售单。销售单建立的过程中，最重要的是销售价格的确定，销售价格直接影响成交的可能性和销售利润。价格定得过高，有可能影响成交；价格定得过低，无法获得正常利润甚至造成公司亏损，因此合理确定销售价格是配件销售过程中最重要的步骤。

在价格管理中，针对不同的客户，商家可以给予不同的折扣。因此，建立好客户档案，记录每个客户每次购买的详细信息，是赢得并留住客户的重要举措。

如何确定配件的销售价格呢？在本书采用的实习软件中，销售定价的考虑分为 5 个层次。

（1）第 1 层次——配件的属性价格　在基本数据中，管理员对每一个配件都可以规定它的属性价格，这些属性价格包括参考进货价格、参考成本价格、零售价格、批发价格和索赔价格等。这些价格都是定价的依据，而且是最基础的依据。例如，针对不同的客户，有的应该按照零售价销售，有的则可能享受代理价或者批发价等。

（2）第 2 层次——配件的成本以及本公司加价制度　由于市场的波动和各种客观因素的影响，配件的每次进货价格可能不同，配件属性中的参考进货价和成本价格并不是真实的成本，配件的真实成本是一个可变量，一般来说就是进货的价格。需要指出的是，配件的账面成本并不一定简单地等于进货价格。

如果公司的成本核算方式是先进先出法，则配件的账面成本是每次进货的价格（当进行跨批次出库时，则在一张销售单中可能出现同一种商品的账面成本不一样的情况）；如果公司的成本核算方式采用的是移动加权平均法，则配件的账面成本是经过加权平均的一个数值。关于这些内容，请参阅本书中有关任务，在此不再赘述。

每个公司都会有自己的加价制度，就是在入库的成本价格上进行一定的加价出售。一般来说，加价制度有 3 种类型：不更改属性价格、手工输入以及按照加价率销售。

"不更改属性价格"是指按配件属性中的零售价进行销售。在配件定义的时候，其属性价格就已经确定好了，其中就包括配件的零售价格。当配件销售的时候，默认按照配件属性中的零售价格进行销售。此方法优点是价格稳定，不受人员变化和市场变化的干扰。有的公司人员变动频繁，而销售员不一定能够记住所有的配件销售价格。采用"不更改"制度时，就不需要销售人员熟记价格，即便是新手销售，也可以按照计算机默认的价格进行销售。不过，在这种制度中，销售价格的最后规定是由销售人员来进行的，属性价格也只供参考。

"手工输入"是指在配件进货时，根据需要规定该批配件相应的销售价格。这种方法要求配件进货人员对销售配件的市场价格和配件成本都有一定了解，能够结合市场合理安排销售价格。该方法的优点是能够随时掌握销售价格，缺点是对采购和销售人员的水平要求较高，对人员依赖较大，同时也不利于人员变动频繁情况下的价格管理。这种方法适合于采购和销售两种业务归到一个部门甚至一个人的公司，也就是说，适合于采购员兼任销售员的情况使用。

"按照加价率销售"是指以配件的进货成本为标准，在其基础上乘以一定的比率，作为公司配件销售价。加价率是指销售价和成本价的比例，比例越大则销售价与成本价之间的差额越大。其计算公式为

$$配件零售价 = 配件成本 \times 加价率$$

根据公司管理成本的不同，结合市场配件的平均加价比例，可合理地制订本公司的比例价格。这个方法的优点是进货成本会根据市场配件的价格变化而进行相应的调整，比较灵活。缺点是市场上配件的价格变动往往没有一定的规律，如果老客户感觉价格波动太大，可能会降低对公司的信赖程度。

（3）第 3 层次——配件的会员折扣　如果公司制订了会员制度，通常来说，会员可以享受一定的优惠折扣率。可以在制度里，为不同级别的会员规定不同的折扣率，然后在计算机软件的"基本数据"中进行录入。当会员来购买配件时，计算机系统会自动为该会员进行配件价格打折。这样的措施，对于稳定客户是大有裨益的。

（4）第 4 层次——客户的成交历史　在进行配件销售时，应该参考与该客户的成交历史。通常来说，一般人在购买时，会习惯性接受与上次同样的成交价格。从另一个角

度来说，通常汽车配件的价格是不断下降的，如果能够以上次的价格与客户成交，通常是比较划算的。

有人可能问：公司的客户那么多，每个客户可能来过很多次，怎么可能记得住客户的成交历史呢？是的，这个时候，采用计算机管理就显得非常重要了，因为计算机可以很轻松地记录每一个客户在购买每一种配件时的成交历史。在本书案例的实习软件里，进行配件销售时，会默认客户最近一次的成交价格，同时，以"参考"的方式为销售员提供详细的成交历史。

（5）第5层次——当面议价　在实际工作中，无论把有关销售价格的制度规定得如何详细，客户的讨价还价都是不可避免的，双方的共识往往都是由讨价还价来决定的。

一般来说，经过讨价还价的配件销售价格取决于4个因素：该配件的紧俏程度、客户的意向价格、配件的账面成本和销售员的折扣权限。其中，客户的意向价格可以通过查询其成交历史来估计；配件的账面成本可以通过参考查询来进行；销售员的权限则已经在系统中规定好了。

有些客户可能还会提前进行配件的预订，这时就会用到"销售预约"了。该功能比较简单，类似于维修的预约功能，请参考相应任务。

4. 销售价格练习

在销售单中，首先选择购买配件的客户。然后添加配件，系统通常先会默认该客户最近一次购买配件的价格，或者按照公司的加价制度将配件的零售价格自动显示出来。例如，客户A前次购买配件F的单价是100元，而系统中的配件属性零售价是110元，该配件的成本是80元，加价率是120%。此时，系统若设为取用客户的上次购买价格，则本次销售价默认为100元；若系统设置为"不更改"，则本次销售价格默认为110元；若系统设置为按照加价率销售，则本次销售价格默认为96元。可见，系统设置不同，销售的默认价格就不同。

如果是会员，根据系统设定的会员折扣，为会员客户打折。例如金卡客户，系统设定的配件折扣率为0.8，客户总共的货款为1000元，那么销售单中的折扣率为0.8，优惠金额＝货款×（1－折扣率）＝1000元×（1－0.8）＝200元。如果客户不计税率，那么最终的应收合计为800元。假设计入税率（如普通发票，税率0.03），那么应收金额＝优惠后金额×（1＋税率）＝800元×（1＋0.03）＝824元，其中税额24元。

普通用户没有固定的折扣率，如果客户要求优惠怎么办呢？有3种办法给客户进行折扣优惠。一是可以通过系统中的调整功能，为配件进行折扣处理；二是直接输入打折以后的配件零售单价；三是对最后的合计金额进行打折。这3种优惠方式，学员可以根据销售情况灵活选择。

在销售单中，除了本次的销售外，有可能会进行下次配件购买的预定，这是在预约管理中进行的。在销售单中单击 （预约）按钮，此时弹出预约管理界面，在这个界面中，会列出所有客户预约购买配件的情况。在配件销售预约管理中，可以对预约单进行转销售单处理。

配件的库存管理

三、配件的仓库管理和练习

配件仓库管理包括库存配件的期初录入、配件查询、库存盘点、内部调拨、出入库汇总和查询。

库存期初录入是指在库存启用前，需要将现有仓库中的配件进行一次盘点，然后录入期初数量和金额，之后的出入库都是在期初库存数量和金额的基础上进行增减的。库存期初盘点是仓库的起点，做好期初盘点才能继续以后的工作。库存期初盘点单可以在主菜单的"汽配管理—库存管理—库存期初录入"中找到，如图3-19所示。

图3-19 配件期初盘点单

库存配件查询是指查看仓库中的配件数量和金额以及各个分库的数量和金额，如果是先进先出的库存成本计价方式，那么仓库管理中还可以看到每个批次配件的剩余数量以及金额（图3-20）。

盘点单（图3-21）用于库存盘点。在商品进销存的持续过程中，由于各种原因，账面的数量可能与库存实际数量不相等。这时应该使用盘点单功能，将账面数量进行调整，使之与实际数量相符。其使用方法很简单，就是把每种配件的实际数量填写到"实际数量"栏目中就可以了。

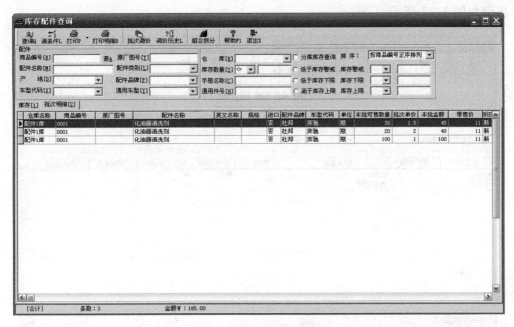

图 3-20 库存配件查询

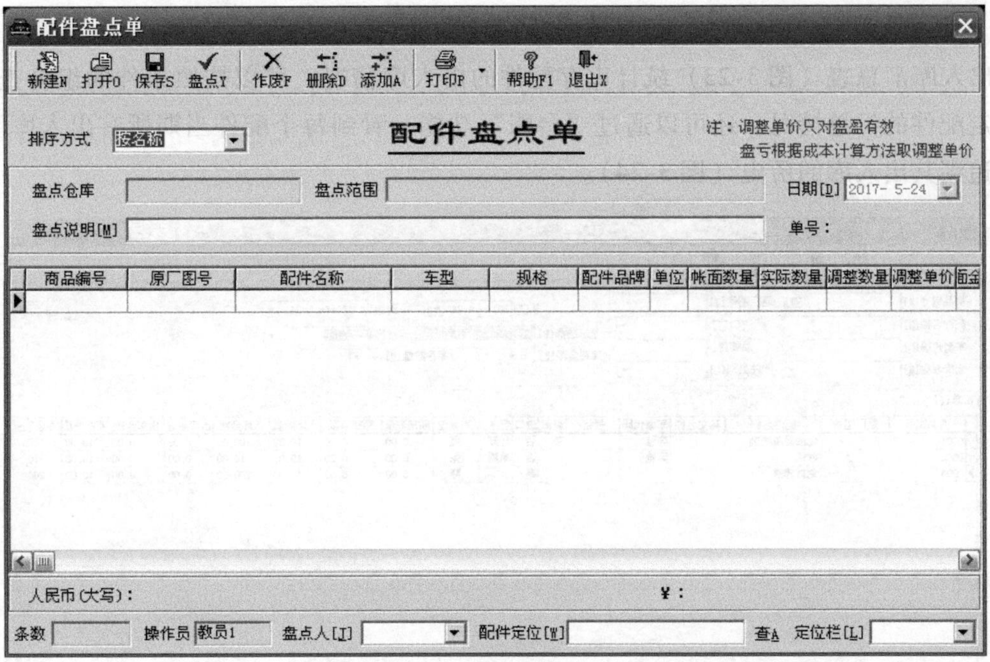

图 3-21 配件盘点单

库存配件盘点的情况分为盘盈和盘亏，实际数量比账面数量多的时候，需要把账面数量增加，此时的盘点就称为盘盈。反之，实际数量比账面数量少，需要把账面数量减少，此时盘点就称为盘亏。

内部调拨是指将配件由一个仓库，按照原来的成本存放到另一个仓库的过程。内部调拨单界面如图3-22所示。

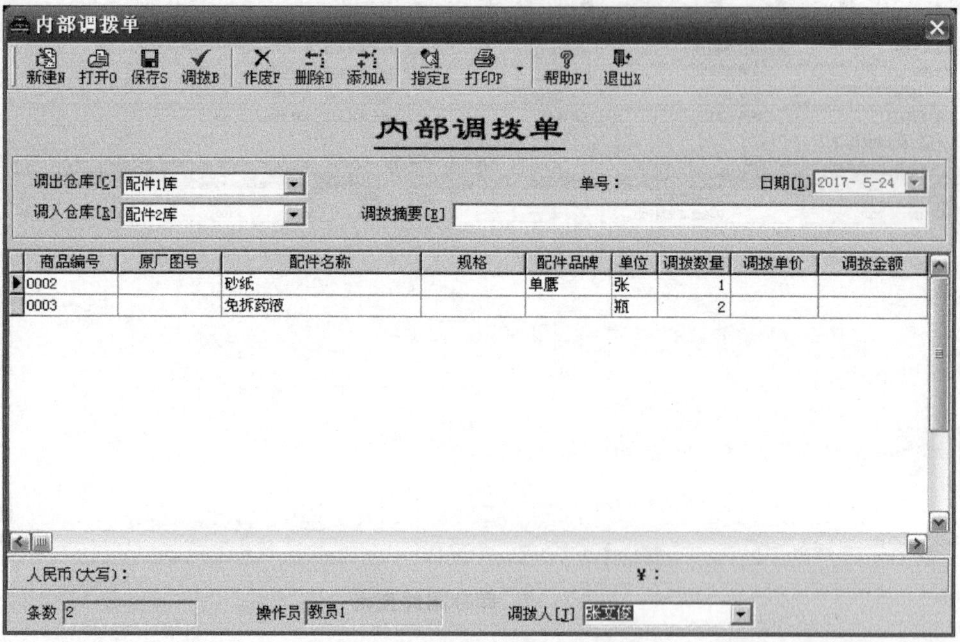

图 3-22　内部调拨单

出入库汇总表（图3-23）统计库存配件的出入库情况，可以按照条件的组合查看当期指定配件的汇总情况。还可以通过"台账"功能，看到每个配件当期所有出入库明细，便于追溯其出入库的历史（图3-24）。

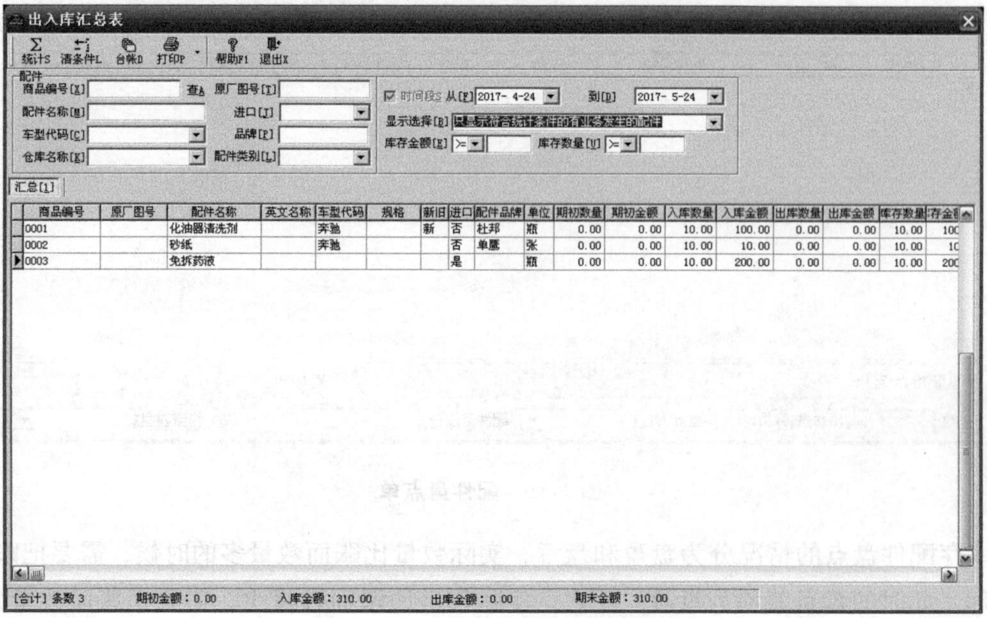

图 3-23　出入库汇总表

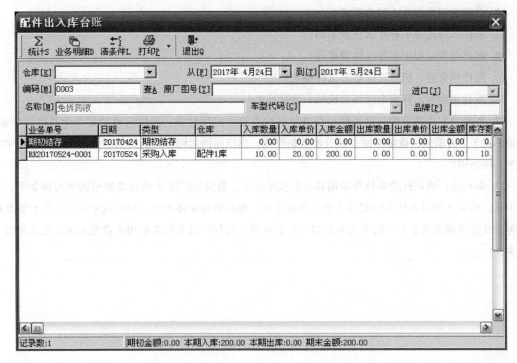

图 3-24 配件出入库台账

习 题

1. 汽车配件的商务包含什么内容？

2. 汽车配件的进销存和整车的进销存有什么异同？为什么？

3. 汽车配件一般有几种分类方法？

4. 在库房管理中，你喜欢哪种汽车配件的自编号方式？为什么？

5. 什么叫做移动加权平均法？请举例说明。

6. 什么叫做先进先出法？请举例说明。

7. 怎样用 ABC 法管理配件供应？

8. 库房管理的目的是什么？你是怎么理解的？

9. 库房管理工作有什么特点？你是怎么理解的？

10. 库房管理工作应该怎么考核？

11. 什么叫做库存分析？

12. 商品的库存数量的上限、下限和警戒线分别是什么？

13. 什么样的商品，库存下限等于零？

14. 什么样的商品，库存上限和下限都等于零？

15. 什么叫做库存盘点？

16. 库存盘点应该怎么样进行？盘盈和盘亏分别代表什么含义？哪种情况需要引起注意？为什么？

17. 仓库管理员有什么职业要求？

18. 配件入库过程中有什么注意事项？

19. 配件销售过程中有什么注意事项？

20. 配件销售时，销售价格是怎么样确定的？

21. 配件销售时，其成本应该含税吗？为什么？

22. 如果某配件商采购一批配件，在进货时没有给供应商付款，与供应商约定 3 个月以后付款。但是在这 3 个月期间，该配件的市场价格大幅降低，供应商同意调低结算价格，这个情况在软件中应该怎么样处理？

23. 某汽修厂的配件成本核算采用移动加权平均法，假设该厂从 A 供应商处采购某配件 2 个，单价 3 元；再从 B 供应商处采购配件 2 个，单价 5 元。现在销售配件 1 个，出库成本是多少元？如果现在再向 B 供应商退货 2 个，出库成本是多少？如果该厂的配件成本核算采用先进先出法，则出库成本是多少？

项目四

汽修厂商务管理

1907 年，亨利·利兰德成立了凯迪拉克应用机械学校。该校是首家培养机械师、技术人员、制造人员和维修人员的学校。

从利兰德创办学校算起，直至今日，汽车制造和服务行业的职业教育经历了一个多世纪。在我国，随着汽车制造业的突飞猛进的发展，汽车服务市场随之快速发展，进入了白热化竞争的阶段。激烈的竞争使汽车服务企业对管理的需求大大增强，小到只有几个人的路边店，大到上百个人的4S站，都越来越讲究管理。

任务一　汽修厂商务管理认知

【任务目标】

掌握大、中、小型汽修厂的分类及管理特点，能够根据不同企业选择合理的管理模式，建立完善的管理体系。

【任务理论知识】

1. 汽修厂的分类知识。
2. 节点管理的基本概念。

【建议学时】

2 学时。

一、汽修厂的分类

1. 政府部门的分类

按照我国的国家标准《汽车维修业开业条件》（GB/T 16739—2014），汽车维修厂可以分为一类企业、二类企业和三类企业。这三类企业的全称分别是：一类汽车整车维修企业、二类汽车整车维修企业和三类汽车专项维修业户。

在《汽车维修业开业条件》中，对每一类企业的规模、面积、人员、技术和管理水平等制定了详细的标准。例如其中有一条就规定一类和二类企业必须实行计算机管理。

这种分类方法是交通运输部有关部门在汇总全国各个省市自治区汽车服务行业情况的基础上，全面考虑厂区建筑规模、人员构成、设备情况和技术水平等各方面的指标，制定出来的标准。此种分类方法是目前最全面，也是最权威的标准。

2. 常见的其他分类方法

我国各个地区的经济、技术和人员水平千差万别，所以，仅仅有一种分类方法是不够的。例如，《汽车维修业开业条件》中规定，一类企业的接待室不少于 $40m^2$，二类企业不少于 $20m^2$。但是在不同的地区，地价、房价水平差别很大，车主对于等候时间的要求也不一样，所以接待室的占地面积就不能一概而论。

其实，每个省市和地区的交通管理部门在执行《汽车维修业开业条件》时，都会根据当地的情况在政策上进行补充和修正，这也从侧面说明了各地区对于汽车维修厂分类标准的看法差异。所以，汽车维修厂的分类也有一些其他的办法。

按照投资来源来分，可以分为国有企业、民营企业、合资企业和个体户等。

按照维修车种来分，可以分为品牌专修企业与综合车型维修企业，也可以分为轿车维修企业与货车维修企业等。

按照维修工种来分，可以分为养护企业、专项修理企业（例如轮胎店）、二级维护企业和一级大修企业等。

按照经营模式来分，可以分为独立经营企业、集团型企业和连锁经营企业（特许经营企业）等。

按照经营内容来分，可以分为4S站、修配企业（经营汽车维修和配件供应）、修理企业（不经营配件，只进行汽车维修维护）、快修养护中心（以经营汽车的日常维护和小修项目为主，规模通常较小）、装饰美容店（一般只对汽车进行美观性的处理，不进行故障维修）和保险专修企业（以修理保险理赔车辆为主，擅长车辆的钣金整形、外观修复等项目）。

随着经济的繁荣和汽车产业的发展，各个专业领域对汽车维修企业有不同的分类方法，当然，这些不同的分类方法有着各自不同的用途。

3. 本书的分类方法

由于本书主要论及汽车服务企业的管理，所以在本书中对汽车服务企业按照其经营和管理进行分类，一类称为汽车修配企业，另一类称为汽车综合服务企业。

汽车修配企业的主营业务就是汽车的维修，附带进行配件经营，也就是俗称的"汽修厂"。汽车综合服务企业的主营业务通常比较复杂，除了汽车维修以外，还有汽车销售、精品销售、汽车救援和汽车美容等。现在常见的汽车4S站、汽车美容中心等就属于此类。不过，在企业的实际经营中，这两类企业并没有十分严格的界限，所以在考察其经营管理模式时，需要具体情况具体分析。

在汽车修配企业（即汽修厂）中，按照"管理规模分类法"进行分类。所谓管理规模分类法，就是根据汽车服务企业的管理岗位的多少和其管理内容的复杂程度对企业进行分类。

按照管理岗位的设置情况，汽车修配企业分为小型汽修厂、中型汽修厂和大型汽修厂三大类。

1）小型汽修厂，一般只有一两名专职管理人员，在汽修流程的管理中，只需要一个管理岗位（关于管理节点的知识，将在其他任务介绍）。也就是说，小型修理厂的管理属于"一人化管理"。例如常见的路边店，就是"老板管业务，老板娘管钱财"，对专业的财务、接待、采购和客服等非生产人员几乎没有需求。

图4-1为小型汽修厂管理层级简图，由于管理人员很少，小型厂的管理人员不具备明显的层级，而且企业负责人和负责人助理的角色就由老板及其亲属担任。

2）中型汽修厂，一般有3~6名专职管理人员，在汽修流程的管理中，需要几个管理人员的流程式协作才能完成。在中型厂中，一般有3~5个管理岗位。

在中型汽修厂中，其管理人员的分工比较明确，通常有专职的前台接车员、车间负责人、财务负责人、仓库负责人和采购负责人等，其管理人员之间初步具备管理层级的区分，至少分为两个层级——总负责人级（例如董事长、总经理）和部门负责人级（例如仓库负责人、车间负责人等），如图4-2所示。

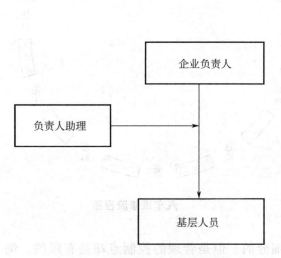

图4-1 小型汽修厂管理层级简图

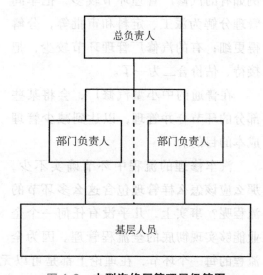

图4-2 中型汽修厂管理层级简图

3）大型汽修厂，一般有较多的管理人员，对汽修流程的管理，需要多名管理人员的流程化协作才能完成。

在大型汽修厂中，其管理结构有两个特点：一是非生产部门较多（例如财务部、客户服务部、公关部、市场部和办公室等），管理岗位也多，管理人员也比较多，从十多个到几十个不等；二是管理人员的层级比较丰富，至少分为 3 个层级——总负责人级（例如董事长、总经理）、分管副手级（副总经理、财务总监等）和部门负责人级（例

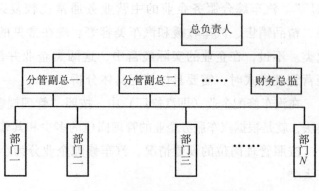

图 4-3 **大型汽修厂管理层级图**

如采购经理、车间主任和主管会计等），有的甚至会多达 4 ~ 5 个层级，如图 4-3 所示。

二、大、中、小型汽修厂的节点管理

汽车进厂维修，其流程通常需要经过如下几个环节：预约、接待、估价、派工、领料、完工、总检、结算、收款、出厂以及回访。在理论上，除了预约和回访以外，其他环节都是必不可少的（图 4-4）。

但是，各个汽修厂根据自身情况不同，会对上述流程中的管理环节进行拆分、组合等调整。所以，尽管整个流程大同小异，管理节点却可能差异很大。例如有的汽修厂管理环节较多，把车间管理分解为派工、定料和审批等，分解得更细；有的汽修厂管理环节较少，把接待、估价合二为一了。

在普通的中小型汽修厂，会将某些部分的环节合并管理，以达到减少管理成本的目的。

汽车修理的流程中环节确实不少，那么应该怎么样管理包含这么多环节的流程呢？事实上，几乎没有任何一个企业能够实现彻底的全流程管理。因为全

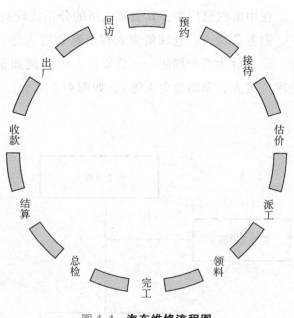

图 4-4 **汽车维修流程图**

流程的每一个环节，在理论上都是可以无限细分的，但是管理的控制点却是有限的。例如车间管理这个环节，就可以细分成更小的子环节，如图 4-5 所示。

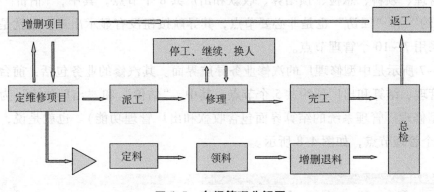

图 4-5　车间管理分解图

如果有必要，还可以继续细分。但是，如果每一个子环节都设置专职的管理人员，显然管理成本过高。

在商务活动中，没有绝对意义上的全流程管理，也不可能在每一个细分环节上设立管理岗位。应根据企业的实际情况，以最低的管理成本对全流程进行有效的管理和控制。

对于这样的多环节流程，通常在某些关键环节上或者环节之间设立管理控制点。这样的管理控制点，称为管理节点。相应地，这样的管理方法称为节点管理。

例如，在大型汽车修理厂或者汽车 4S 站中，通常用 7～10 个节点来管理汽修的全流程；在中型汽修厂中，通常用 3～5 个节点比较合适；在小型汽修厂或者门面店里，通常有一个人管理就行了，也就是说只有一个管理节点。这样的管理节点，在管理用的系统界面上就能清晰观察出来。

如图 4-6 所示是大型修理厂的汽修业务导航界面。其汽修的业务包括：前台接待、估

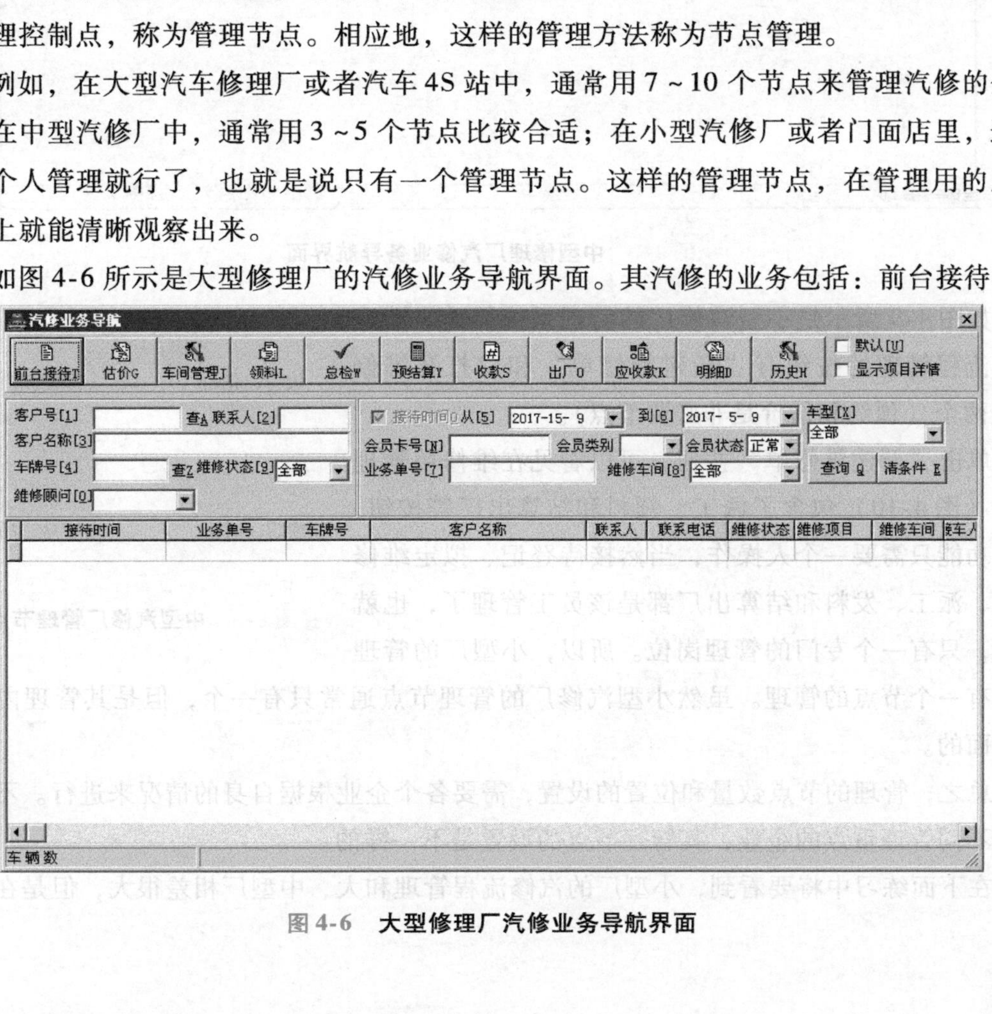

图 4-6　大型修理厂汽修业务导航界面

价、车间管理、领料、总检、预结算、收款和出厂共8个节点，其中，"估价"为非必要节点，"预约"和"回访"也是非必要节点，其导航按钮没有显示出来。也就是说，在管理系统中采用7～10个管理节点。

如图4-7所示是中型修理厂的汽修业务导航界面。其汽修的业务包括：前台接待、估价、车间管理、结算和出厂预约共5个节点，其中，"估价"和"出厂预约"为非必要节点（在中型修理厂管理系统的结算界面包含收款和出厂管理功能）。也就是说，在管理上采用3～5个管理节点，如图4-8所示。

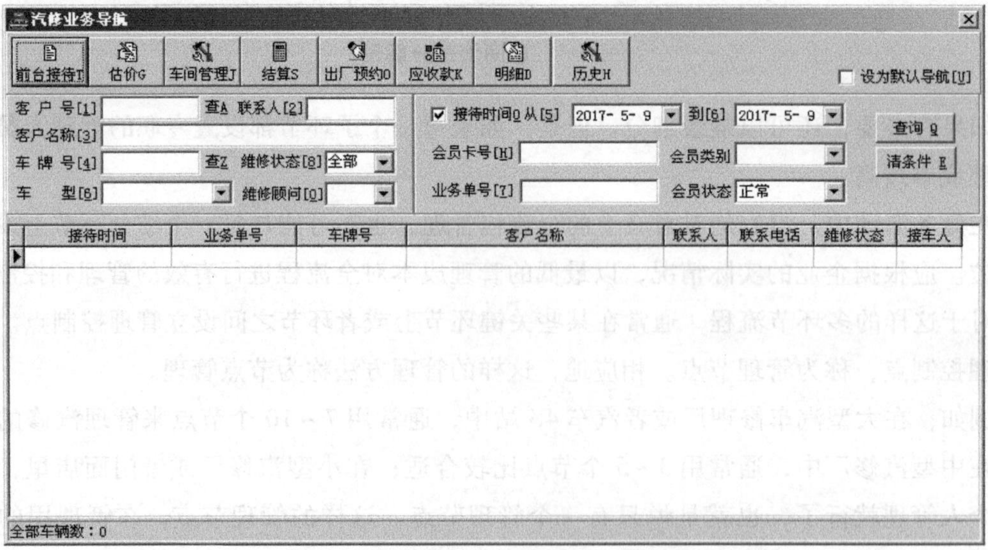

图4-7 中型修理厂汽修业务导航界面

如图4-9所示是小型汽修厂的管理系统界面。涉及汽修流程管理的按钮有"新建维修单"和"打开维修单"两个（预约和估价是非必要节点）。

单击"新建维修单"按钮，可以看见在维修单管理界面（图4-10）包含了派工、领料和结算出厂等按钮，这些功能只需要一个人操作，当然接待登记、拟定维修项目、派工、发料和结算出厂都是该员工管理了，也就是说，只有一个专门的管理岗位。所以，小型厂的管理

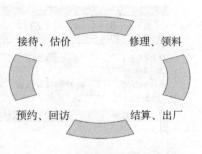

图4-8 中型汽修厂管理节点

是只有一个节点的管理。虽然小型汽修厂的管理节点通常只有一个，但是其管理内容却是全面的。

总之，管理的节点数量和位置的设置，需要各个企业根据自身的情况来进行。不同规模、不同管理重点的企业，其管理节点的设置是不一样的。

在下面练习中将要看到，小型厂的汽修流程管理和大、中型厂相差很大，但是在汽车

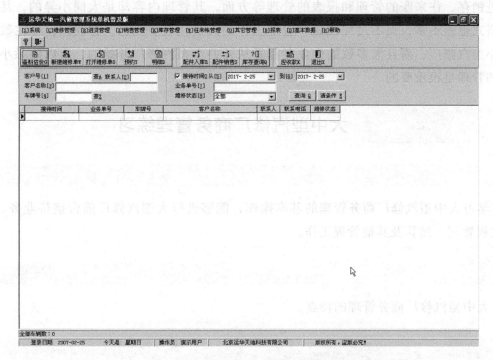

图 4-9　小型汽修厂汽修管理系统界面

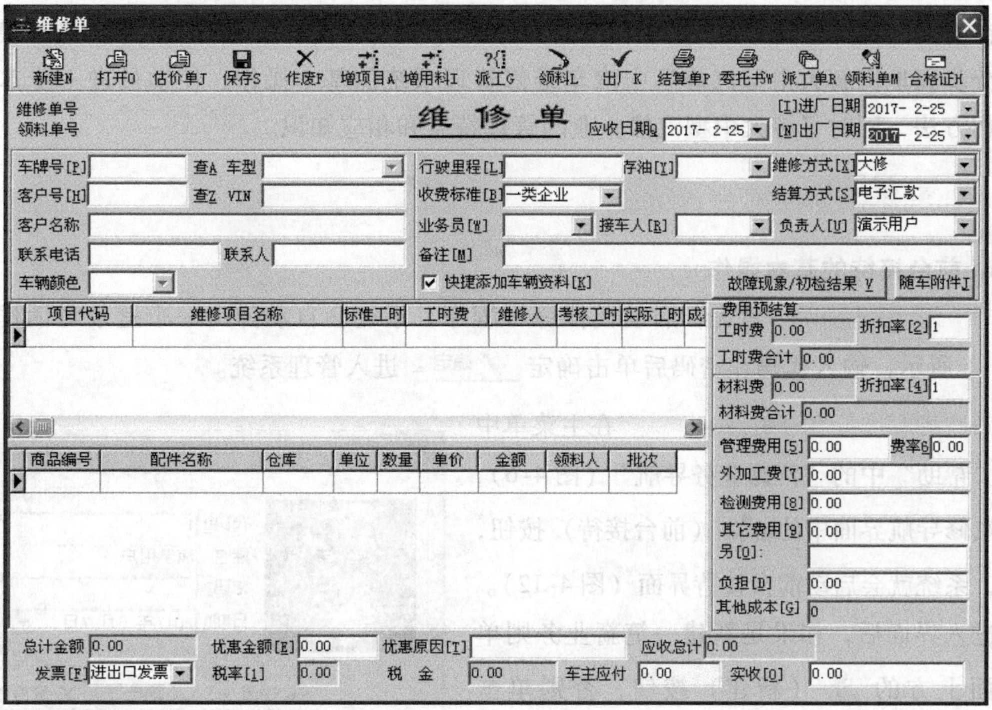

图 4-10　维修单管理

配件进销存、往来账的管理和报表的管理等方面，其管理内容却是大同小异的，甚至单据的格式也差不多，只不过完成这些管理工作的人员比较少而已。在我国，存在数十万家的小型汽修厂，而且大多数的创业者都是从开办小型汽修厂开始的，所以熟悉小型汽修厂的管理是很重要的。

任务二　大中型汽修厂商务管理练习

【任务目标】

学习大中型汽修厂商务管理的基本操作，能够进行大型汽修厂前台接待业务、维修过程管理、结算及其他管理工作。

【任务理论知识】

大中型汽修厂商务管理的特点。

【建议学时】

2学时。

在前面已经讲解过大、中、小型汽车修理厂的流程管理的基本知识，下面进行模拟练习，分步骤地讲解大中型汽修厂中汽车维修管理系统的基本操作，使学员进一步掌握软件操作方法，同时了解大中型汽修企业的管理特点和相应知识。

一、汽车维修的前台接待练习

1. 前台接待的基本操作

（1）操作员登录　首先，启动模拟练习程序，系统会自动弹出一个登录对话框，如图4-11所示，输入代码和密码后单击确定 ✔ 确定 Y 进入管理系统。

（2）填写委托书（修理合同）　在主菜单中选择"帮助"中的"汽修业务导航"（图4-6），单击汽修导航界面中的 （前台接待）按钮，此时，系统就会启动前台接待界面（图4-12）。

进入界面后，如果是新建一笔新业务则单击界面上方的 （新建）按钮，否则单击"打开"按钮，调出保存过的接待单草稿。

新建一笔业务时，需要登记客户信息，一

图4-11　操作员登录

图 4-12　前台接待界面

般通过车牌号或会员卡号调出原有客户信息。操作方法是将车牌号填入相对应的框中，然后单击回车键，假如此时系统中已经存在该车及客户信息，则系统会调出所有记录的车辆和客户信息。假如记录的信息并不存在，则系统会提示（图 4-13）。

图 4-13　系统提示

如果确定增加新客户，那么选择"是"，此时，前台接待界面的基础信息部分就会变成白色，允许以快捷方式填入部分必要的客户信息。当必要信息填写完毕后，单击"保存"按钮，系统即保存这个新的客户信息。

注意：此时如果新登记的车辆属于以往登记过的老客户（如某公司）下属的车辆，那么，在客户信息部分，需要通过查询找到并选择该客户，而不是重新登记一个新的客户信息。如果重复登记，有可能造成计算机系统的信息混乱，影响正常使用。举例来说，假设某地的 A 银行拥有一百辆车，则客户只有一个，就是 A 银行，该客户可以对应一百辆车的信息，而不是为每一辆车建立一个同名的"A 银行"客户。

当登记客户的车辆已经到店登记过时，可以通过快速输入和模糊查询调出原来登记的信息。在车牌号一栏中输入车牌的部分信息，例如对于京 AT2345，就可以直接输入后 4

位数字2345，单击回车键，系统会自动找出与该车辆相关的基本信息。

当车辆的基本信息登记完毕后，就可以记录客户车辆的当前状况、维修与维护内容了。当前状况包括环车检查结果、里程和存油等。

接下来就要填写维修项目和维修用料，在增加维修项目的时候，单击上面的 増项目A （增项目）（或者用鼠标左键双击项目栏），系统会弹出项目查询列表，选定所需项目，双击该项目或者单击界面中的 ✔ 选中添加到单据 5 （选中添加到单据）按钮，就可以将项目添加到前台接待单中了。如果需要增加的项目没有在列表中，那么可以通过单击界面下方的"增加"来添加新的项目。然后为每个项目填写好工时、工时费和收费类别。与填写项目类似，填写配件也是同样的方法。

注意：切忌将维修项目和配件名称随意更改，否则可能造成查询和统计困难！

如果想要删除所选的维修项目或者维修用料，只需选中需要删除的内容，单击界面上面的"删项目"或"删用料"然后确定就可以了。最后，把一些必填的项目如业务员、维修顾问和行驶里程等填写好之后，就可以进厂维修了。单击"进厂"系统会自动提示"是否打印委托书"，如果需要就单击"是"，如果不想打印委托书就单击"否"。车辆的维修状态就会由原来的"登记"变为"在修"状态了。

注意：在进厂之前，维修单处于"登记状态"，这时，假如客户由于各种原因不想在此维修，可以通过界面中的 × 作废F （作废）按钮将处于登记状态的单据删除掉，此时的登记单号将不再连续。如果该业务已经处于"在修"状态，说明该车已经进厂，此时将不能作废该单业务。因为如果作废掉已经进厂的单据，则意味着该车进厂之后却消失了，作为管理者，事后很难追溯其"消失"的原因。

如果车辆进厂后，车主不愿意进行任何修理，解决方法是将所有的维修项目删除（如果已经派工，将维修项目取消，然后删除）。把已经领料的配件进行退料处理，当所有维修内容都被清除之后，将该单按照正常流程进行"零结算出厂"。此时客户的进厂历史仍然有效，其记录与实情吻合：该车曾经进厂，但什么项目都没做就出厂了（记录中既没有维修项目，也没有领用材料）。

（3）前台接待中的估价 在前台接待中，有时需要进行估价工作。估价的原因很多，常见的有3种：一是出于对事故车辆进行初步定损的需要；二是给意向修车的车主进行报价；三是估价之后书面通知相关人员进行备料询价。

估价功能的操作：单击"估价"，弹出备料估价单（图4-14），接着选择 新建N （新建）按钮，填写客户号、维修用料、维修项目和估价人等。最后单击"入档"按钮，完成估价。把估价单打印出来后，交给客户就可以了。到此为止，整个估价过程就完成了。

在前台接待中，可以直接调用估价单生成接待单。单击接待单界面上方的"估价单"，在弹出的估价单列表中选择已经入档的估价单，并调入到前台接待单中，然后根据实际情况进行修正，就可以"进厂"了。

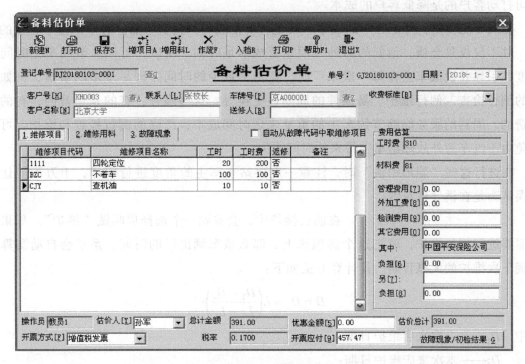

图 4-14　备料估价单

需要注意的是，估价单只有在车辆处于"登记"状态的时候才可以使用。

2. 前台接待中的基本知识

前台接待中，除了记录客户信息以及车辆维修内容之外，还有一些需要了解的知识，下面介绍有关的一些基本知识和操作技巧。

（1）前台接待的销售知识　前台接待也是销售。在销售学中，前台的接待属于一个比较特殊的分支——服务销售。服务销售是销售中难度比较大的一种，因为它具有两个特点。

1）服务销售是被动的销售。在很多方面，服务销售就像蒙眼睛摸彩，因为汽车维修是非预算、非计划的事情，甚至客户也不知道从公司这里能够得到什么——最初只能得到一些感觉和承诺。

2）服务销售是无形的销售。在服务销售中，一开始很难向客户推荐公司的某些产品。在车主到来之前，前台接待员无法准确地知道车主需要什么，尤其对第一次来店的客户更是如此。但是，这其中也有规律——如果能够赢得客户的信任，客户的维修意向就高。

既然服务销售具有被动和无形这两个特点，那怎么样把这个工作做好呢？把这个工作做好的要旨在于"化被动为主动，化无形为有形"。

例如，降低客户的时间成本。大多数前台接待员在这方面都有困惑：现在汽车维修和配件的价格都比较透明，尤其是正规的配件，利润越来越低，公司依靠什么吸引客户呢？

公司打动客户的是降低客户的成本。

有人可能要问：降低客户的成本不就是打价格战吗？其实不然。客户来修车花费的成本，并不仅仅是金钱，他们的另外一项重要成本是时间。所以，可以从节约车主时间的角度，引导并说服车主在每一次来厂时，花费尽量少的时间办理尽量多的事情，例如汽车的例行检查、例行维护、易损件的周期性更换等。这些服务，有的是免费的，有的是收费的。周到的服务能够节约车主的重复来店时间成本；严谨的例行检查和维护，可以避免由于汽车意外故障给车主带来的时间损失。

在进行这些"隐形销售"时，注意一定要站在车主的角度进行引导，千万不能让车主误认为是在诱导他花钱。

（2）例行维护的自动提醒　在前台接待中，会看到一个选择项叫做"维护"。如果来车需要进行例行维护，就把这个选项选上，那么该车辆出厂的时候，系统会自动测算出车辆下次维护的大概日期。其计算方法如下：

$$D = D_2 + L\left(\frac{D_2 - D_1}{L_2 - L_1}\right)$$

式中　　D_1——上次来店维护日期；

D_2——本次来店维护日期；

L_1——上次维护里程；

L_2——本次维护里程；

D——下次应维护日期；

L——常规维护里程。

在"客户服务"中，有一栏功能是专门进行车辆"车辆维护日期查询"（图4-15）的。在这个界面中，可以很清楚地看到所有维护到期以及未到期的客户，同时在这个界面中，还可以对客户进行手机短信提醒。

（3）返修的处理　前台接待中，还有一个勾选项——"返修"。如果车辆属于出厂后返修的，则应将车辆登记状态标注为返修。其操作方法是，当为需要返修的车辆进行登记时，勾选接待界面中的"返修"单选框，再单击 （返修）按钮，系统弹出返修记录界面，如图4-16所示。

登记完这些情况后让车辆进厂维修，注意在维修单中，把返修的维修项目及用料方面的返修项标记为"是"，其费用标记为"免费"。具体的内容可以和客户协商。

3. 前台接待中的常用技巧

（1）项目组合　在维修维护过程中，有一些常用项目与用料的组合是比较固定的，因此，在前台接待界面，增加了"项目组合"的使用。项目组合就是将一些固定的项目以及用料，用组合的形式添加到单据中的一种方法。其操作方法是建立项目组合（图4-17）。

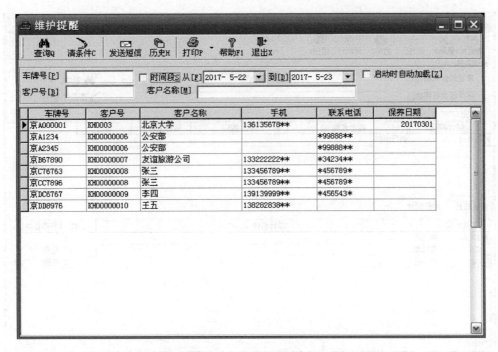

图 4-15 维护提醒

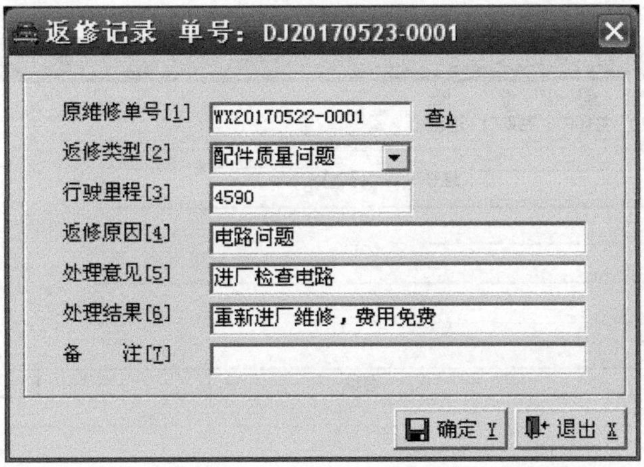

图 4-16 返修记录单

在这个界面中，单击界面中的"新建"，会弹出新建界面（图 4-18）。首先为这个组合定义好代码以及名称，然后分别选中维修项目以及维修配件栏目，单击界面中的"加项"，此时会分别列出维修项目以及维修用料的列表，把组合中需要的内容逐一添加到单据中并单击界面中的保存就可以了。

项目组合保存好后，在前台接待时，可以用鼠标右键进行调用。调用时，某组合对应的一组项目和配件会自动添加到单据中，只需要填写相应的工时费和配件的数量、单价

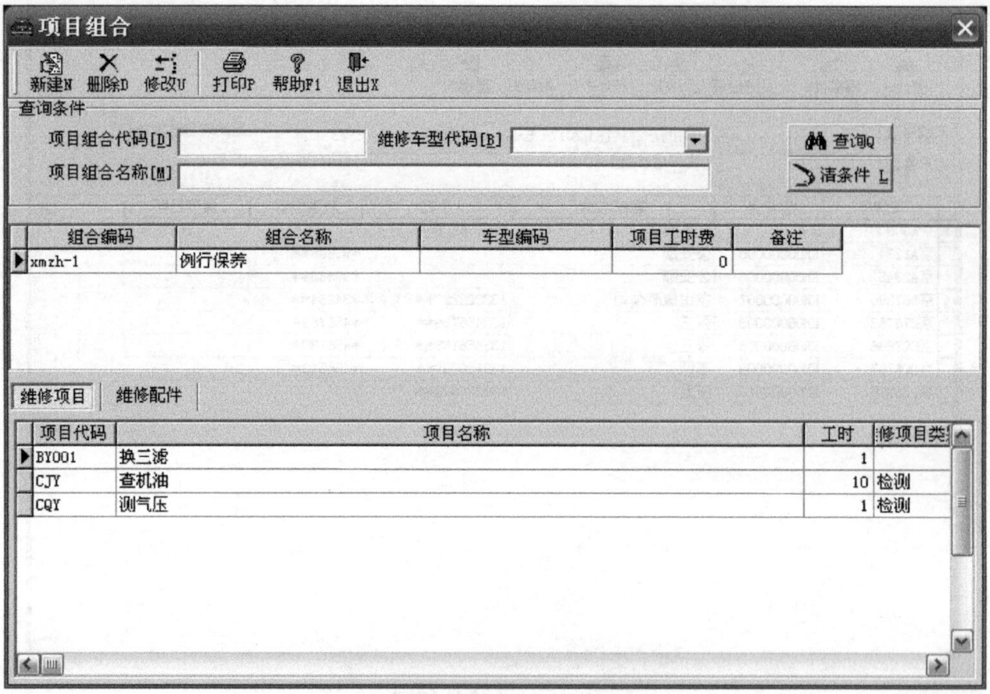

图 4-17　项目组合

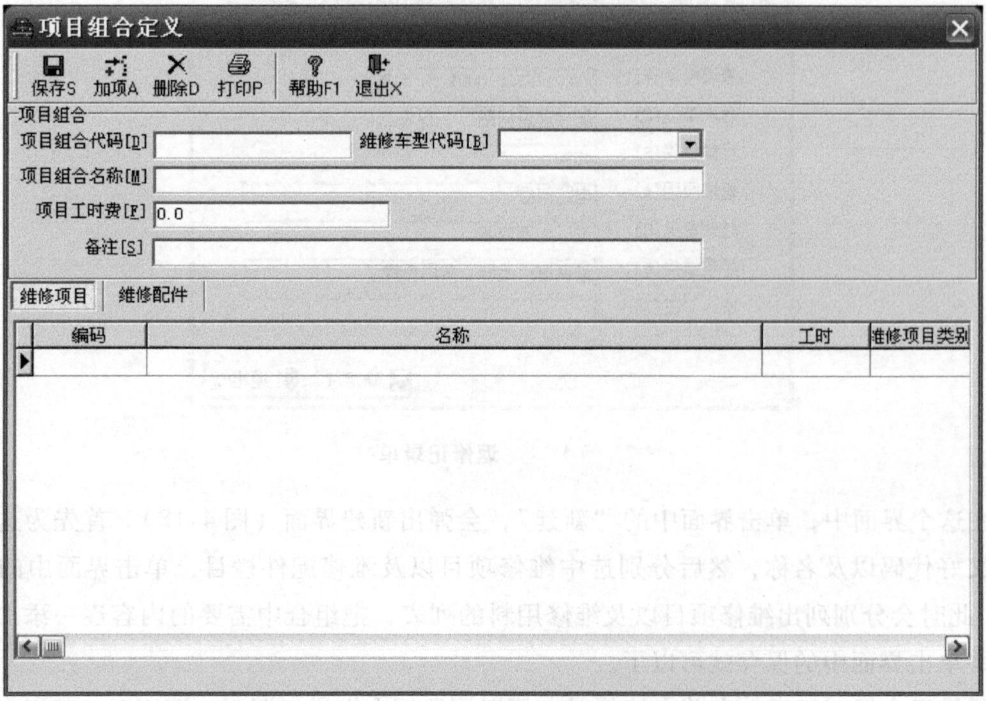

图 4-18　新建项目组合

即可。利用项目组合功能可以把一些固定的项目的重复操作进行简化。

（2）故障码的使用　前台接待中的另一个技巧是故障码的使用。在日常接车过程中，对于经常出现的车辆故障现象以代码的形式添加到单据中，就不用每次接车都重新记录一遍故障现象了。故障码的维护类似于项目组合，同样在"基本数据"中选择"故障码维护"（图4-19），在这个界面中建立新的故障现象以及修改已经保存过的故障现象。

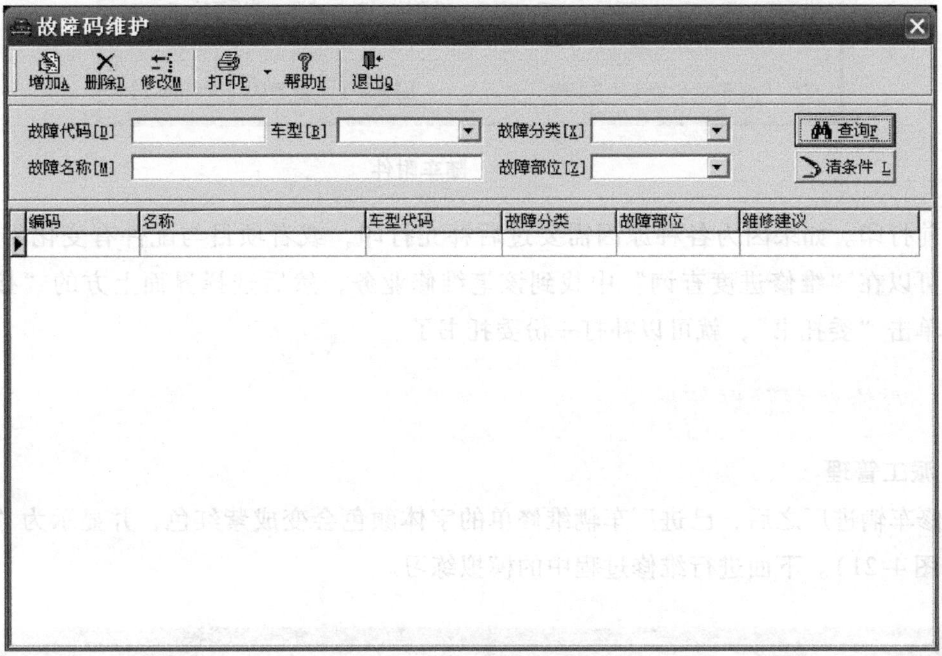

图4-19　故障码维护

现在，汽车解码仪（汽车故障诊断仪）已经得到广泛使用，汽车的自诊断系统就是通过固定的故障码来提示汽车故障的。使用这个功能可以减轻前台的录入工作量。

（3）环车检查　车辆进厂前，通常要进行环车检查。环车检查的内容包括外观检查和记录随车附件状态。外观检查时，应该顺着客户下车的方向顺时针进行，在检查过程中注意不要触碰车身。

记录随车附件状态时，在前台接待界面中单击"随车附件"按钮，会弹出常见的随车附件（图4-20）。

随车附件界面中，为每一个附件提供了3种状态，即：有、无、损3项。接车人可以根据车辆的实际情况记录每个附件的情况。在这个界面中，还可以根据实际的需要将随车附件的名称进行修改。在委托书的打印稿上有一个车辆的外观展开图，如果发现车辆的外观有损坏，可以在上面用笔标注损坏的情况。

（4）重新打印委托书　委托书是车辆进厂时客户与修理厂之间的协议合同，一般在

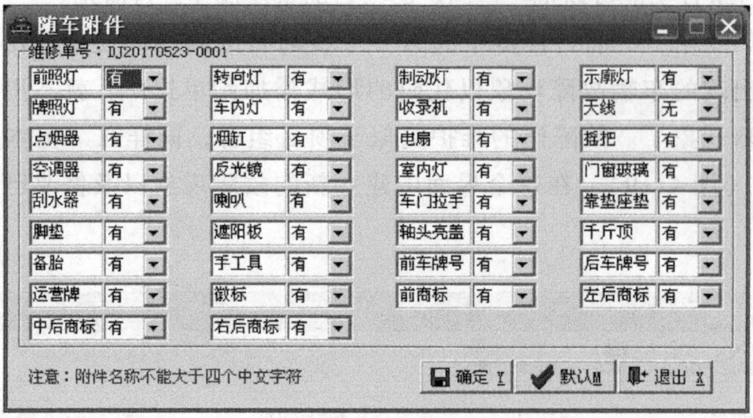

图 4-20　随车附件

进厂之前打印。如果因为各种原因需要过后补充打印，或者项目与配件有变化需要重新打印，可以在"维修进度查询"中找到该笔维修业务，然后选择界面上方的"接待单"按钮并单击"委托书"，就可以补打一份委托书了。

二、维修过程管理与质量控制

1. 派工管理

待修车辆进厂之后，已进厂车辆维修单的字体颜色会变成紫红色，并显示为"在修"状态（图 4-21）。下面进行维修过程中的模拟练习。

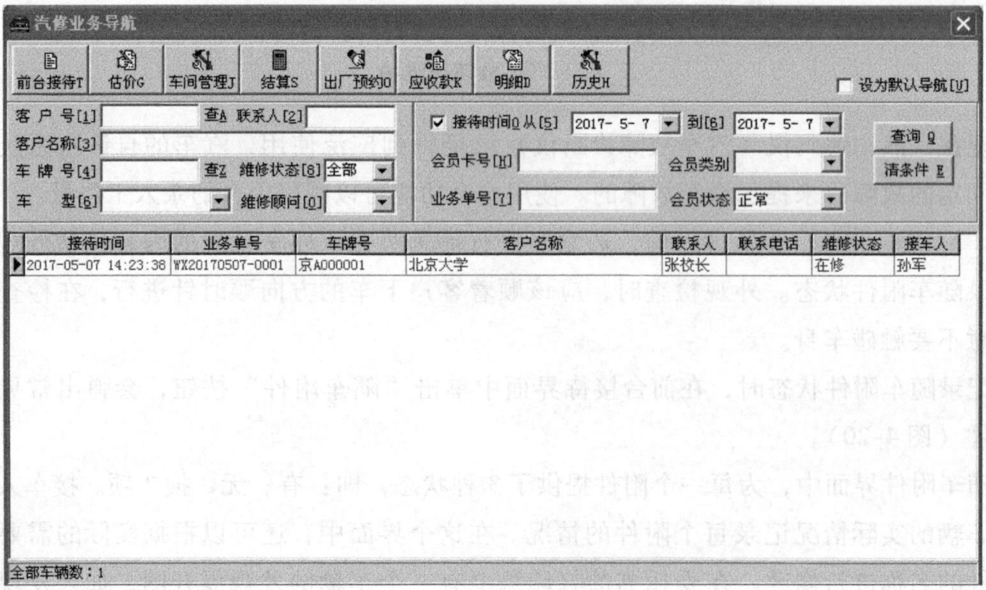

图 4-21　已进厂车辆维修单

（1）进入车间管理 在导航界面（图4-21）用鼠标左键选中需要进入车间管理的"在修"状态中的维修单，之后单击上面的"车间管理"，就进入车间管理界面了（图4-22）。

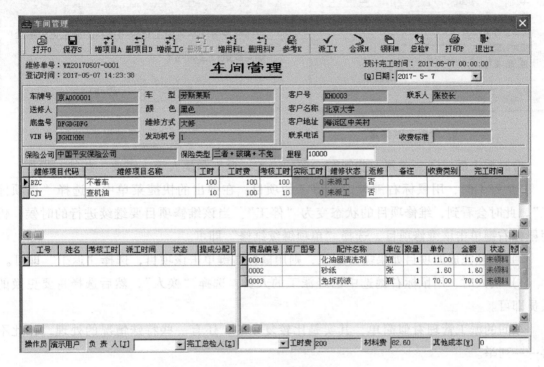

图4-22 车间管理

（2）派工的基本操作 车间管理界面主要分为4个部分，上方是业务基础信息部分，中间的是维修项目，左下方是派工栏，右下方是维修配件栏。

首先介绍派工的操作。派工分为单派、分派和合派3种情形。单派是指把1个维修项目派给1个维修工；分派是指把1个项目派给多个人协作完成；合派是指将几个项目同时派给1个人。

1）单派时，首先选中需要派工的项目，然后右键单击，在弹出的快捷菜单中选择"单项派工"即可。

2）分派时，首先选中这个项目，然后在左下方派工栏中单击鼠标右键，在弹出的快捷菜单中单击"增派工"，在弹出的维修人员列表中逐一选择并确定，依次增加多个维修人员。然后右键选中该维修项目，选择"派工"即可。分派时，一般要将提成奖金分配到每个人，否则系统会默认其奖金全部归属第一个人员。分配工时奖金的界面如图4-23所示。

3）合派时，按住Ctrl键，依次选中需要派工的维修项目，再单击上方的"合派"按钮，这样会弹出一个对话框，如图4-24所示。单击"是"，然后在弹出的维修人员列表中，选择一个维修人员即可。

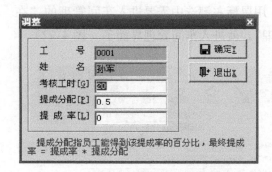

图 4-23　分配工时奖金

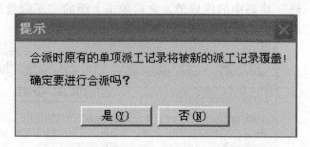

图 4-24　系统提示

有时派工后，还会遇到一些问题，例如停工、返工和换人等，需要一些特殊操作。

1）停工时，用鼠标右键单击需停工的项目，在弹出的快捷菜单中，选择"单项停工"，此时会看到，维修项目的状态变为"停工"。当该维修项目要继续进行的时候，仍用鼠标右键单击该维修项目，选择"单项继续维修"即可。

2）已经完成的项目如果需要返工，则用鼠标右键单击该项目，选择"返工"即可。

3）换人时，用鼠标右键选中已经派工的人员，选择"换人"，然后选择将要更换的人员即可。

车间的派工管理看似简单，其实是比较复杂的，还有一些特殊情况的处理，在此不再一一列举。

（3）完工和返工处理　维修项目完成以后，需要把项目状态由"维修中"转变为"已修好"。如果各个维修项目完工的时间不一致，那么应该采用逐项完工。方法是用鼠标右键单击已经完工的项目，然后选择"单项完工"即可。如果维修项目不多且同时完成，那么可以单击车间管理界面中的"全完工"。

在特殊情况下，某些维修项目可能发生没有完成、来不及完成或者放弃维修等情况，那么就要使用"单项强制完工"功能来处理。强制完工后，该项目状态为"未修好"状态。

项目完成后，如果总检不合格，需要重新进行修理，此时就要进行返工处理。操作方法是选中"已修好"的维修项目，然后单击"单项返修"，此时维修项目状态为"未派工"，重新对其进行派工即可。

2. 领料管理

领料管理分为3个部分：选料、领料及退料。

（1）领料　车辆维修过程中，材料的选用可能需要增减。领料的方法是使用图 4-6所示"汽修业务导航"界面中的"车间管理"界面（图 4-22）的"增用料"和"删用料"按钮进行操作。

领料时，在"汽修业务导航"界面（图 4-6）选中需要领料的维修单，然后单击（领料）按钮，弹出"维修领料单"（图 4-25）。这时，可以对选中的配件进行"增用料""暂不领料""作废用料"以及调整数量价格等操作。

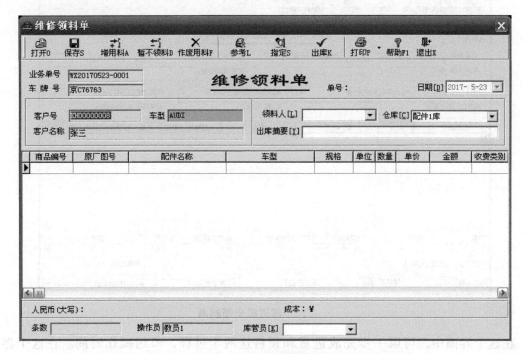

图 4-25　维修领料单

注意一：领料管理中的领用价格可以通过系统维护中的"维修领料价处理方法"来设置。领用价格提供了 3 种选择：不更改、手工输入和入库单价×比例。不更改是指领用价格默认配件属性中的零售价格。手工输入是指不调用系统属性中的价格信息，而是调用库存信息中由采购员在入库的时候自行输入的价格。入库单价×比例是指领用价格在入库成本价格的基础上乘以一定的比例，即：领料价格＝入库成本价×比例，该比例通常大于 100%。

注意二：在维修领料单中，有两个概念需要区分：暂不领料和作废用料。暂不领料指该材料在本次领料过程中暂时不领用，而可能在下次领用。作废用料是指将这个用料从该维修单中删除，不再领用。

注意三：在维修领料单中，一般每次只领用一个仓库中的材料。

注意四：如果领用数量大于库存数量，系统会进行提示。建议使用者一般不要启用负库存功能。

材料出库后，可以返回车间管理界面核对，看到所有已经领用的配件，其状态已经由原来的"未领料"变成"已领料"状态。

如果仓库中并没有需要领用的配件，需要及时进货，此时应使用"即进即出领料单"功能。在主菜单中单击"汽修管理"—"维修领料管理"即可找到如图 4-26 所示的"即进即出领料单"。

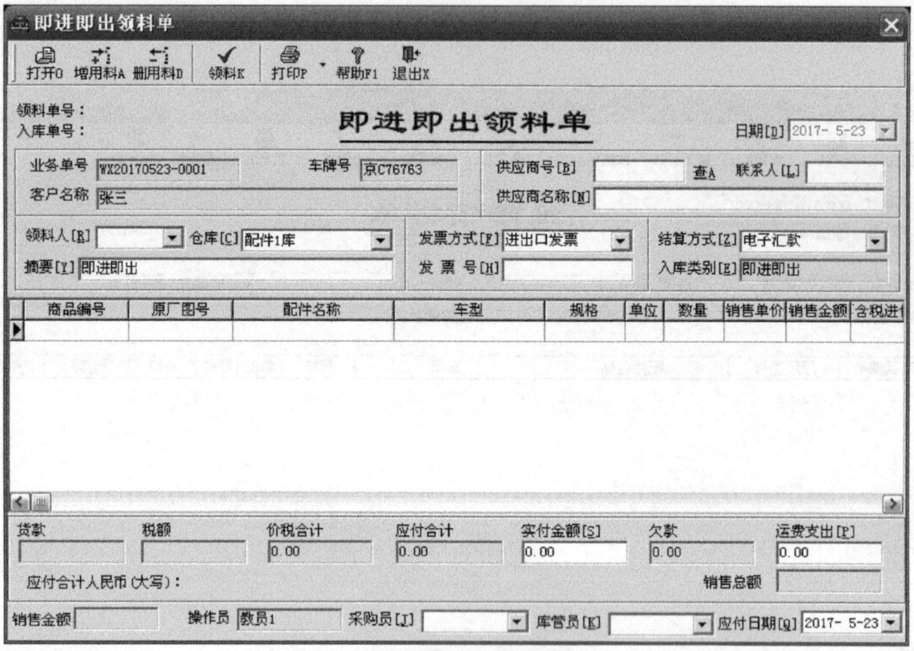

图 4-26　即进即出领料单

在这个界面中，可以一步完成进货和领料这两个过程，节约操作时间。在这个界面中，需要填写采购供应商、入库仓库和配件的进货价等，也要填写发票、结算方式，登记付款内容和采购员等。值得注意的是，在即进即出领料单中，进货将全部用于当前维修单，也就是"用多少进多少"。

同时，在即进即出领料单中，如果当时付款给供应商，还应该在"实付金额"中填写实付金额。在即进即出单据会产生独立的两个单据，一个以"RK"开头的入库单以及以"LL"开头的领料单，查询的时候可以分别查看。在领料单查询功能中，即进即出领料单会以特殊颜色标记。

（2）退料管理　退料的操作有两种：从车间退料和从领料单退料。

一般退料的决定由两个岗位作出，一个是车间，一个是库房。当车间决定退料的时候，采用车间退料的方法。在车间管理界面，如果需要退料，首先选择需要退料的配件，此时的配件状态应该为"已领料"。右键选中该配件，选择"退料"，此时会弹出"退料"界面（图4-27）。填写需要退库的数量后单击确定，此时会在配件栏目中增加一条记录，其状态为"需退料"，保存该操作后就可以退出车间管理界面了。

图 4-27　退料

这时，维修工到库房进行退料，库管员就要调出退料单。单击界面中的"打开"按钮，会看见维修单列表，选择需要退料的维修单，此时在退料单中就会显示车间的需退料请求，库房的管理员只需要核对信息，确认无误后退库即可。

如果企业规定材料的退库无需车间批准，可以由库房自行决定，那么就可以采用"从领料单直接退库"功能，也就是说，库管员调用原有的领料单，根据领料单的内容进行退库。这个操作比较简单，不再赘述。

车间退料和库房退料的主要区别在于退料的决定权归属的不同，适用于不同的管理制度。

（3）领料和退料查询 领料和退料查询方法类似，主要目的是查看各维修单的领退料状况，为统计分析和决策提供依据。"维修领料查询"界面也可在主菜单的"汽修管理"中找到，如图4-28所示。

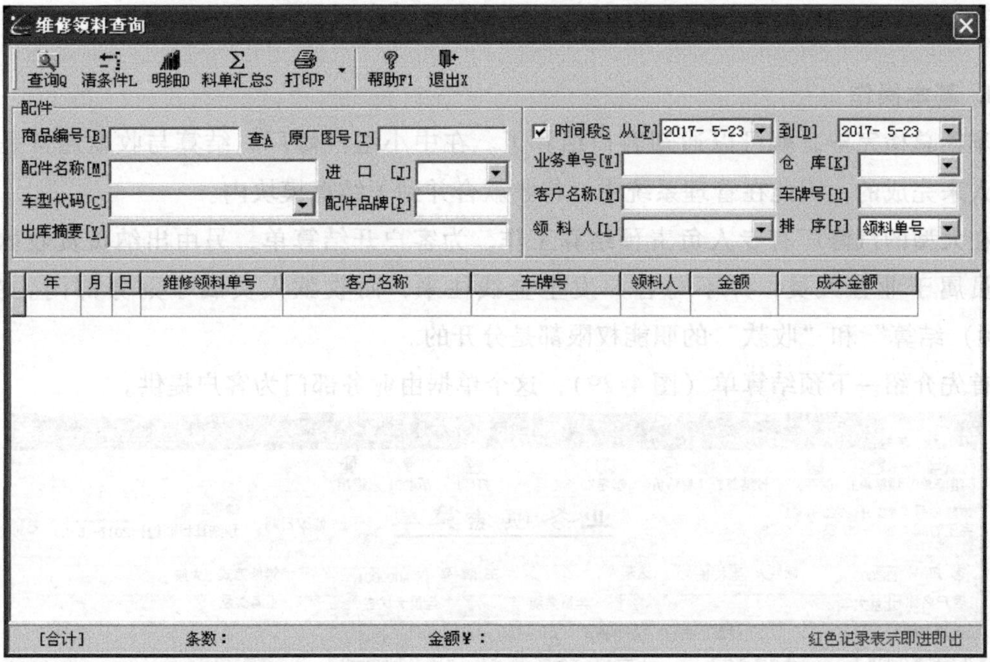

图4-28 维修领料查询

在领料单查询中，即进即出领料单的颜色一般以特殊的红色显示，以区别于其他领料单。

3. 完工总检和反总检

完工总检是指在所有项目都已经完成作业之后，由总检员对车辆的维修结果进行检查。经总检人确认后，才可以结算该车辆的维修费。

在中小型汽修厂，总检员通常由车间里的技术骨干兼任，因此，在车辆维修结束时，由该员工进行总检。在中型汽修厂的管理软件中，一般将总检这个步骤集成到了车间管理之中。

在比较大型的修理厂或者汽车4S站一般都有专职的总检员。总检员通常都是维修技能全面且过硬的技术骨干，他们应该对维修完工的车辆进行全面细致的检查，因此把总检步骤分离出来，单独作为一个管理节点。

总检过后，车辆一般就不能增加新的维修项目和配件了。如果车主要求增减维修项目和配件，就应该进行反总检，使车辆由总检过后的"已总检"状态回到总检前的"在修"状态，并重新回到车间管理的界面进行增删修改。反总检的操作是，在"汽修业务导航"界面中选择需要返回"在修"状态的维修单，右键单击，在弹出的快捷菜单中选择"反总检"，系统会询问"确定要反总检吗?"，单击"是"，此时该维修单的状态就回到了"在修"状态，其后的操作与车间管理相同。

需要指出的是，"反总检"是一个只有在特殊情况下使用的功能，每个公司只能允许个别职员拥有此项权限。

三、结算与出厂的管理练习

1. 基本操作

车辆总检完毕，就可以通知客户结算了。在中小型汽修厂，结算与收款通常是由同一个人来完成的，因此在管理系统中，将收款合并到了结算模块内。

在大型的汽修厂有专人负责预结算工作，为客户开结算单，另由出纳负责收款。结算人员属于业务人员，并不与客户发生金钱往来，而收款人员属于财务部门。在此，"（预）结算"和"收款"的职能权限都是分开的。

首先介绍一下预结算单（图4-29），这个单据由业务部门为客户提供。

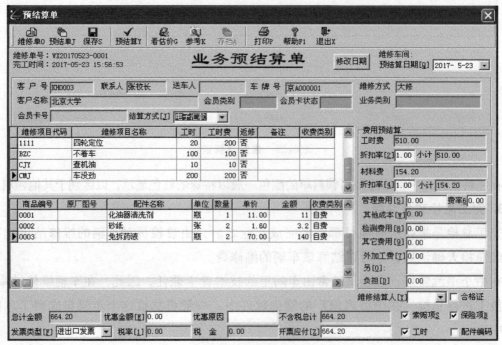

图4-29 预结算单

在"汽修业务导航"界面（图4-6）中选中状态为"已总检"的待结算的维修单，单击界面中的"预结算"按钮，就可调出业务预结算单。这个界面的内容大致可以分为4个部分：上部是该单业务的基本信息；中间是维修项目和维修用料的详细信息；右侧是折扣和其他费用信息；下部是会员积分和计算结果。如果操作员有权限，可以在这个界面对所有的工时费以及配件价格进行最后的修改。修改完毕，就可以结算并打印结算单了。

"收款"功能指的是预结算完毕后，车主拿着结算单到收银台交费，收款人根据客户的维修单号在汽修业务导航上面找到业务单，然后单击"收款"图标，弹出维修收款界面（图4-30），界面中同时会显示该客户的以前欠款金额和本次业务应收金额供收款员参考。收款员在本界面中填写客户的交费方式、发票类型以及本次收费金额，最后单击界面中的"收款"按钮就完成收款操作了。

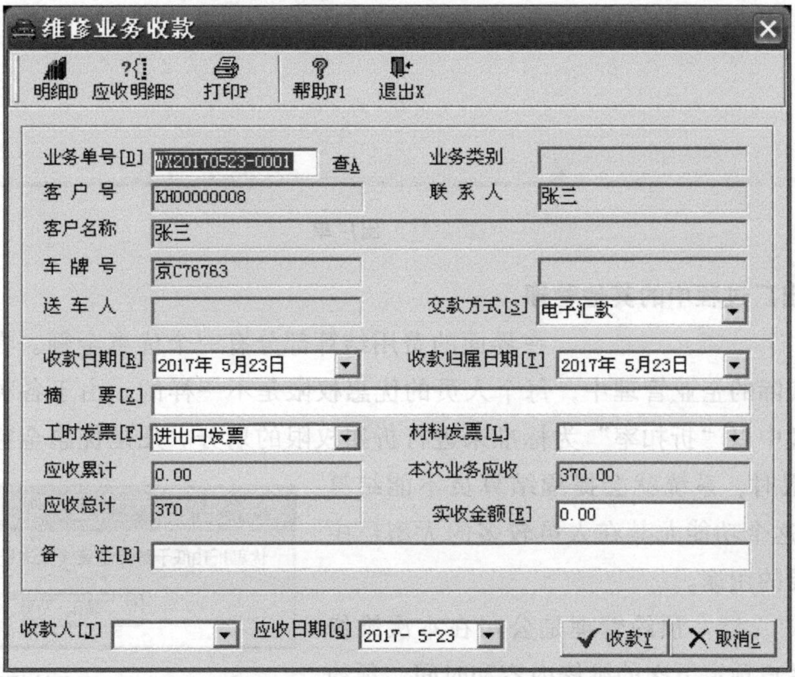

图4-30　维修业务收款

收款后，客户可以凭收据或者发票提车出厂，交车人员（通常是前台服务顾问）在系统中选择已收款结算的维修单，单击"汽修业务导航"中的"出厂"按钮，调出出厂单界面（图4-31）。

在出厂单界面中单击"出厂"，此时车辆维修状态就会变为"已出厂"，整个维修流程就结束了。

出厂单界面上有一个"预约"按钮，意味着在出厂时，还可以与车主约定下次服务的时间和内容。

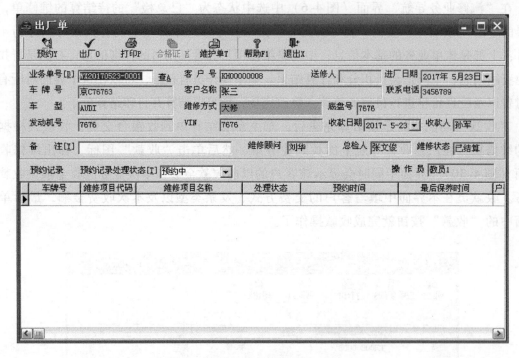

图 4-31　出厂单

2. 结算出厂过程中的其他管理

（1）预结算时的优惠管理　在界面的费用结算部分有一个优惠金额。在这里需要说明的是，在实际的企业管理中，每个人员的优惠权限是不一样的。由于各种企业制度不一样，在管理中以"折扣率"为标准来进行折扣权限的划分。凡是优惠金额超过该维修结算人的权限时，系统就会提醒结算员不能结算（图 4-32），这个功能尤其在人员较多的大型厂中有着非常重要的用途。

图 4-32　系统提醒

（2）预约管理　预约管理是公司在本次维修过程中，与客户预定下次的维修内容和时间。预约管理可以在出厂时进行，也可以在维修管理中单独进行。预约管理的界面（图 4-33）中包括预约客户的基本信息、预约内容和预约状态 3 个部分。

首先，单击"登记"按钮，然后在预约登记界面中，选择预约对象并填写预约内容，然后单击"确定"按钮即可。

如果需要对重复的项目进行预约，简单的方法是单击界面中的"生成"按钮，然后选中需要的历史维修单，可以将某个维修项目生成预约项目。

对于预约状态的业务，可以使用"更新""执行"和"取消"等功能键进行操作，该预约的状态会进行相应的变化。

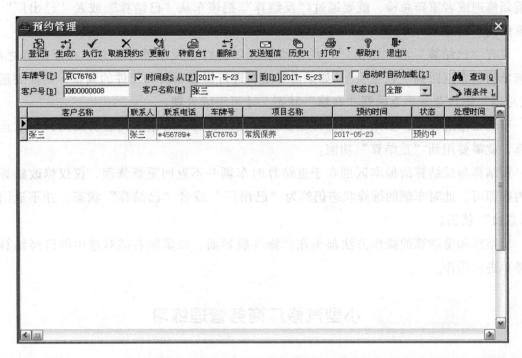

图4-33 预约管理

（3）合格证打印 按照我国交通运输部和各地交通运输管理部门的相关规定，车辆出厂时，承修单位需要为出厂车辆提供一份出厂合格证。一般来说，符合维修管理部门规定的合格证有两种，一种是交通运输部规定的合格证样式，另一种是各地自行规定的合格证样式。如图4-34所示就是某市的合格证。

机动车小修竣工出厂合格证					
承修单位（章）：北京运华科技发展有限公司（未注册软件） 电话：010-6293＊＊＊＊ 6293＊＊＊＊ 6293＊＊＊＊					
托修单位	北京大学		厂牌车型		劳斯莱斯
牌照号码	京A000001		进厂日期		2017-05-23
维修项目	同结算单		更换配件		同结算单
机动车维修质量保证期： 汽车一级维护、小修及专项修理质量保证期为车辆行驶2000公里或者10日。 质量保证期中行驶里程（公里）和（日期）的指标，以先达到者为准。					
检验员签字		接车人签字		投诉电话	
出厂公里数	213	下次维护里程		出厂日期	2017-05-23

图4-34 某市机动车小修竣工出厂合格证

3. 反结算和重结算

车辆在结算或者出厂后，由于维修项目或者维修用料有增删变动，需要返回车间进行重新修理或者重新总检，就要通过"反结算"把该车从"已结算"或者"已出厂"状态返回到"已总检"状态。

只有"已结算"和"已出厂"的维修单可以进行"反结算"处理。在反结算之后，维修单的状态返回到"已总检"，如果需要重新进行修理项目和配件的调整，则需要通过"反总检"把该业务单返回到"在修"状态，才可继续处理。

车辆维修过程中，如果车辆已经结算或者出厂，客户对结算内容有疑问，要求重新结算，就需要用到"重结算"功能。

重结算与反结算的根本区别在于重结算时车辆并不返回重新修理，仅仅修改结算单的内容即可。此时车辆的维修状态仍然为"已出厂"或者"已结算"状态，并不返回到"已总检"状态。

反结算和重结算的操作方法都是在汽修导航界面，以鼠标右键对选中的已经结算的业务单进行操作。

任务三　小型汽修厂商务管理练习

【任务目标】

掌握小型汽修厂汽车商务管理的操作和维修流程的基本知识，掌握小型汽修厂的管理业务，能够对小型汽修厂汽修管理进行操作。

【任务理论知识】

对小型汽修厂汽车商务管理的操作内容。

【建议学时】

2学时。

小型汽修厂的商务管理采用的是单节点式管理，即所有单据操作由同一个人来完成。

因此，在设计相应的管理系统时，就把接车、派工、发料、结算和出厂等环节都浓缩到了一个操作界面上，如图4-35所示。

在这个界面中，首先登记车辆信息，然后选择维修项目和维修用料。选择好后，就可以单击"保存"，转入维修状态了。

派工的时候，只需要选中需要派工的项目，然后单击界面中的"派工"，此时弹出维修工列表，选择维修工即可。此时，每个维修项目后面的维修人其实就是被派工的维修人员。

领料时，首先要核对仓库中配件的库存数量，每个配件都有其所在的仓库，选择好

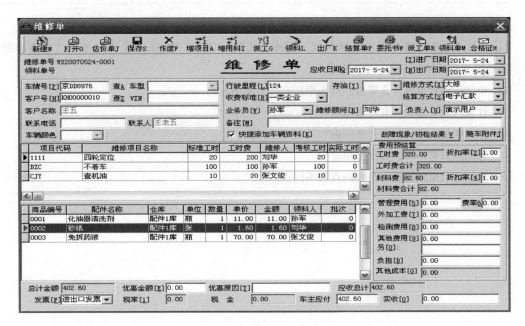

图 4-35　小型汽修厂维修单

仓库后，单击界面中的"领料"，选择一个领料人就可以了。

车辆维修完毕后，就可以进行结算了。只要完整地填写了派工和领料信息，其应收费金额就会自动计算出来。结算时，操作员只需要在"实收"处填写实收金额就可以了。结算完毕后，单击"出厂"就完成了整个维修流程。

需要指出的是，在维修过程中的项目和用料可以随时修改，但是已经出厂的单据不可以更改维修项目和用料。

⇨ 习　题

1. 汽车维修厂的分类方法有多少种？

2. 小型汽修厂也需要管理吗？为什么？

3. 小型汽修厂的管理，是否包含汽车配件的进销存？

4. 大型汽修厂的管理有什么特点？

5. 如果采用计算机管理，大型汽修厂的汽修流程应该有多少个管理节点？

6. 在大型厂的计算机管理中，为什么把"出厂"单独列为一个功能子项？这个子项在实际中应该怎么样操作？

7. 汽车维修的"返修"有几种情况，在计算机管理中，分别应怎么样处理？

8. 某个大型汽修厂只有一个仓库，但是领导为了管理方便，要求仓库管理员在软件里按照车型分为"大众""丰田""现代"等20多个库，你觉得这种方法好不好？为什么？

9. 在演示用的系统中，把汽车维修的"收费类别"定义成了4种——"自费、索赔、保险、免费"，为什么？

10. "收费类别"和"结算方式"有什么关系？

11. 修车后，有的客户要求延期付款，俗称"挂账"。那么"挂账"应该定义在"收费类别"中，还是定义在"结算方式"中？为什么？

12. 中型厂的管理有什么特点？与小型厂有什么不同？

13. 什么叫做反总检，有什么用途？

14. 什么叫做反结算，有什么用途？

15. 什么叫做重结算，有什么用途？

16. 重结算和反结算有什么相同点和不同点？

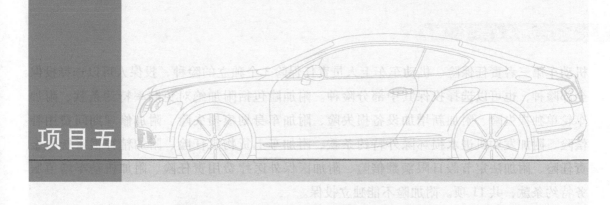

项目五

汽车保险和理赔管理

任务一 车险承保管理

📋【任务目标】

　　了解汽车保险的定义、类别及其品种，掌握车险承保的流程和操作方法，能够进行汽车保险承保系统的操作。

📋【任务理论知识】

　　汽车保险的定义、类别及其品种，车险承保的流程。

📋【建议学时】

　　2 学时。

一、汽车保险概述

1. 汽车保险的定义

　　汽车保险是指对汽车本身及其相关由于自然灾害或意外事故所造成的人身伤亡或财产损失负赔偿责任的一种财产保险。

2. 汽车保险的类别

　　汽车保险分为交强险和商业险两大类。其中，交强险是机动车交通事故责任强制保险的简称；商业险（汽车商业保险）可分为主险和附加险。主险包括机动车损失保险、机动车第三者责任保险、机动车车上人员责任保险 3 个独立的险种，投保人可以选择投保全部险种，也可以选择投保其中部分险种。附加险包括附加绝对免赔率特约条款、附加车轮单独损失险、附加新增加设备损失险、附加车身划痕损失险、附加修理期间费用补偿险、附加发动机进水损坏除外特约条款、附加车上货物责任险、附加精神损害抚慰金责任险、附加法定节假日限额翻倍险、附加医保外医疗费用责任险、附加机动车增值服务特约条款，共 11 项。附加险不能独立投保。

3. 商业险的介绍

（1）主险

1）机动车损失保险。机动车损失保险是指被保险人或被保险机动车驾驶人（以下简称"驾驶人"）在使用被保险机动车过程中，因自然灾害、意外事故造成被保险机动车直接损失，且不属于免除保险人责任的范围；被保险机动车被盗窃、抢劫、抢夺，经出险地县级以上公安刑侦部门立案证明，满 60 天未查明下落的全车损失以及因被盗窃、抢劫、抢夺受到损坏造成的直接损失，且不属于免除保险人责任的范围；发生保险事故时，被保险人或驾驶人为防止或减少被保险机动车的损失所支付的必要的、合理的施救费用，且施救费用数额在被保险机动车损失赔偿金额以内的，由保险人在保险金额内负责赔偿。

2）机动车第三者责任保险。机动车第三者责任保险是指被保险人或其允许的驾驶人在使用被保险机动车过程中发生意外事故，致使第三者遭受人身伤亡或财产直接损毁，依法应当对第三者承担的损害赔偿责任，且不属于免除保险人责任的范围，保险人对于超过机动车交通事故责任强制保险各分项赔偿限额的部分负责赔偿。保险人依据被保险机动车一方在事故中所负的事故责任比例，承担相应的赔偿责任。

3）机动车车上人员责任保险。机动车车上人员责任保险是指被保险人或其允许的驾驶人在使用被保险机动车过程中发生意外事故，致使车上人员遭受人身伤亡，且不属于免除保险人责任的范围，依法应当对车上人员承担的损害赔偿责任，保险人依照约定负责赔偿。保险人依据被保险机动车一方在事故中所负的事故责任比例，承担相应的赔偿责任。

（2）附加险

1）附加绝对免赔率特约条款。绝对免赔率为 5%、10%、15%、20%，由投保人和保险人在投保时协商确定。被保险机动车发生主险约定的保险事故时，保险人按照主险的约定计算赔款后，扣减本特约条款约定的免赔额。即：

$$主险实际赔款 = 按主险约定计算的赔款 \times (1 - 绝对免赔率)$$

2）附加车轮单独损失险。投保了机动车损失保险的机动车可投保本附加险。被保险人或被保险机动车驾驶人在使用被保险机动车过程中，因自然灾害、意外事故，导致被保险机动车未发生其他部位的损失，仅有车轮（含轮胎、轮毂、轮毂罩）单独的直接损失，且不属于免除保险人责任的范围，保险人依照约定负责赔偿。保险金额由投保人和保险人在投保时协商确定。

3）附加新增加设备损失险。投保了机动车损失保险的机动车可投保本附加险。投保了本附加险的被保险机动车因发生机动车损失保险责任范围内的事故，造成车上新增加设备的直接损毁，保险人在保险单载明的本附加险的保险金额内，按照实际损失计算赔偿。保险金额根据新增加设备投保时的实际价值确定。新增加设备的实际价值是指新增加设备的购置价减去折旧金额后的金额。发生保险事故后，保险人依据本条款约定在保险责任范围内承担赔偿责任。赔偿方式由保险人与被保险人协商确定。

赔款金额 = 实际修复费用 - 被保险人已从第三方获得的赔偿金额

4）附加车身划痕损失险。投保了机动车损失保险的机动车可投保本附加险。被保险机动车在被保险人或被保险机动车驾驶人使用过程中，发生无明显碰撞痕迹的车身划痕损失，保险人按照约定负责赔偿。保险金额为 2000 元、5000 元、10000 元或 20000 元，由投保人和保险人在投保时协商确定。

5）附加修理期间费用补偿险。投保了机动车损失保险的机动车可投保本附加险。投保了本附加险的机动车在使用过程中，发生机动车损失保险责任范围内的事故，造成车身损毁，致使被保险机动车停驶，保险人按保险合同约定，在保险金额内向被保险人补偿修理期间费用，作为代步车费用或弥补停驶损失。补偿金额 = 补偿天数 × 日补偿金额。补偿天数及日补偿金额由投保人与保险人协商确定并在保险合同中载明，保险期间内约定的补偿天数最高不超过 90 天。

6）附加发动机进水损坏除外特约条款。投保了机动车损失保险的机动车可投保本附加险。投保了本附加险的被保险机动车在使用过程中，因发动机进水后导致的发动机的直接损毁，保险人不负责赔偿。

7）附加车上货物责任险。投保了机动车第三者责任保险的营业货车（含挂车）可投保本附加险。发生意外事故致使被保险机动车所载货物遭受直接损毁，依法应由被保险人承担的损害赔偿责任，保险人负责赔偿。

8）附加精神损害抚慰金责任险。投保了机动车第三者责任保险或机动车车上人员责任保险的机动车可投保本附加险。在投保人仅投保机动车第三者责任保险的基础上附加本附加险时，保险人只负责赔偿第三者的精神损害抚慰金；在投保人仅投保机动车车上人员责任保险的基础上附加本附加险时，保险人只负责赔偿车上人员的精神损害抚慰金。被保险人或其允许的驾驶人在使用被保险机动车的过程中，发生投保的主险约定的保险责任内的事故，造成第三者或车上人员的人身伤亡，受害人据此提出精神损害赔偿请求，保险人依据法院判决及保险合同约定，对应由被保险人或被保险机动车驾驶人支付的精神损害抚慰金，在扣除机动车交通事故责任强制保险应当支付的赔款后，在本保险赔偿限额内负责赔偿。

9）附加法定节假日限额翻倍险。投保了机动车第三者责任保险的家庭自用汽车可投保本附加险。保险期间内，被保险人或其允许的驾驶人在法定节假日期间使用被保险机动车发生机动车第三者责任保险范围内的事故，并经公安部门或保险人查勘确认的，被保险机动车第三者责任保险所适用的责任限额在保险单载明的基础上增加一倍。

10）附加医保外医疗费用责任险。投保了机动车第三者责任保险或机动车车上人员责任保险的机动车可投保本附加险。被保险人或其允许的驾驶人在使用被保险机动车的过程中，发生主险保险事故，对于被保险人依照中华人民共和国法律（不含港澳台地区法律）应对第三者或车上人员承担的医疗费用，保险人对超出《道路交通事故受伤人员临床诊疗指南》和国家基本医疗保险同类医疗费用标准的部分负责赔偿。

11）附加机动车增值服务特约条款。投保了机动车保险后可投保本特约条款。本特约条款包括道路救援服务特约条款、车辆安全检测特约条款、代为驾驶服务特约条款、代为送检服务特约条款共 4 个独立的特约条款，投保人可以选择投保全部特约条款，也可以选择投保其中部分特约条款。保险人依照保险合同的约定，按照承保特约条款分别提供增值服务。

二、汽车保险的承保

汽车保险的承保是指保险人在投保人提出投保请求时，经审核其投保内容符合承保条件，同意接受其投保申请，并按照保险条款承担保险责任的过程。汽车保险的承保实质上是保险人与投保人签订保险合同的过程，一般包括保险展业、投保人投保、保险公司核保、缮制和签发单证、保单批改和续保等环节。

1. 保险展业

保险展业是保险公司进行市场营销的过程，也称为推销保险单，它是保险展业人员引导具有保险潜在需要的人参加保险的行为，也是为投保人提供保险服务的行为，它是保险经营的起点。

保险展业的内容主要包括做好展业准备、开展保险宣传、制订保险方案和计算保险费用等。

（1）制订保险方案 由于投保人所面临的风险概率、风险程度不同，因而对保险的需求也各不相同，这就需要展业人员为投保人设计最佳的投保方案。

（2）计算保险费用

1）交强险保险费 = 交强险基础保险费 × (1 + 与道路交通事故相联系的浮动比率 X)

交强险基础保险费见表 5-1，与道路交通事故相联系的浮动比率 X 见表 5-2。

表 5-1 交强险基础保险费

车辆大类	序号	车辆明细分类	保险费/元
一、家庭自用车	1	家庭自用 6 座以下	950
	2	家庭自用 6 座及以上	1100

（续）

车辆大类	序号	车辆明细分类	保险费/元
	3	企业非营业6座以下	1000
	4	企业非营业6~10座	1130
	5	企业非营业10~20座	1220
二、非营业客车	6	企业非营业20座以上	1270
	7	机关非营业6座以下	950
	8	机关非营业6~10座	1070
	9	机关非营业10~20座	1140
	10	机关非营业20座以上	1320
	11	营业出租租赁6座以下	1800
	12	营业出租租赁6~10座	2360
	13	营业出租租赁10~20座	2400
	14	营业出租租赁20~36座	2560
	15	营业出租租赁36座以上	3530
	16	营业城市公交6~10座	2250
三、营业客车	17	营业城市公交10~20座	2520
	18	营业城市公交20~36座	3020
	19	营业城市公交36座以上	3140
	20	营业公路客运6~10座	2350
	21	营业公路客运10~20座	2620
	22	营业公路客运20~36座	3420
	23	营业公路客运36座以上	4600
	24	非营业2吨以下	1200
四、非营业货车	25	非营业2~5吨	1470
	26	非营业5~10吨	1650
	27	非营业10吨以上	2220
	28	营业2吨以下	1850
五、营业货车	29	营业2~5吨	3070
	30	营业5~10吨	3450
	31	营业10吨以上	4480
	32	特种车一	3710
六、特种车	33	特种车二	2430
	34	特种车三	1080
	35	特种车四	3980

（续）

车辆大类	序号	车辆明细分类	保险费/元
七、摩托车	36	摩托车 50CC⊖ 及以下	80
	37	摩托车 50~250CC（含）	120
	38	摩托车 250CC 以上及侧三轮	400
八、拖拉机	39	兼用型拖拉机 14.7kW 及以下	按保监产险（2007）53 号实行地区差别费率
	40	兼用型拖拉机 14.7kW 以上	
	41	运输型拖拉机 14.7kW 及以下	
	42	运输型拖拉机 14.7kW 以上	

表 5-2　与道路交通事故相联系的浮动比率（X）

内蒙古、海南、青海、西藏 4 个地区实行以下费率调整方案 A		
	浮动因素	浮动比率
与道路交通事故相联系的浮动方案 A	A1，上 1 个年度未发生有责任道路交通事故	−30%
	A2，上两个年度未发生有责任道路交通事故	−40%
	A3，上 3 个及以上年度未发生有责任道路交通事故	−50%
	A4，上 1 个年度发生 1 次有责任不涉及死亡的道路交通事故	0%
	A5，上 1 个年度发生 2 次及 2 次以上有责任道路交通事故	10%
	A6，上 1 个年度发生有责任道路交通死亡事故	30%
陕西、云南、广西 3 个地区实行以下费率调整方案 B		
	浮动因素	浮动比率
与道路交通事故相联系的浮动方案 B	B1，上 1 个年度未发生有责任道路交通事故	−25%
	B2，上两个年度未发生有责任道路交通事故	−35%
	B3，上 3 个及以上年度未发生有责任道路交通事故	−45%
	B4，上 1 个年度发生 1 次有责任不涉及死亡的道路交通事故	0%
	B5，上 1 个年度发生 2 次及 2 次以上有责任道路交通事故	10%
	B6，上 1 个年度发生有责任道路交通死亡事故	30%
甘肃、吉林、山西、黑龙江、新疆 5 个地区实行以下费率调整方案 C		
	浮动因素	浮动比率
与道路交通事故相联系的浮动方案 C	C1，上 1 个年度未发生有责任道路交通事故	−20%
	C2，上两个年度未发生有责任道路交通事故	−30%
	C3，上 3 个及以上年度未发生有责任道路交通事故	−40%
	C4，上 1 个年度发生 1 次有责任不涉及死亡的道路交通事故	0%
	C5，上 1 个年度发生 2 次及 2 次以上有责任道路交通事故	10%
	C6，上 1 个年度发生有责任道路交通死亡事故	30%

⊖　CC 为摩托车发动机排量单位 mL。

（续）

北京、天津、河北、宁夏 4 个地区实行以下费率调整方案 D		
	浮动因素	浮动比率
与道路交通事故相联系的浮动方案 D	D1，上 1 个年度未发生有责任道路交通事故	−15%
	D2，上两个年度未发生有责任道路交通事故	−25%
	D3，上 3 个及以上年度未发生有责任道路交通事故	−35%
	D4，上 1 个年度发生 1 次有责任不涉及死亡的道路交通事故	0%
	D5，上 1 个年度发生 2 次及 2 次以上有责任道路交通事故	10%
	D6，上 1 个年度发生有责任道路交通死亡事故	30%
江苏、浙江、安徽、上海、湖南、湖北、江西、辽宁、河南、福建、重庆、山东、广东、深圳、厦门、四川、贵州、大连、青岛、宁波 20 个地区实行以下费率调整方案 E		
	浮动因素	浮动比率
与道路交通事故相联系的浮动方案 E	E1，上 1 个年度未发生有责任道路交通事故	−10%
	E2，上两个年度未发生有责任道路交通事故	−20%
	E3，上 3 个及以上年度未发生有责任道路交通事故	−30%
	E4，上 1 个年度发生 1 次有责任不涉及死亡的道路交通事故	0%
	E5，上 1 个年度发生两次及两次以上有责任道路交通事故	10%
	E6，上 1 个年度发生有责任道路交通死亡事故	30%

2）商业险保险费计算方法

商业险保险费 = 基准保险费 × 费率调整系数 = $\dfrac{基准纯风险保险费}{1 - 附加费用率}$ × 费率调整系数

基准纯风险保险费：各主险和附加险的基准纯风险保险费之和。它是构成保险费的组成部分，用于支付赔付成本，根据保险标的的损失概率与损失程度确定。

不同险别的基准纯风险保险费计算形式存在差异，主要包括：

① 根据风险维度直接查询返回基准纯风险保险费。

② 按保险金额 × 纯风险费率计算。

③ 按基础纯风险保险费 + 保险金额 × 纯风险费率计算。

注：基础纯风险保险费、纯风险费率均可通过费率查询得出。

附加费用率是以保险公司经营费用为基础计算的，包括用于保险公司的业务费用支出、手续费支出、营业税、工资支出及合理的经营利润。

附加费用率由保险公司自主设定唯一值，并严格执行经中国银保监会批准的附加费用率，不得上下浮动。试点期间统一为 0.35。

费率调整系数：费率调整系数 = NCD 因子 × 自主核保因子 × 渠道因子 × 交通违法因子

① NCD 因子：0.6 ~ 2.0。

② 自主核保因子：0.85 ~ 1.15，保险公司向银保监会报备使用。

③ 渠道因子：0.85~1.15，保险公司向银保监会报备使用。

④ 交通违法因子：已经与交通管理平台对接的地区可以使用。

注：理论上，如果不使用交通违法因子，费率调整系数的上、下限分别为

上限：$2 \times 1.15 \times 1.15 = 2.645$

下限：$0.6 \times 0.85 \times 0.85 = 0.4335$

该系数不适用于摩托车和拖拉机的商业险。

$\frac{费率调整系数}{1 - 附加费用率}$ 是一个跟具体险种无关的值，所有主险和附加险都一样。这样，商业车险的保险费就由各主险和附加险的基准纯风险保险费确定，基准纯风险保险费由行业协会统一制订并定期更新，具体体现为各个险种的费率表。

在费率表中，凡涉及分段的陈述都按照"含起点不含终点"的原则来解释，例如"6座以下"的含义为5座、4座、3座、2座、1座，不包含6座；"10~20万元"包含10万元，不包含20万元。

2. 投保人投保

投保即投保人向保险人表达缔结保险合同的意愿。因保险合同的要约一般要求为书面形式，所以汽车保险的投保需要填写投保单。投保单也称要保单，是投保人为订立保险合同向保险人进行要约的书面文件，也是投保人要求投保的书面凭证，是保险合同要件之一。

汽车保险投保单内容一般包括投保人和被保险人情况、投保机动车情况、驾驶人情况、投保险种和期限、特别约定以及投保人签章和保险标的初审情况等。

3. 保险公司核保

（1）核保的概念　核保是指保险人对于投保人的投保申请进行风险评估，决定是否接受承保这一风险，并在接受承保风险的情况下，决定承保的费率和条件的过程。

（2）核保的内容

1）审核投保单。审核投保单填写的各项内容是否完整、清楚和准确。

2）验证和验车。检查投保人的投保车辆和有关证件，确定投保单内容和保险标的真实可靠性，保证承保业务的质量。

3）核定保险费率。根据投保单上所列的车辆情况、驾驶人员情况和保险公司的《机动车辆保险费率标准》，逐项确定投保车辆的保险费率。

4）计算保险费。在确定车辆保险费率的基础上，保险业务人员根据投保人选择的保险金额和赔偿限额计算保险费。

5）核保。本级核保主要是对单证内容、保险价值、保险金额、费率标准和保费计算方法进行复核。如果工作人员对其中内容有异议，或遇到非标准核保业务，需交上级进行核保。上级核保后，签署明确的意见并立即返回请示的公司。

6）做出承保决策。核保人员根据保险标的的性质做出承保决策，如正常承保、优惠承保、有条件的承保和拒绝承保等。对于拒绝承保的保险标的，保险公司要及时向投保

人发出拒保通知；对于接受的承保业务，核保人员将核保单、核保意见一并转交给业务内勤，据此缮制保险单证。

4. 缮制和签发单证

（1）缮制保险单　业务内勤接到投保单及其附表后，应根据核保人的意见开展保险制单工作。保险单原则上应用计算机出单，暂无计算机设备由手工出单的，应得到上级单位的书面同意。计算机制单时，将保险单的有关内容输入到保险单对应栏目内，在保险单"被保险人"和"厂牌号码"栏内登录统一规定的代码，录入完毕检查无误后，打印保险单。手工填写的保险单由银保监会统一监制，保险单上的印制流水号码即为保险单号码。保险单缮制完毕后，制单人应将保险单、投保单及其附表一起送复核人员复核。

（2）复核保险单　复核人员接到保险单、投保单及其附表后，应该详细对照复核。复核时审查各种单证是否齐全，内容是否完整符合要求，字迹是否清楚，计算是否正确，并与凭证相对照，力求无差错。复核无误后，复核人员在保险单"复核处"签章。

（3）收取保险费　收费人员经复核保险单无误以后，向投保人核收保险费，并在保险单的"会计"处和保险费收据的"收款人"处签章，在保险费收据上加盖财务专用章。需要注意的是，只有被保险人按约定交纳了保险费，保险合同才能生效。

（4）签发保险单证　汽车保险合同实行一车一单（保险单）和一车一证（保险证）的制度。投保人交纳了保险费后，业务人员必须在保险单上注明公司的名称、详细地址、邮政编码和联系电话，并加盖保险公司业务专用章。根据保险单填写保险证并加盖业务专用章，所填写的内容应与保险单的有关内容一致，电话应填写保险公司的报案电话，所填内容不得涂改。签发单证时，交由被保险人保存的单证有保险单正本、保险费收据和机动车保险证。

（5）清分单证　投保单及其附表、保险单及其附表、保险费收据和保险证等，应由业务人员清理归类。各类附表要贴在投保单的背面，需要加盖骑缝章。清分时，按下列要求进行。

清分给投保人的单证：交强险、商业险保险单正本及其附表，交强险保险单公安交通管理部门留存联，保险费收据（保户留存联），交强险保险标志，商业险保险证。

财务部门留存的单证：保险费收据（会计留存联）、保险单副本。

业务部门留存的单证：保险单副本、投保单及其附表、保险费收据（业务留存联）。留存业务部门的单证应由专人保管并及时整理、装订和归档。

5. 保险单批改

（1）批改的含义　在保险单证签发后，对保险合同内容进行修改、补充或增删所进行的一系列作业称为批改。经批改所签发的一种书面证明称为批单。

（2）批改的内容　根据《保险法》和各公司机动车辆保险条款的规定，在保险合同有效期内，合同主体、客体与内容变更时，被保险人应事先书面通知保险人申请办理批改手续，具体内容包括：

1）被保险人变更。

2）被保险机动车增、减危险程度。

3）被保险机动车变更使用性质。

4）所有险种提前退保。

5）保险金额增减。

6）加保或退保部分险种。

7）增加或减少或变更约定驾驶人。

8）保险费变更。

9）保险期间变更。

10）变更其他事项。

以上这些情况变化时，被保险人都需申请办理批改手续。为提醒被保险人注意，一般汽车保险单上都有如下的字样："本保险单所载事项如有变更，被保险人应立即向本公司办理批改手续，否则，如有任何意外事故发生，本公司不负赔偿责任。"

（3）批改程序　首先由被保险人填具批改申请书，提出要求修改保险合同的项目和原因。其次，保险公司审核同意后，出具批单给投保人存执，存执粘贴于保险单正本背面，同时批改变动保险证上的有关内容，并在变动处加盖保险人业务专用章。最后，新的保险合同生效。

（4）批改方式　根据《保险法》规定，保险单的批改有两种方式：一是在原保险合同上进行批改；二是另外出具批单附贴在原保险单正本、副本上并加盖骑缝章，使其成为保险合同的一部分。在实际工作中大都采用出具批单的方式，批单应采用统一和标准的格式。

（5）批单的措辞　批单的措辞通常包括：批改申请人、批改的要求、批改前的内容、批改后的内容、是否增加保险费、增加保险费的计算方式以及增加的保险费，并明确除本批改外原保险合同的其他内容不变。变更使用性质的批单措辞见表5-3。

表 5-3　变更使用性质的批单措辞

根据被保险人的申请，兹经双方同意本保险单中被保险车辆的使用性质由原来的"自用"自 2013 年 12 月 1 日起变更为"营业用"。为此，应加收保险费人民币 345 元。

除本批改外保险单的其他条件不变，特此批注。

6. 续保

（1）续保的含义　续保是指在原有的保险合同即将期满时，投保人在原有保险合同的基础上向保险人提出继续投保的申请，保险人根据投保人的实际情况，对原有合同条件稍加修改而继续签约承保的行为。

（2）续保的意义　续保是一项保险合同双方"双赢"的活动。对投保人来说，通过及时续保，一方面可以从保险人那里得到连续不断的、可靠的保险保障与服务；另一方面，作为公司的老客户，可以在保险费率方面享受续保优惠。对保险人来说，老客户的及时续保，可以稳定业务量，同时能利用与投保人建立起来的关系减少许多展业工作量与费用。

（3）续保的注意事项

1）续保业务一般在原保险期到期前一个月开始办理。为防止续保后至原保险单到期期间发生保险责任事故，在续保通知书内应注明："出单前，如有保险责任事故发生，应重新计算保险费；全年无保险责任事故发生，可享受无赔款优待。"的字样。

2）及时对保险标的进行再次审核，以避免保险期间中断。

3）如果保险标的的危险程度有变化，应对保险费率做出相应调整。

4）保险人应根据上一年的经营状况，对承保条件与费率进行适当调整。

三、汽车保险承保系统的实习

本任务的实习采用北京运华科技发展有限公司研制的《车辆保险承保考核系统》。下文以新车承保任务作为案例介绍此软件的使用流程。

机动车辆保险
承保流程简介

1. 车险投保

（1）人员信息录入　在系统主界面单击"新保"选项，系统会自动跳转至新保的业务流程。首先进行车险投保的人员信息录入，依次进行"投保人""被保险人""车主"的信息录入，若投保人与被保险人、车主为同一人时，可单击页面右上角的"带入投保人信息"自动录入信息（图5-1）。检查无误后，即可单击"下一步"进入下一环节。

当前位置：投保平台 > 投保录入 > 新保 > 被保险人信息

带入投保人信息

| 被保险人类型 * | 被保险人名称 * | 联系电话 * | 性别 * |
| 个人 | 张* | 1562000**** | 男 |

| 证件类型 * | 证件号码 * | 证件有效期 * | |
| 居民身份证 | 11010819900808**** | 20160808 | 至 20360808 |

| 出生日期 * | 职业 * | 被保险人住址 * |
| 19900808 | 企业职员 | 北京市海淀区北三环西路**号 |

下一步

图 5-1　人员信息录入界面

（2）车辆信息录入　单击系统左侧导航栏"车辆信息"，进行车辆信息录入。车辆信息录入需要根据车辆实况及单证信息登记车辆的车架号、发动机号、登记日期、车身颜色等信息。除此之外，还需要根据车辆情况选择是否验车，若免验车需明确理由（图5-2）。检查无误后，即可单击"下一步"进入下一环节。

图 5-2　车辆信息录入界面

（3）交强险录入　单击系统左侧导航栏"交强险信息"，进行交强险和车船税信息录入。对于交强险录入，需勾选交强险并明确保险期间，可根据车型信息单击"交强险费率表"和"交强险浮动比率"了解保险费情况；对于车船税需明确是否缴税，并填写对应的信息，包含完税证号、开具税务机关等（图 5-3），填写完成后单击右上角的"计算"按钮，便可得到交强险保险费和车船税费用。检查无误后，即可单击"下一步"进入下一个环节。

图 5-3　交强险录入界面

（4）商业险录入　单击系统左侧导航栏"商业险信息"，进行商业险录入。首先，需勾选商业险并填写投保地区和保险期间；其次，商业险录入分主险和附加险进行，先根据客户需求在页面中录入主险，再单击"＋附加险"录入附加险，录入完险种后选择商业险费率调整系数。录入完成后，可单击系统右上角"计算"，便可得到商业险保险费金额（图5-4）。可根据车型信息单击"交强险费率表"和"交强险浮动比率"了解保险费情况；检查无误后，即可单击"下一步"进入下一环节。

图5-4　商业险录入界面

（5）生成保险单　单击左侧导航栏"生成保险单"制作保险单，分为生成交强险投保单和商业险投保单。单击进入每个投保险页面，根据图库中上传的客户及车辆资料审查投保单信息（图5-5）。确认无误后，可打印对应投保单供客户签字确认。

2. 车险核保

进入系统"核保平台"，输入需要核保的车架号/车牌号/发动机号，单击"查询"按钮搜索核保保单，依次对交强险保单和商业险进行核保（图5-6）。

单击"核保保单列表"中的交强险/商业险保单"人工核保"按钮，即可进入审核投保单界面。调取图库中单证素材，依次核对人员信息、车辆信息、交强险/商业险信息、保险费是否有误；审核后在页面下方检验结果处填写审核意见"通过/不通过"，最后录入审核人员和审核时间（图5-7）。

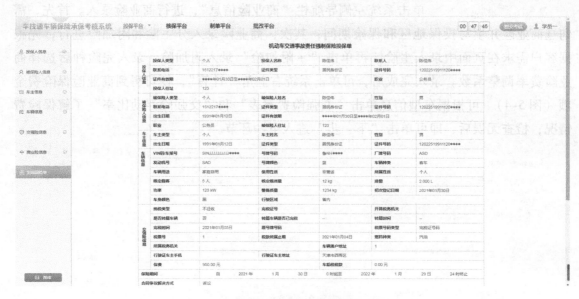

图 5-5 生成投保单界面

图 5-6 车险核保界面

3. 车险制单

（1）制作交强险保险单及标志 进入系统"制单平台"，输入需要制单的车架号/车牌号/发动机号，单击"查询"按钮搜索制单列表，单击"制作交强险保单"和"制作交强险标志"进入制单页面。确定无误后，录入制单人员和制单时间，单击"打印"即可完成交强险保单和标志制作（图5-8）。

机动车交通事故责任强制保险投保单

投保单号

YHJQ20217073640

	投保人类型	个人	投保人名称	张*	联系人	张*
投保人信息	联系电话	1562000****	证件类型	居民身份证	证件号码	11010819900808****
	证件有效期	2016年08月08日至2036年08月08日			职业	企业职员
	投保人住址	北京市海淀区北三环西路**号				
	被保险人类型	个人	被保险人姓名	张*	性别	男
被保险人信息	联系电话	1562000****	证件类型	居民身份证	证件号码	11010819900808****
	出生日期	1990年08月08日	证件有效期	2016年08月08日至2036年08月08日		
	职业	企业职员	被保险人住址	北京市海淀区北三环西路**号		
车主信息	车主类型	个人	车主姓名	张*	性别	男
	出生日期	1990年08月08日	证件类型	居民身份证	证件号码	11010819900808****
	VIN码/车架号	LHGCM46216201****	号牌号码	京JP****	厂牌型号	雅阁牌HGC7****轿车
	发动机号	161****	号牌颜色	蓝	车辆种类	客车
车辆信息	车辆用途	家庭自用	使用性质	非营运	所属性质	个人
	核定载客	5人	核定载质量	- kg	排量	1.988 L
	功率	110 kW	整备质量	1449 kg	初次登记日期	2020年04月01日
	车身颜色	黑	行驶区域	境内		
	纳税类型	缴税	完税证号	00000001	开具税务机关	北京市海淀区地方税务局征收所
	是否转籍车辆	否	转籍车辆是否已完税	--	转籍时间	--
交强险信息	完税时间	2020年04月01日	原号牌号码		税票号码类型	完税证号码
	税票号	00000001	税款所属止期	2020年12月31日	燃料种类	汽油
	所属税务机关		车辆落户地址	北京市海淀区北三环西路**号		
	行驶证车主手机	1562000****	行驶证车主地址	北京市海淀区北三环西路**号		
	保费	950.00 元	车船税税款	300.00 元		

保险期间	自　　2020 年　　4 月　　1 日　　0 时起至　　2021 年　　3 月　　31 日　　24 时终止
合同争议解决方式	诉讼
特别约定	尊敬的客户：您本次是通过直接销售渠道购买的车辆保险。渠道名称：中国**财产保险股份有限公司，联系电话：955**（保险公司服务电话）。

投保人声明：

　　本投保人兹声明在本投保单上填写的各项内容均属事实，如有隐瞒或与事实不符，贵司可按《保险法》及合同约定进行处理。本投保人已经收到了条款全文，仔细阅读了保险条款，尤其是加黑突出标注的、免除保险人责任的条款部分的条款内容。保险人已就本合同所涉及的所有免除其责任的条款的概念、内容及其法律后果向本人做出了能够理解的解释和明确说明，本人对其真实含义和法律后果完全理解。同意并接受本投保单所载各项内容，申请投保并同意按保险合同约定缴纳保险费。

投保人签名/签章：　　　年　　　月　　　日

验单结果　　◉ 通过　　◎ 不通过

备注

审核人　　　　　　　　　　操作时间

陈伟　　　　　　　　　　　📅 20200401

图 5-7　交强险核保界面

机动车交通事故责任强制保险单(正本)

中国＊＊财产保险股份有限公司

保险单号：YHJQ2021707****

被保险人	张*					
被保险人身份证号码	11010819900808****					
地址	北京市海淀区北三环西路**号				联系电话	1562000****

被保险机动车	号牌号码	京JP****	机动车种类	客车	使用性质	非营运
	发动机号	161****	识别号（车架号）	LHGCM46216201****		
	厂牌型号	雅阁牌HGC7****轿车	核定载客	5　人	核定载质量	-　　　千克
	排量	1.988L	功率	110　kW	登记日期	2020年04月01日

责任限额	死亡伤残限额	110000元	无责任死亡伤残限额	11000元	
	医疗费用赔偿限额	10000元	无责任医疗费用赔偿限额	1000元	
	财产损失赔偿限额	2000元	无责任财产损失赔偿限额	100元	

与道路交通安全违法行为和道路交通事故相联系的浮动比率		0%
保险费合计(人民币大写)：玖佰伍拾元整		（￥：　950.00 元）

保险期间：	自	2020 年	4 月	1 日	0 时起至	2021 年	3 月	31 日	24 时止

保险合同争议解决方式：诉讼

代收车船税	整备质量	1449千克	纳税人识别号		
	当年应缴	300.00元	往年补交	0.00元	滞纳金　　0.00元
	合计（人民币大写）：叁佰元整				（￥：　300.00 元）
	完税凭证号	00000001	开具税务机关	北京市海淀区地方税务局征收所	

特别约定	尊敬的客户：您本次是通过直接销售渠道购买的车辆保险，渠道名称：中国**财产保险股份有限公司，联系电话：955**（保险公司服务电话）。

重要提示	1.请详细阅读保险条款，特别是责任免除和投保人、被保险人义务。 2.收到保险单后，请立即核对，如有不符或疏漏，请及时通知保险人并办理变更或补充手续。 3.保险费应一次性交清，请您及时核对保险单和发票（收据），如有不符，请及时与保险人联系。 4.投保人应如实告知对保险费计算有影响的或被保险机动车因改装、加装、改变使用性质等导致危险程度增加的重要事项，并及时通知保险人办理批改手续。 5.被保险人应当在交通事故发生后及时通知保险人。 6.投保次日起，您可以通过本公司网页、客服热线、营业网点核实保单及理赔信息，若对查询结果有异议，请联系本公司。

保险人	公司名称：中国**财产保险股份有限公司 公司地址：北京市西城区**大街**号 邮政编号：100000　　　　联系电话：955**　　　　签单日期：2020-03-10 17:15

核保:陈伟 2020年04月01日　　　　　制单:李斯 2020年04月01日　　　　　经办:李斯 2020年04月01日

图 5-8　交强险制单页面

（2）制作商业险保险单　在制单列表中单击"制作商业险保单"，进入制单页面。确定无误后，录入制单人员和制单时间，单击"打印"即可完成商业险保单制作（图5-9）。

机动车综合商业保险保单(正本)

中国＊＊财产保险股份有限公司

行驶证车主: 张＊　　　　　　　　　　　　　　　　保险单号: YHSY2021512＊＊＊＊

鉴于投保人已向保险人提出投保申请，并同意按照约定交付保险费，保险人依照承保险种及其对应条款和特别约定承担赔偿责任。

以下信息来源源于您的投保申请，是为您提供理赔及售后服务的重要依据，请仔细核对，如果有错误或遗漏立即拨打955＊＊进行修改。

被保险人信息	被保险人名称:张＊		证件类型:居民身份证		证件号码:11010819900808＊＊＊＊
	通讯地址:北京市海淀区北三环西路＊＊号		联系电话:1562000＊＊＊＊		

车辆信息	号牌号码	京JP＊＊＊＊	发动机号	161＊＊＊＊	车架号	LHGCM46216201＊＊＊＊
	核定载客	5人	初次登记日期	2020年04月01日	厂牌型号	雅阁牌HGC7＊＊＊＊轿车
	核定载质量	- 千克	使用性质	非营运	机动车种类	客车

争议解决方式	诉讼

保险期间	自 2020 年 4 月 1 日 0 时起至 2021 年 3 月 31 日 24 时终止			
承保险种	保险金额/责任限额	绝对免赔率(%)	保费小计(元)
机动车损失保险	219800.00元	0	3352.44
机动车第三者责任保险	100万元	0	1246.05

保险费合计	RMB4368.57元	(大写) 人民币肆仟叁佰陆拾捌元伍角柒分

特别约定	尊敬的客户：您本次是通过直接销售渠道购买的车辆保险。渠道名称：中国＊＊财产保险股份有限公司，联系电话：955＊＊(保险公司服务电话)。

重要提示	1.请详细阅读保险条款，特别是责任免除和投保人、被保险人义务。 2.收到保险单后，请立即核对，如有不符或疏漏，请及时通知保险人并办理变更或补充手续。 3.保险费应一次性交清，请您及时核对保险单和发票(收据)，如有不符，请及时与保险人联系。 4.投保人应如实告知对保险费计算有影响的或被保险机动车因改装、加装、改变使用性质等导致危险程度增加的重要事项，并及时通知保险人办理批改手续。 5.被保险人应当在交通事故发生后及时通知保险人。

保险公司名称：中国＊＊财产保险股份有限公司
公司地址：北京市西城区＊＊大街＊＊号　　　　邮政编号：100000
提案及服务电话：955＊＊　　　　　　　　　　签单日期：2020-03-10 17:15

核保:陈伟 2020年04月01日　　　　制单:李斯 2020年04月01日　　　　经办:李斯 2020年04月01日

图5-9　商业险制单页面

任务二　车险理赔管理

【任务目标】

了解汽车保险的查勘、定损、理赔的概念和过程，掌握车险理赔的流程和操作方法，能够进行汽车保险理赔系统的操作。

【任务理论知识】

汽车保险的查勘、定损和理赔。

【建议学时】

2 学时。

一、车险理赔的概述

1. 车险理赔的概念

车险理赔是指被保险机动车在发生保险责任范围内的损失后，保险人依据保险合同对被保险人提出的索赔请求进行处理的行为。

2. 车险理赔的流程与内容

目前我国各个保险公司在理赔实务的流程上并没有严格固定的标准，但总体而言，无论是哪一家保险公司，其基本工作流程是一致的，即受理报案、现场查勘、损失确定、赔款理算、核赔和赔付结案等步骤。

每家保险公司除了在保证基本流程一致的基础上，依据自己所使用的系统平台、所处的市场环境及岗位的流动性设定符合自己需要的工作标准，而这个工作标准就是公司自己的系统操作流程。图 5-10 为某公司的汽车保险理赔整体流程。

二、车险理赔实务

1. 车险查勘

车险查勘是指运用科学的方法和现代技术手段，对保险事故现场进行实地勘察和查询，将事故现场、事故原因等内容完整而准确地记录下来的工作过程。查勘是查明保险事故真相的重要手段，是分析事故原因和认定事故责任的基本依据，也为事故损害赔偿提供了证据。

双车事故现场查勘

（1）查勘准备　查勘定损人员赶赴事故现场开始查勘工作之前，应做好下列工作：

1）查勘定损人员接到查勘通知后，向接报案人员索要"机动车辆保险报案记录（代

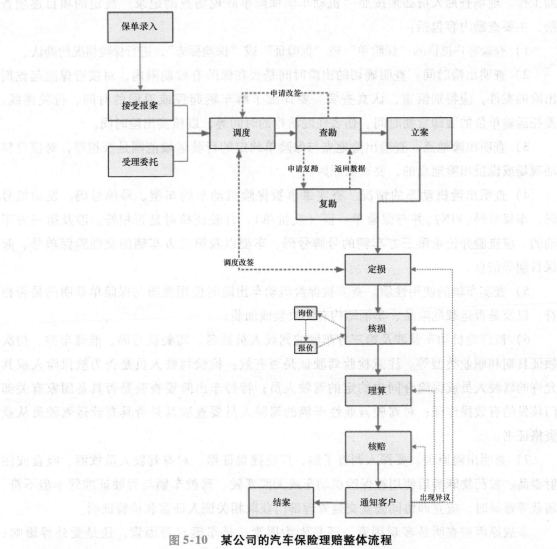

图 5-10　某公司的汽车保险理赔整体流程

抄单）”，并根据报案记录，了解保险标的的出险时间、地点、原因、经过、事故类别和大致的损失情况以及事故当事人地情况，对事故有一个基本的了解，做到心中有数，以便在查勘中有针对性地调查取证，争取主动。若查勘定损人员在外接到现场查勘通知，查勘后，索取“机动车辆保险报案记录（代抄单）”，全面深入了解事故情况。

2）携带“索赔申请书”“索赔须知”“现场查勘记录”等相关单证和查勘定损工具（如相机、皮尺等），赶赴事故现场，并及时与承保公司和报案人取得联系。

3）查勘定损人员到达事故现场后及时向接报案中心报告，如果事故尚未控制或人员及车辆尚处在危险中，应立即协助被保险人和有关部门采取有效的施救和保护措施，避免损失的扩大。

（2）现场查勘的主要内容　查勘定损人员做好各项查勘准备后，便可以进行现场查勘工作。现场查勘人员必须按照"机动车辆保险事故现场查勘记录"规定的项目逐项查勘，主要查勘内容包括：

1）查验客户提供的"保险单"或"保险证"或"保险标志"，进行保险情况的确认。

2）查明出险时间。查明确切的出险时间是否在保险有效期限内，对接近保险起讫期出险的案件，应特别慎重，认真查实。要详细了解车辆起程或返回的时间、行驶路线、委托运输单位的装卸货物时间、伤者住院治疗的时间等，以核实出险时间。

3）查明出险地点。查验出险地点与保险单约定的行驶区域范围是否相符，对擅自移动现场或谎报出险地点的，要查明原因。

4）查明出险机动车的情况。查实肇事被保险机动车的车型、号牌号码、发动机号码、车架号码(VIN)，并与保险单、证（或批单），行驶证核对是否相符。涉及第三方车辆的，应查验并记录第三方车辆的号牌号码、车型以及第三方车辆的交强险保单号、起保日期等信息。

5）查实车辆的使用性质。查实被保险机动车出险时使用性质与保险单载明的是否相符，以及是否运载危险品、车辆结构有无改装或加装。

6）被保险机动车及涉及第三方车辆的驾驶人员姓名、驾驶证号码、准驾车型、初次领证日期和职业类型等。注意检验驾驶证是否有效；检验驾驶人员是否为被保险人或其允许的驾驶人员或保险合同中约定的驾驶人员；特种车出险要查验是否具备国家有关部门核发的有效操作证；对驾驶营业性车辆的驾驶人员要查验其是否具有营运驾驶员从业资格证书。

7）查明出险原因。要深入调查了解，广泛搜集证据。对有驾驶人员饮酒、吸食或注射毒品、被药物麻醉后使用被保险机动车或无照驾驶、驾驶车辆与驾驶证准驾车型不符、超载等嫌疑时，应立即协同公安交通管理部门获取相关证人证言和检验证明。

事故原因应查明是客观因素，还是人为因素；是车辆自身因素，还是受外界影响；是严重违章，还是故意行为或违法行为。凡是与案情有关的重要情节，都要尽量收集、记载，以反映事故全貌。

8）确定损失情况。查清受损车辆、货物及其他财产的损失程度，对无法进行施救的货物及其他财产等，必要时应在现场进行定损，注意查清投保新车出厂时车辆标准配置以外是否新增设备；查明各方人员伤亡情况；估计各类损失金额；记录、核定施救情况；受损标的需要施救的，记录被施救财产的名称、数量和施救方式，核定施救费用。

9）初步判断保险责任。应结合承保情况和查勘情况，初步判断事故涉及的险别，暂时不能对保险责任进行判断的，在查勘记录中说明理由。查明事故责任划分情况，查清事故各方所承担的责任比例，同时应注意了解被保险机动车有无在其他公司重复保险的情况，以便理赔计算时确定赔偿金额。

10）重大赔案应绘制机动车辆保险事故现场草图。

11）询问记录。对重大复杂的或有疑问的案件，要走访有关现场见证人或知情人，弄清真相，做出询问记录，并由被询问人过目后签字。

12）拍摄事故现场、受损标的以及相关单证照片。凡涉及车辆和财产损失的案件，必须进行拍照。第一现场查勘的，应有反映事故现场全貌的概貌照片，反映受损车辆号牌号码，车辆、财产损失部位、损失程度的细目照片；非第一现场查勘的，应有反映受损车辆号牌号码，车辆、财产损失部位、损失程度的细目照片。另外，还要拍摄被保险机动车的行驶证、准运证，驾驶人的驾驶证、营运证和特种车辆操作资格证等相关证件。

13）对于接报案中心告知需认真查实的同一被保险机动车出险时间接近的案件，需认真核查两起（或多起）案件的详细情况，尤其要核对事故车辆的损失部位和损失痕迹。对于相关案件痕迹相符或相似的情况，一方面应立即查验相关案件的事故现场、修理情况记录等；另一方面应向上起案件的现场查勘人员了解有关情况，以最终确定是否属于重复报案案件。

2. 车险定损

定损是根据保险合同的规定和现场查勘的实际损失记录，在尊重客观事实的基础上，确定保险责任，然后开展事故定损和赔款计算工作。被保险机动车出险后的定损工作包括车辆损失的确定、人员伤亡费用的确定、其他财产损失的确定、施救费用的确定和残值处理等内容。

（1）车辆损失的确定 车辆的损失是由其修复的费用具体体现的，而零配件价格、修理材料费用和维修工时费用构成了修复费用。因此，在实际操作中，确定车辆损失可以按以下步骤进行：

1）根据现场查勘记录，认真检查受损车辆，找出本次事故造成的损伤部位，并由此判断和确定因肇事部位的撞击间接引起其他部位的损伤。最后，确定出损失部位、损失项目和损失程度，并对损坏的零部件由表及里进行逐项登记，同时进行修复与更换的分类。

2）与客户协商确定修理方案，包括确定修理项目和换件项目。修理项目需列明各项目工时费，换件项目需明确零件价格，零件价格需通过询价、报价程序确定。

3）对更换的零部件属于本级公司询价、报价范围的，要将换件项目清单交报价员审核，报价员根据标准价或参考价核定所更换的配件价格；对属于上级公司规定的报价车型和询价范围的，应及时上报，并按照《汽车零配件报价实务》的规定缮制零部件更换项目清单，向上级公司询价。上级公司对询价金额低于或等于上级公司报价的进行核准；对询价金额高于上级公司报价的逐项报价，并将核准的报价单或询价单传递给询价公司。

4）定损员接到核准的报价单后，与被保险人和第三者车损方协商修理、换件项目和费用。协商一致后，签订"汽车保险车辆损失情况确认书"一式两份，保险人、被保险人各执一份。

5）对损失金额较大，双方协商难以定损的，或受损车辆技术要求高，定损人员由于不太熟悉该车型导致难以确定损失的,可聘请专家或委托公估机构定损。

6)受损车辆原则上应一次定损。对严重的车辆事故,一般需拆解定损。为此,各保险公司均规定了一些自己的协议拆解点。

7)定损完毕后,由被保险人自选修理厂修理或到保险人推荐的修理厂修理。保险人推荐的修理厂资质一般不低于二级资质。

8)被保险机动车修复后,保险人可根据被保险人的委托直接与修理厂结算修理费用,但双方必须事先明确各自负担的费用,并在"汽车保险车辆损失情况确认书"上注明,由被保险人、保险人和修理厂三方签字认可。

(2)人员伤亡费用的确定　交强险、机动车第三者责任保险和机动车车上人员责任保险等险种中涉及的人员伤亡费用,理赔人员应按相关法律规定以及保险合同的约定赔偿,赔偿项目和赔偿标准依据《最高人民法院关于审理人身损害赔偿案件适用法律若干问题的解释》(简称《解释》)确定。

人身伤亡可以赔偿的合理费用主要包括:

1)受伤人员治疗支出的费用及误工费,包括医疗费、误工费、护理费、交通费、住宿费、住院伙食补助费和必要的营养费,赔偿义务人应予以赔偿。其中,医疗费指受伤人员在治疗期间发生的由本次事故造成的损伤的医疗费用(限公费医疗的药品范围)。

2)残疾赔偿费用。受害人因伤致残的,其生活上需要增加必要的费用以及因丧失劳动能力导致的收入损失,包括残疾赔偿金、残疾辅助器具费、被抚养人生活费以及因康复护理、继续治疗实际发生的必要的康复费、护理费和后续治疗费。

3)死亡人员的赔偿。受害人死亡的,除应根据抢救治疗情况赔偿第1)条规定的相关费用外,还应赔偿丧葬费、被抚养人生活费、死亡补偿费以及受害人亲属办理丧葬事宜支出的交通费、住宿费和误工损失等。

4)精神损害抚慰金。交通事故中的受害人或者家属由于交通事故的发生,要求精神损害赔偿的费用称为精神损害抚慰金。

(3)其他财产损失的确定　保险事故导致的财产损失,除车辆本身损失和第三者人员伤害外,还可能造成第三者的财产损失和车上承运货物的损失,从而构成机动车第三者责任保险、机动车车上货物责任保险赔偿对象。

1)第三者财产损失确定。第三者财产损失包括:第三者车辆所载货物、道路、道路安全设施、房屋建筑、电力和水利设施、道旁树木花卉、道旁农田庄稼等。

第三者财产损失的确定依据是《中华人民共和国民法通则》(简称《民法通则》)和机动车第三者责任保险保险条款。《民法通则》规定,第三者财产损失赔偿责任是基于被保险人的侵权行为产生的,致害人应按被损害财产的实际损失予以赔偿,事故造成财产直接损失的,应恢复原状或折价赔偿。确定时可与被害人协商,协商不成可申请仲裁或诉讼。机动车第三者责任保险保险条款规定,被保险机动车发生意外事故,直接造成事故现场他人现有财产的实际损毁，保险人依据保险合同的规定予以赔偿。可见，保险人对第三者财产损失只负责赔偿直接损失，间接损失、第三者无理索要及处罚性质的赔偿不予负责，因此，保险人的实际定损费用与被保险人实际赔付第三者的费用往往有差距，这就需要定损人员做好被保险人的解释、说服工作。

2）车上货物损失确定。凡发生保险责任内的车上货物损失，保险公司首先立即派人前往出事现场，对车上货物损失进行查勘处理，然后会同被保险人和有关人员对受损的货物进行逐项清理，以确定损失数量、损失程度和损失金额。

（4）施救费用的确定　施救费是指保险标的遭遇保险责任范围内的灾害事故时，被保险人或其代理人、雇佣人员为减少事故损失而采取适当措施抢救保险标的时支出的额外费用。

（5）残值处理　残值处理是指保险公司根据保险合同履行了赔偿并取得对受损标的所有权后，对尚存一部分经济价值的受损标的进行的处理。

机动车辆保险条款规定，残值应协商作价折归被保险人，并在保险赔款中扣除。若保险双方协商不成，则保险公司应将已赔偿的受损物资收回。这些受损物资可委托有关部门拍卖，处理所得款项应冲减赔款。一时无法处理的，则应交保险公司的损余物资管理部门。

3. 车险理赔

车险理赔是根据被保险人索赔时提供的各项单据，分析判断保险责任，公正合理地确定损失，迅速准确地计算保险赔款。其主要工作包括审核单证、赔款理算等。

（1）审核单证　理赔人员对被保险人提供的有关单证的形式和内容进行审核，判断其真实性、合法性和合理性。真实性是指确定单证真伪；合理性是指确定出具单证的部门的行政行为是否基于客观事实；合理性是指确定伤员抢救、受损财产修复和事故处理等过程中的费用支出是否合理。

保险人对被保险人提交的索赔单证认真审核后，对其中不符合规定的项目和金额应予以剔除；认为有关证明和资料不完整的，应及时通知被保险人补充提供有关单证。各类保险案件所要求提供的单证主要包括：

1）索赔申请书、保险单和责任认定书，法院或仲裁机构出具的裁定书、裁决书、调解书、判决书和仲裁书，机动车行驶证复印件，肇事驾驶人驾驶证，被保险人身份证明等。

2）涉及车辆损失的需提供车辆损失情况确认书、修理项目清单和零部件更换项目清单、车辆修理的正式发票、修理材料清单和结算清单等。

3）涉及其他财产损失的需提供财产损失确认书、设备总体造价及损失程度证明、设备恢复的工程预算、财产损失清单、购置或修复受损财产的有关费用单据等。

4）涉及人员伤亡损失的需提供医院诊断证明，出院通知书，需要护理人员证明，医疗费报销凭证、处方，治疗用药明细单据，伤、残、亡人员误工证明及收入情况证明，法医伤残鉴定书，死亡证明，被抚养人证明材料，派出所出具的受害者家庭情况证明、户口、丧失劳动能力证明，交通费、住宿费报销凭证，参加事故处理人员工资证明，向第三方支付赔偿费用的过款凭证等。

5）涉及车辆盗抢案件的需提供机动车行驶证（原件）、公安刑侦部门出具的盗抢案件立案证明、车辆购置费（税）凭证、机动车登记证书、车辆停驶手续证明、机动车来历凭证和全套车钥匙等。

（2）赔款理算　赔款理算是指在对应险别项下，根据各项损失确认书确定的损失金额、事故责任比例、赔偿比例、免赔比例和残值扣除等内容计算赔款。部分车险赔款计算公式见表5-4。

表5-4　部分车险赔款计算公式

险　　别	适 用 说 明	赔款计算公式
机动车损失保险	全部损失	赔款 = 保险金额 − 被保险人已从第三方获得的赔偿金额 − 绝对免赔额
	部分损失	被保险机动车发生部分损失，保险人按实际修复费用在保险金额内计算赔偿：赔款 = 实际修复费用 − 被保险人已从第三方获得的赔偿金额 − 绝对免赔额
	施救费	施救的财产中，含有保险合同之外的财产，应按保险合同保险财产的实际价值占总施救财产的实际价值比例分摊施救费用
机动车第三者责任保险	当（依合同约定核定的第三者损失金额 − 机动车交通事故责任强制保险的分项赔偿限额）× 事故责任比例等于或高于每次事故责任限额时	赔款 = 每次事故责任限额
	当（依合同约定核定的第三者损失金额 − 机动车交通事故责任强制保险的分项赔偿限额）× 事故责任比例低于每次事故责任限额时	赔款 =（依合同约定核定的第三者损失金额 − 机动车交通事故责任强制保险的分项赔偿限额）× 事故责任比例
机动车车上人员责任保险	对每座的受害人，当（依合同约定核定的每座车上人员人身伤亡损失金额 − 应由机动车交通事故责任强制保险赔偿的金额）× 事故责任比例高于或等于每次事故每座责任限额时	赔款 = 每次事故每座责任限额
	对每座的受害人，当（依合同约定核定的每座车上人员人身伤亡损失金额 − 应由机动车交通事故责任强制保险赔偿的金额）× 事故责任比例低于每次事故每座责任限额时	赔款 =（依合同约定核定的每座车上人员人身伤亡损失金额 − 应由机动车交通事故责任强制保险赔偿的金额）× 事故责任比例
附加绝对免赔率特约条款	被保险机动车发生主险约定的保险事故，保险人按照主险的约定计算赔款后，扣减本特约条款约定的免赔	主险实际赔款 = 按主险约定计算的赔款 ×（1 − 绝对免赔率）
附加车轮单独损失险	发生保险事故后，保险人依据本条款约定在保险责任范围内承担赔偿责任。赔偿方式由保险人与被保险人协商确定	赔款 = 实际修复费用 − 被保险人已从第三方获得的赔偿金额

（续）

险　　别	适 用 说 明	赔款计算公式
附加新增加设备损失险	发生保险事故后，保险人依据本条款约定在保险责任范围内承担赔偿责任。赔偿方式由保险人与被保险人协商确定	赔款＝实际修复费用－被保险人已从第三方获得的赔偿金额
附加车身划痕损失险	发生保险事故后，保险人依据本条款约定在保险责任范围内承担赔偿责任，赔偿方式由保险人与被保险人协商确定	赔款＝实际修复费用－被保险人已从第三方获得的赔偿金额
附加修理期间费用补偿险	全车损失	按保险单载明的保险金额计算赔偿
	部分损失	在保险金额内按约定的日补偿金额乘以从送修之日起至修复之日止的实际天数计算赔偿，实际天数超过双方约定修理天数的，以双方约定的修理天数为准

三、汽车保险理赔系统的实习

本部分采用北京运华科技发展有限公司研制的《车技通车险理赔估损考核系统》。下文以双方事故作为案例介绍此汽车保险理赔的业务流程。

1. 报案平台录入

登录系统后按照任务情景进入相应模块，首先进行车险报案的信息录入，单击左上方"报案录入"调取保险单，搜索报案人的相应保险单并单击选择框。单击"报案录入"进入录入界面，输入案件基本信息，包含报案人信息、事故经过、出险地点、损失类别等信息（图5-11）。确定无误后，选择业务人员和业务时间，单击"提交"按钮完成报案信息录入。

图 5-11　车险报案录入界面

159

2. 调度平台录入

（1）查勘调度　单击系统左侧导航栏"调度平台"，单击事故查勘分配中"选择"按钮，选择事故查勘员、业务人员和业务时间（图5-12）。确定无误后，单击"提交"。

图 5-12　车险查勘调度界面

待事故查勘后，需要根据查勘的结果及立案结果，再次有针对性地进行物损查勘调度和人伤查勘调度操作，操作形式与事故查勘调度保持一致。确认无误后，单击"提交"。

（2）定损调度　经过事故查勘、物损查勘、人伤查勘的工作环节，需单击系统左侧导航栏"调度平台"，根据车险事故的具体案件情况进行车、物、人的定损调度操作，选择定损员、业务人员和业务时间（图5-13）。确定无误后，单击"提交"。

图 5-13　车险定损调度界面

3. 查勘平台和人伤调查平台录入

单击系统左侧导航栏"查勘平台"，首要进行的是事故查勘。选择列表中的相应案件，单击"查勘录入"进入录入界面，查看案件信息并根据事故现场查勘结果输入案件事故信息，上传事故查勘照片（图5-14）。确定无误后，选择业务人员和业务时间，单击"提交"。

图 5-14 事故查勘录入界面

根据事故的具体情况及调度安排开展物损查勘和人伤调查业务流程。

对于物损查勘需选择列表中的相应案件，单击"查勘录入"进入录入界面，输入物品损失情况等信息，选择业务人员和业务时间（图5-15）。确定无误后，单击"提交"。

图 5-15　物损查勘界面

对于人伤调查需选择列表中的相应案件，单击"人伤调查录入"进入录入界面，单击人伤调查"新增"按钮，输入伤者信息、护理人员、联系人、估损金额等信息，选择业务人员和业务时间（图5-16）。确定无误后，单击"提交"。

人伤调查

① 人伤调查　　新增

序号	人伤标的类型	伤者姓名	联系人姓名	联系人电话	估损金额（元）	操作	上传图片
001	三者	孙*	孙*	1310055****	50000.00	✎　🗑	上传

费用合计: 50000.00 元

调查类型 *
现场调查

调查方式 *
入户

调查意见 *
结束调查

调查结果 *
调查情况真实有效，部分估损金额已沟通，在处理范围之内，可以定损。

32/300

业务人员 *
[20200005]唐子安

业务时间 *
🕐 20200501 11:19:27

图 5-16　人伤调查界面

4. 立案平台录入

单击系统左侧导航栏"立案平台"，选择列表中的相应案件，单击"立案录入"进入录入界面，查看案件信息和图片信息，判断是否可以立案，并单击下拉框选择立案意见，输入案件备注信息，选择业务人员和业务时间（图5-17）。确定无误后，单击"提交"。

图 5-17　车险立案界面

5. 定损平台录入

单击系统左侧导航栏"定损平台"，可选择车辆定损、物损定损和人伤定损，需根据车险案件的具体情况开展对应的定损操作。

（1）车辆定损录入　单击系统左侧导航栏"定损平台—车辆定损"，选择列表中的相应案件，单击"定损录入"进入录入界面，查看案件信息和图片信息，结合定损现场情况依次填写修理厂和车型及配置信息，需登记换件时单击"新增"，系统会以图形化形式展现车辆系统及配件信息。根据图形及系统名称逐级确认并选择需要更换的部件，核对零件号后添加到换件列表中（图5-18），选择业务人员和业务时间（图5-19）。确定无误后，单击"提交"。

（2）物损定损录入　单击系统左侧导航栏"定损平台—物损定损"，选择列表中的相应案件，单击"定损录入"进入录入界面，查看案件信息和图片信息，根据案件情况录入更换和修复物品的信息，填写定损意见，选择业务人员和业务时间（图5-20）。确定无误后，单击"提交"。

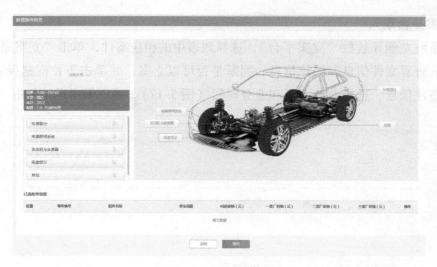

图 5-18   配件选择界面

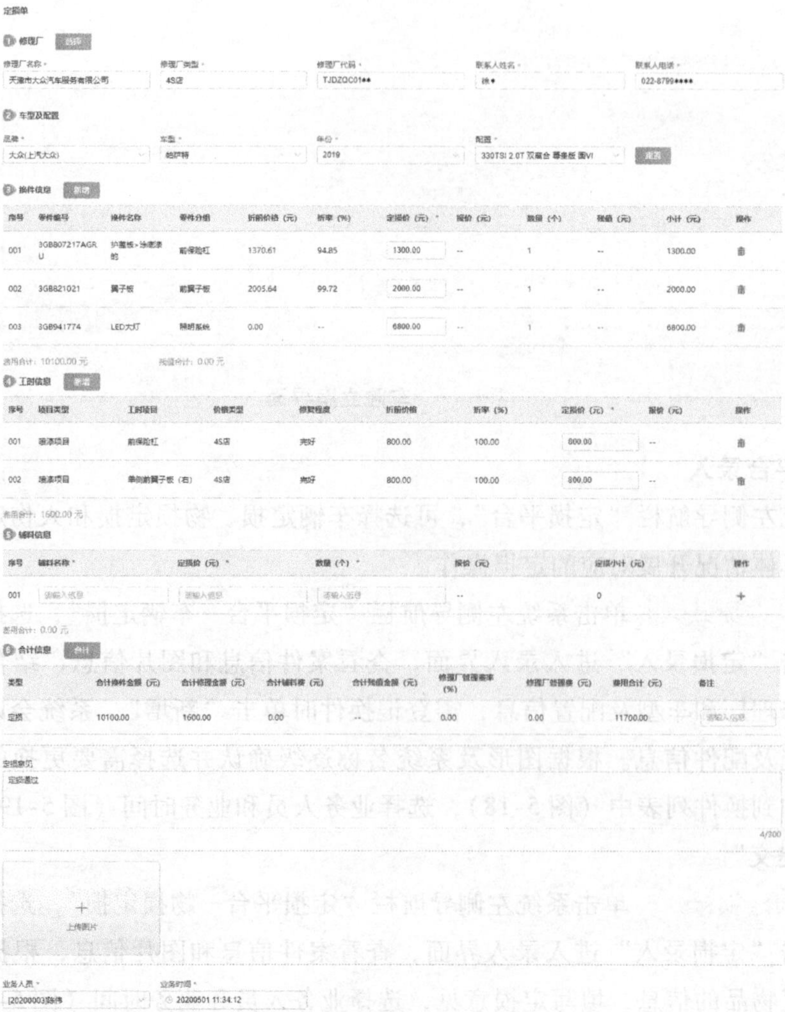

图 5-19   车辆定损界面

图5-20　物损定损界面

（3）人伤定损录入　单击系统左侧导航栏"定损平台—人伤定损"，选择列表中的相应案件，单击"定损录入"进入录入界面，输入人员住院期间产生的费用及其他费用信息等，选择业务人员和业务时间（图5-21）。确定无误后，单击"提交"。

图5-21　人伤定损界面

6. 核损平台录入

单击系统左侧导航栏"核损平台"，可选择车辆核损、物损核损和人伤核损，需根据车险案件的具体情况开展对应的核损操作。在对应模块下选择列表中的相应案件，单击"核损录入"进入核损界面，根据车辆维修费用发票、物损发票、住院费用发票分别审查车辆核损信息、物损核损信息和人伤核损信息。综合判定核损结果，在"核损意见"处选择核损结果，选择业务人员和业务时间（图5-22）。确认无误后，单击"提交"。

图 5-22　物损核损界面

7. 理算缮制平台录入

单击系统左侧导航栏"理算缮制平台"，可选择单证收集和理算，单证收集中需根据具体案件情况操作预赔录入、单证录入和支付/垫付录入。

1）对于预赔录入，选择列表中的相应案件，单击"预赔录入"录入预赔信息。在预赔录入中单击"发起申请"，申请预赔金额，选择业务人员和业务时间（图5-23）。确定无误后，单击"提交"。

图 5-23　预赔申请录入界面

2）对于单证收集，选择列表中的相应案件，单击"单证录入"录入单证资料，上传单证照片，选择理算类型，选择业务人员和业务时间（图 5-24）。确定无误后，单击"提交"。

图 5-24　单证收集界面

3）对于支付/垫付录入，选择列表中的相应案件，依次进行人伤、物损、车损 3 个任务的"预赔录入"，输入保险赔偿条款和金额，选择业务人员和业务时间（图 5-25）。确定无误后，单击"提交"。

4）对于理算录入，需单击系统左侧导航栏"理算缮制平台—理算"，选择列表中的相应案件，依次进行人伤、物损、车损 3 个任务的"理算录入"，输入保险赔偿条款和金额。确定无误后，选择业务人员和业务时间，单击"提交"，如图 5-26 所示。

8. 结案归档平台录入

单击系统左侧导航栏"结案归档平台"，可选择核赔和结案。

1）对于核赔，选择列表中的相应案件，依次进行人伤、物损、车损 3 种案件类型的"核赔录入"，输入收款人账户信息，在"核赔审核意见"处选择核赔意见，选择业务人员和业务时间（图 5-27）。确认无误后，单击"提交"。

图 5-25　预赔录入界面

图 5-26　人伤理算录入界面

图 5-27 车险人伤核赔界面

2) 对于车险结案，选择列表中的相应案件，单击"结案录入"，在"结案意见"处输入结案意见，最后选择业务人员和业务时间（图 5-28）。确认无误后，单击"提交"，理赔案件办理完成。

图 5-28 车险结案界面

习 题

1. 什么叫汽车保险？它是如何分类的？

2. 请简述三个基本险的内容。

3. 什么是汽车保险的承保?

4. 车险承保的工作流程是怎样的?

5. 请简述常见的险种的组合方案以及它们各自的优缺点。

6. 25 岁的李小姐,驾龄不足 3 年,经济状况中等,2012 年新买了一辆雅阁轿车,平时喜欢驾车出游。请为李小姐选择一种你认为比较合适的投保方案。

7. 某 5 座家庭自用汽车新车购置价 10 万元,车龄 1 年以下,投保机动车损失保险、机动车第三者责任保险、机动车车上人员责任保险和车身划痕损失险,约定机动车损失保险保险金额为 10 万元,机动车第三者责任保险限额为 10 万元,机动车车上人员责任保险的每座次事故责任限额均为 2 万元,车身划痕损失险保险金额为 1 万元,并对以上险种均约定绝对免赔率特约条款,请你尝试计算保险费。

8. 请简述核保的内容。

9. 请简述批改的内容。

10. 续保时,保户需要提供哪些单据?

11. 车险理赔的含义是什么?

12. 车险理赔的工作流程是怎样的?

13. 查勘定损人员赶赴事故现场开始查勘工作之前需要完成哪些准备工作?

14. 现场查勘的主要内容是什么?

15. 车险定损包括哪些工作内容?

16. 什么是车险理赔?

17. 2013 年 6 月 1 日王先生为爱车投保机动车第三者责任保险(责任限额为 20 万元)及机动车车上人员责任险(按核定载客座位数投保,责任限额为 1 万元/座),并就上述两个险种约定绝对免赔率特约条款。2013 年 12 月 1 日此辆车发生事故,造成第三者车辆损失 1 万元,本车车上人员 2 人受伤,医疗费用分别为 2000 元和 1500 元。经交管部门认定驾驶人在事故中应负全部责任,免赔率为 20%。请问本次事故中第三者受损车辆及本车车上受伤人员分别能获得多少保险赔款?

项目六

汽修厂经营管理

任务一 汽修厂经营闭环管理

📋【任务目标】

能够运用闭环管理知识，对企业经营进行闭环管理调整。

📋【任务理论知识】

闭环管理的基础知识。

📋【建议学时】

1学时。

在自然科学领域，人工控制系统早期基本上属于开环系统，即系统存在着始端对末端的影响和作用，不存在末端对始端的影响和作用。随着科技进步，人们为了改善系统功能，设计并制造了一定的反馈环节（包括正反馈和负反馈），形成了末端对始端的影响和作用，形成了闭环系统。例如，汽车上的汽油电喷发动机控制系统、ABS控制系统等，用的就是闭环控制。

20世纪40年代，维纳的《控制论》发表以后，控制理论逐步得到了应用。控制理论在自然科学领域得到广泛应用的同时，也引入了社会科学领域。

在管理学上，现代化的管理理论强调对流程的控制应该尽量采用闭环管理。先看下面一个汽修管理的开环流程图如图6-1所示。

这样的管理流程图，乍一看好像是对的，但是这样管理没有反馈，管理流程没有闭合。也就是说，后面的环节对前面的环节没有反馈作用。图 6-1 所示的其实是一种开环管理，而项目四中的图 4-1 中的环形结构才是闭环管理。

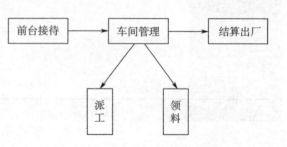

图 6-1　汽修管理的开环流程图

可以简单地从整体和局部两个方面理解"闭环"的含义。从整个流程看来，通过回访、预约和一系列客户关系管理（下文还要详细讲解），使已经维修完毕的汽车的出厂，成为下一次进厂修理的开始，周而复始，生生不息。那么，从局部看，怎样进行某一项工作的闭环管理呢？以维修用料为例，在某些汽修企业，其维修用料管理流程图如图 6-2 所示。

这个流程显然是有问题的，因为仓库并不知道维修某一辆车是否真的需要这些配件，是否应该批准维修工的用料申请，这样就有可能误发、多发或少发，要么耽误生产，要么造成企业损失。仓库管理员就要承担发错料的责任。

有的企业为了避免仓库承担发错料的责任，增加了车间批准这个环节，经过对上述管理流程进行改进，变成流程图如图 6-3 所示。

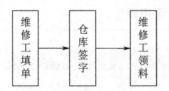

图 6-2　维修用料管理流程图（一）

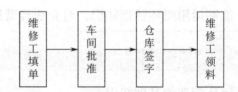

图 6-3　维修用料管理流程图（二）

这样，就把"定料权"从仓库，前移到了车间，似乎能够避免仓库发错料的情况了。但是新的问题又出现了，当维修工向车间主任提出申请的时候，车间主任怎么判断其申请是否合理呢？又怎么知道仓库是否有该材料的库存呢？所以这个管理流程不过是把仓库犯错的可能转嫁到了车间主任身上而已，而且增加了对库存判断失误的可能性。

其实，汽车维修用料的需求来源于客户，就是车主。那么，在汽修厂中，谁与车主接触并了解其需求呢？当然是前台接待员（或者称为服务助理、维修顾问等），所以有的汽修厂把领料管理流程改进，变成如图 6-4 所示。

这样看起来，似乎就合理多了。不过还是有几个问题难以解决：

1）前台难以知道仓库的库存，很可能要重新填写。

2）前台与车间对配件的常用称呼很可能与仓库账面名称不一致，要么重填单，要么出库单与账面名称不一致。

3）在维修过程中出现用料修改、退料，怎么办？

图6-4 维修用料管理流程图（三）

除此之外，还可能产生其他问题。这些问题难以解决，根本原因在于：上述3个管理流程都是开环管理的流程模式。由于缺少闭环的信息反馈和正确性监控，这样的管理流程很容易发生问题。例如配件发错、数量不对、退料责权不明甚至冒领配件情况，都有可能发生。

下面来看一个关于维修领料的闭环管理（图6-5）。相对图6-2～图6-4来说，图6-5表示的含义是截然不同的，其流程讲解如下：

1）服务顾问在前台接待过程中，了解故障，与车主商议，在核实库存的前提下初步定料。

2）车间主任（服务经理）获得前台信息之后，进行确认，并安排维修工到仓库，按照前台与客户达成的共识到仓库申领用料。有的企业的派工是由前台直接派给车间

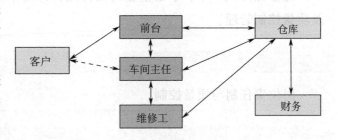

图6-5 维修领料的闭环管理

维修工，无需通过车间主任这个环节，则流程要作相应的改动。

3）维修工去仓库，按照前台与客户达成的共识领料。

4）在修理过程中，如果发现需要增减用料，则由车间负责人反馈到前台，由前台再次与客户达成共识。

5）维修工根据调整过的共识再次领料或者退料。

补充说明：如果制度允许，车间主任（服务经理）也可以直接与客户沟通，直接增减用料，增减的结果必须通知前台、维修工和仓库。

在图6-5中看到的是几个小闭环系统组成的一个大闭环系统，维修用料的过程就被这样一个大闭环系统稳妥而又高效地管理着。

如果汽修厂的有关领料的制度是依据这样的"闭环思路"设计的，配件管理就不容易出错了。

对于这个闭环管理系统，有3点说明如下：

1）图6-5的系统设计是建立在企业拥有计算机管理条件的基础上的，如果没有计算机管理的辅助手段，仅仅依靠手工单据的流转，要达到既严谨又方便的管理效果是比较

困难的。如果培训不到位，执行者可能由于对流程的不理解而产生抵触心理。

2）教学用的管理模拟系统，其维修用料部分是依据该模型设计的，请在实训过程中用心体会（尤其是大型汽修厂的管理）。

3）如果认为有必要设计更为复杂的管理模型来适应要求更高的管理，也可以参考上述思路进行探索。

所以，在汽修厂的管理制度建设中，建议尽量采用闭环管理模式，这样有助于提高管理质量。

任务二　汽修厂经营质量控制

【任务目标】

能够熟知大、中、小型企业岗位特点，并对不同类型企业进行岗位责任制划分以及质量控制管理。

【任务理论知识】

岗位责任制与质量控制。

【建议学时】

1 学时。

质量是企业的生命，质量控制是向客户提供满意服务的前提。在近年的消费者投诉中，汽车维修的服务质量一直是热点之一，原因就在于很多汽修厂的质量控制和保障措施不得力。

一、汽修质量控制的基本条件

1. 设备条件

我国交通运输部颁布的《汽车维修业开业条件》GB/T 16739—2014 中对一类、二类、三类汽车维修企业，都规定了具体的设备条件。为了更好地贯彻和执行《汽车维修业开业条件》，各省市的交通运管部门根据自身地区的特点，制订了具体的落实办法。

如果汽车维修企业都能按照上述开业条件的要求配备维修设备，那么汽修厂的质量控制就有了物质基础。

2. 人员条件

有了合格的设备，还要有合格的使用人员。

对于资金雄厚的大型 4S 服务站和待遇优厚的大型合资企业，人才问题比较容易解决。对于资金比较紧张的中小型企业，好像就没有那么简单了。很多企业主长期为企业的人才状况担忧。其实，中小型汽修厂解决人才瓶颈可以采用以下办法：

1）优化组织，人尽其才。

2）调整制度，奖优罚劣。

3）加强培训，内部提拔。

3. 工艺规范

汽车是很复杂的工业产品，其装配、维修、维护都有一定的技术要求和生产规范。但是，不少汽修企业的技术制度不健全，甚至根本就没有工艺规范的技术文档，也更谈不上工艺规范的管理要求了。小到拧螺母，大到车梁的矫正，都是凭经验（其实是凭感觉）操作，这样的工艺水平，很容易出问题。

有人说，"有不少好车，不是被开坏的，而是被修坏的！"当然，有的企业主可能会说，现在的汽车那么多的品种，我们怎么可能弄懂所有的工艺规范呢？是的，这个问题看起来有点困难，其实还是有解决办法的，可以把常见车型的常用工艺进行整理。至于同类车型或者相似项目，可以在现有工艺的基础上参考相关的技术文件进行。

4. 组织结构

在我国有很多小汽修个体户（俗称路边店）大部分都是夫妻档，老板身兼采购、维修、业务，老板娘身兼仓管员、财务、后勤，最多带上几个小徒弟，人员很少。由于这样的小店在组织结构上极其简单，所以管理起来也很容易，无非就是老板和老板娘多费点心思而已。这样的小路边店，其技术水平和修车质量几乎完全取决于老板本人。

很多这样的小老板，以路边店形式完成第一步的资本积累之后，想扩大企业规模时，却往往感到力不从心。他们发现，原来认为很容易修理的车辆故障，现在却经常出问题。原来根本没有考虑过的方面，突然冒出来很多质量的隐患。

然而最吃力的部分往往不是技术和资金，而是经营管理。其中，质量控制问题是管理问题的一部分。

存在这些问题的原因就在于，个体路边店和正规汽修厂的质量控制办法是不一样的。在以前，老板只需要管好自己就行了，现在却要管理一个团队，这个团队少则十多人，多则数十人，其社会分工的精细程度与小路边店相比，已经不可同日而语了。

在一个具有一定规模的汽车服务企业中，应该有正规的质量保障体系，在这个体系中，各个部门和人员应该承担起与质量有关的质量保障工作和责任。例如，前台在接车时，就应该进行汽车的初步检查；车间维修工在每个项目完工之后应该自检；而总检员则应承担修车完工之后的检验等工作。质量体系中的组织结构是质量控制的基础。

5. 质量控制制度与执行

建立了质量体系的组织结构，还要有一套与之配套的质量控制制度，当然这些制度的效果，最终还是取决于企业的执行力。

一般来说，企业主既然创办了企业，自然希望自己的企业办得红火，也希望能有良好的客户口碑。很多制度在制订之初，大家也很重视，但是"三板斧"过后，很多制度就成了墙上的摆设。其原因有三：

一是，制度制订得不合理。因为很多汽修厂的制度都是仿照现成的文本，不是根据企业自身的情况制订的。

二是，组织结构、人员配备与制度脱节。有些汽修厂的部门设置和人员分工已经调整，但是制度却还是几年前的版本。

三是，与质量相关的奖罚不够严明。有不少企业，受社会上一些不良风气的影响，把创造眼前的经济效益放在第一位，谁赚到的利润多，谁就是功臣，至于质量和客户口碑，虽然口头上很重视，但是往往放在眼前利益之后。

在合理的组织结构之上，制订一套可行的质量控制制度并严格执行，才可能有良好的质量效果。

二、质量控制的工作内容

在汽修厂中，质量控制的工作内容很多，在这里主要讲两个方面：材料质量控制和维修流程质量控制。

1. 材料的质量控制

材料的质量控制包括入库质量控制、库存质量控制和出库质量控制。这里所说的材料，主要是指汽车配件，也包含其他辅助性用料，例如砂纸、手套等。

入库质量控制指的是在采购入库过程中控制材料的质量。入库控制是材料控制中最初也是最重要的部分，其内容包括采购前、采购中和采购后的控制。

采购前的质量控制包括对供应商的调查、样品的采集检测、对采购材料的质量评估等。采购中的质量控制主要内容是对入库材料的检验（全检或者抽检），包括对包装的检验，对外观的检验，对生产日期、有效日期和生产批次的确认，对产品功能、性能和成分的检验等。具体内容可以根据企业的具体制度和采购的材料不同而定。采购后的质量控制主要指的是根据库存质量控制和出库质量控制获得的信息，对采购行为和供应商进行评估和选择。

库存的质量控制指的是在材料的保管过程中，观察并记录其外观和内在质量的变化并作出反馈，还包括对库存材料的定期和不定期检查。

出库的质量控制指的是对材料出库状况的检测、记录和在使用过程中的质量状况的跟踪，包括在维修、检验、出厂后以及返修的情况跟踪。

2. 维修流程的质量控制

汽车维修流程中的质量控制主要通过接车检验、维修过程中检验、试车、总检、回访跟踪和返修管理来进行。

（1）接车检验

1）接车时，向车主询问维修记录并在自己的计算机系统中查询其维修记录。

2）业务接待人员和检验人员负责对送修车辆进行预检，按规范填写有关单据中的检验记录。

3）车辆预检后，根据驾驶人的反映及该车技术档案和维修档案，通过检测或测试、检查，确定基本作业内容，并告知车主。

4）把应该作业的内容进行记录。

（2）维修过程的检验

1）过程检验实行自检、互检和专职检验相结合的"三检"制度。

2）检验内容分为汽车或总成解体，清洗过程中的检验，主要零部件的检验，各总成组装、调试检验。

3）各检验人员根据分工，严格依据检验标准、检验方法认真检验，做好检验记录。

4）经检验不合格的作业项目，需重新作业，不得进入下一道工序。

5）对于新购总成件，必须依据标准检验，杜绝假冒伪劣配件。

6）对于影响安全行车的零部件，尤其要严格控制使用标准。对不符要求的零部件必须进行维修或更换，同时要及时通知前台，并协助前台向车主做好说明工作。

（3）维修总检

1）所有维修的车辆在结算前必须进行总检。

2）在总检之前，各个项目必须完成自检。

3）总检的范围根据维修的分类而定：大修的车辆必须进行全车检查，按照交通运输部的标准执行；普通维护则按照各个车型制造厂的标准进行；小修则按照车间规定进行。

4）总检员必须在检验单上签名，对自己的检验结果负责。

5）对于检验不合格的车辆，一律不得结算出厂。

6）如果车辆出厂以后车主发现有不合格现象，返工责任由检验员与项目维修人承担。

在很多企业中，由于管理的松懈，维修记录制度和完工总检制度形同虚设，这样就不可能从制度上保证车辆的维修质量。

在教学的实训管理软件（大型、中型厂网络版）中，总检设计成一个必要环节，没有经过总检的车辆是不能结算出厂的。这样至少从制度上为修车的质量增加了一道保障。

任务三 汽修厂岗位责任划分管理

【任务目标】

能够根据岗位责任进行角色定义并分配管理权限。

📋 【任务理论知识】

岗位责任制与权限分配。

📋 【建议学时】

1 学时。

一、岗位责任制简介

在现代化管理制度的设计中，定岗定位，责任权利一体化是一个基本要求。在不同类型的企业中，其岗位职责是千差万别的。

例如上文提到的某些路边店"夫妻档"中，其工作岗位只有两个——老板和老板娘，一个主外，一个主内，虽然没有严格的制度来约束，却大都尽心尽责。如果要制订岗位责任制，只能称之为"老板的岗位职责"和"老板娘的岗位职责"。

如果公司达到一定规模后，社会分工开始细化，就必须为团队中的工作人员定岗定位。例如，下面是某个中等规模的汽修厂前台人员的岗位职责。

某中型汽修厂前台接待员职责

- 遵守公司各项规章制度，接受顾客监督。
- 热情接待用户，用户报修必须跟车检查，登记车辆进厂技术状况和装备情况，记好行驶里程，油箱储量。
- 办理交接手续，明确责任，避免交接不清而造成纠纷。
- 根据鉴定结果，确定维修方案，给维修项目进行核价，下达任务委托书（暂时无法核价的项目，要预先告知用户拆检可能发生的费用）。
- 参与车辆的过程检验和竣工检验。
- 负责车辆竣工结算，竣工结算必须有主修技工签名，车间检验合格签章后开出发票，并引导客户到财务室交费。
- 做好"三包索赔"和售前、售后服务工作，全心全意为用户排忧解难，完成当天的索赔填报。
- 每月按时发出索赔单和旧件，负责催收索赔款。
- 监督旧件入库，进行旧件统计。
- 在接车过程中，严格遵守车辆路试路线行驶规定。
- 如果工作失误，接受经济罚款和经济赔偿。

下面，再来看看某汽车 4S 站为前台工作人员制订的岗位标准。

某 4S 站前台接待员职责

1. 岗位名称：服务顾问
2. 直接上级：服务经理
3. 直接下属：机/电技工、油漆技工、钣金技工
4. 职责与权限
   4.1　引导、受理用户预约；
   4.2　负责维修车辆用户的接待工作；
   4.3　负责用户车辆的故障诊断，与用户达成服务合同（委托书）；
   4.4　负责车辆维修后的电话服务跟踪；
   4.5　负责索赔技术鉴定；
   4.6　向维修技师传达用户的想法，描述车辆的故障，分配维修工作任务；
   4.7　负责交车工作，解释维修内容；
   4.8　负责建立、完善用户档案。
5. 素质要求
   5.1　具有大专以上文化程度，汽车专业或汽车维修专业毕业；
   5.2　有较丰富的汽车维修经验；
   5.3　能够准确地判断故障原因，并能准确估算维修价格及维修时间；
   5.4　具有管理经验，具有较强的语言表达能力、组织协调能力；
   5.5　能熟练地操作计算机；
   5.6　熟悉汽车驾驶，有驾驶执照。

这两份制度都来源于真实的记录，由于每个公司都有自己的分工和管理办法，在此不对上述岗位职责的制订优劣进行评论。但是可以清晰地看到：不同企业中的管理者，对看起来相似的岗位，可能会有截然不同的理解和描述。

二、岗位责任制的模拟实训

在实训所用教学模拟实训系统中，充分地体现了"岗位责任制"这一管理思想，为了方便各个不同的企业根据自己的制度灵活地进行调整，模拟系统中提供了灵活的权限分配功能。

在进行下述实习练习中，请仔细体会岗位责任制的含义。

1. 系统维护中的操作员权限设置模块

操作员权限是指由系统管理员定义的、本系统的每个操作员的可操作功能。在系统

维护中单击 （操作员）按钮，弹出用户管理界面（图 6-6）。在界面中单击 增加用户 N（增加用户）按钮，弹出增加用户界面（图 6-7）。在用户代码、用户名称等栏目填写相应信息。单击 应用 Y （应用）完成操作员的建立。

图 6-6　用户管理　　　　　　　　　　　　　图 6-7　增加用户

操作员建立完成之后，选中需要定义权限的操作员，然后单击 用户权限 S （用户权限）按钮，根据需要定义该操作员的功能权限（图 6-8）。

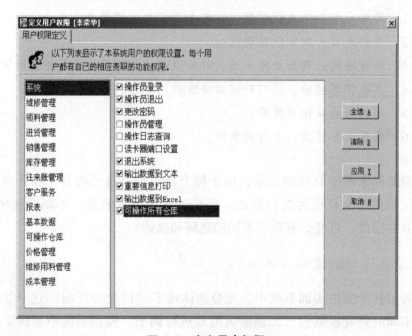

图 6-8　定义用户权限

2. 基本数据模块中的员工信息——角色定义子模块

角色定义的作用是为职员分配在业务中的角色。

需要说明的是，角色定义和权限分配是有区别的。权限分配是规定操作员可以操作的功能；角色定义则是规定业务的经手人角色，即经手人栏目中可能出现的职员姓名。

举例说明：职员李荣华，职务是会计。"李荣华"这个名字既会出现在系统维护的权限定义中，也会出现在员工信息的角色定义中。作为会计，在权限定义中往往可以查询绝大部分业务，但是却很少直接进行业务，例如李荣华应该有入库查询权限，却不能拥有采购入库的权限。同理，他还应该拥有销售查询、维修领料查询等权限，却不能拥有销售产品、维修领料的权限。因为会计基本上不直接经手业务，在图6-9"员工角色定义"界面中，李荣华最多只能拥有

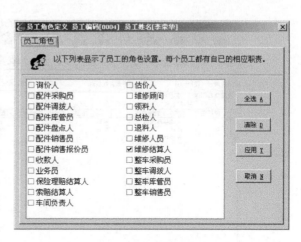

图6-9 员工角色定义

"维修结算人"这一角色，也就是说，除了结算单的"结算人"栏目之外，其他单据的经手人下拉框中，都不会出现"李荣华"这一选项。

在员工信息列表中选择员工李荣华，他的角色定义（图6-10）。

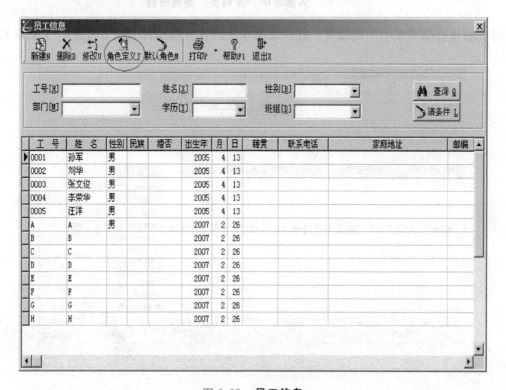

图6-10 员工信息

此时李荣华虽然可以进行入库单查询，但是入库单中的"采购员"角色限制为"孙军、刘华、张文俊"3人，其中并没有李荣华（图6-11）。

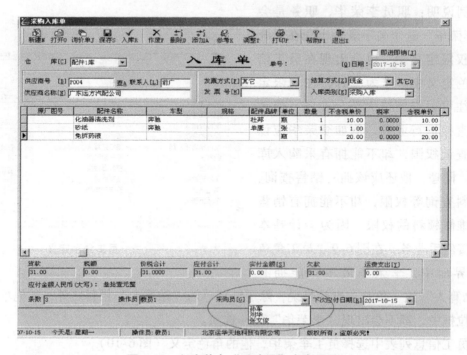

图6-11　入库单中"采购员"角色限制

再查看维修结算单中的结算员，此时李荣华出现在维修结算人的下拉框中（图6-12）。

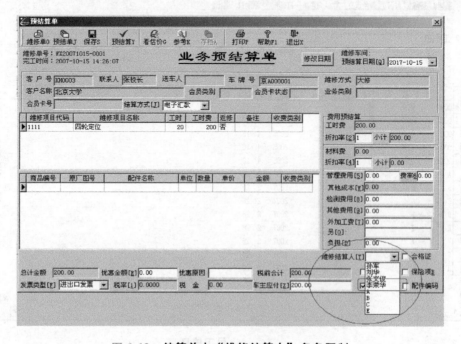

图6-12　结算单中"维修结算人"角色限制

任务四　汽修厂客户关系管理

📋【任务目标】

能够利用相关软件进行客户档案管理、会员折扣积分管理、跟踪回访维持客户关系的操作。

📋【任务理论知识】

客户资料管理的内容、会员折扣和积分方法、跟踪回访的做法和意义。

📋【建议学时】

2 学时。

通常来说，客户总是倾向于选择商品和服务性价比最高的商家。那么，如何吸引新客户、留住老客户？如何提升客户的满意度？这些问题越来越被厂商关注。随着市场经济的不断发展，客户关系管理（CRM）已经成为我国厂商经营管理的重要内容。

一、客户档案管理

客户档案管理包括两个内容，一是客户基本资料的管理，二是客户业务资料的管理。

1. 客户基本资料的管理

客户基本资料的管理包括客户基本资料的获取、整理、录入、保存、更新、取用、应急处理等。对于不同的企业来说，对客户基本资料内容的要求各不相同，应该根据需要制订有关的规章制度细则，当然这些制度一般来说大同小异。在汽车商务领域，常把客户的资料分为4个部分：

1）车辆的基本信息：车牌号、VIN、发动机号、车架号（底盘号）、钥匙号、出厂日期、首保日期、车型、车型分类等。

2）车辆的扩展信息：购买日期、档案登记日期、保险公司名称、保险联系人、续保日期、下次应维护日期、上次业务日期、行驶证年检日期、养路费缴纳日期等。

3）车主的基本信息：姓名、性别、出生日期、身份证号码、住址、邮政编码、联系电话、手机号码等。

4）车主的扩展信息：车主的电子信箱、即时通信号码、车主的其他联系人、开户银行、开户账号、税号、所在地区、类别等。

需要说明的是，车型的分类和客户的分类都有很多种分类办法，例如可以按照年龄分类、可以按照地区分类、可以按照车辆用途分类、可以按照客户来源分类、可以按照业务大小分类，甚至还有的企业要求记录客户的兴趣爱好等，不胜枚举。

2. 客户业务资料的管理

客户业务资料的管理包括客户的来访记录、购车记录、购买精品记录、购买配件记录、修车记录、维护记录、跟踪回访记录、投诉记录等。业务资料的管理分为人工管理和管理系统管理两种。

业务资料管理，听起来没有什么太大难度，但是在人工管理的时代，资料的整理和查询可是一种繁重的劳动，既耗费脑力，也耗费体力。所以采用管理系统管理客户资料是现代企业管理的必然选择。

资料的管理工作难就难在分门别类地存放和查找，上文讲过，客户的分类方法不胜枚举，如果遇到行事随意的领导，或者在一个规章不清晰的企业，信息员和统计员的工作量和难度都是非常大的。要么只能按照几种固定的方式进行查询统计，要么就得经常加班，应付随意性很强的查询统计要求。

现在，绝大多数有一定规模的汽车商务和服务企业都使用管理系统。所以客户业务资料的基本查询和统计一般都能轻松解决。难点在于实际工作中需要的一些特殊的查询统计。

例如，客服部门想知道：在过去的 7 个月中，哪些客户在前 5 个月来过，而后 2 个月没有来过？这些快要流失的客户中，哪些人的生日快到了？哪些车该维护了？是否要问候或提醒一下？在过去的 8 个月中，××银行的 100 辆汽车中，在×××保险公司投保的那 60 辆车，来修了多少辆次？自费和保险金额分别是多少？

类似这样的多条件复杂组合查询统计，如果没有好的管理系统是很费周折的。在这种情况下，建议把资料导出到 excel 表格中进行半人工半自动的筛选查询；如果采用的管理系统功能足够强大，就方便很多。

二、会员折扣管理

吸引到客户之后，商家需要持续的努力才能够长期留住客户。会员制度就是留住老客户的常用办法之一，也是客户关系管理的一种有效手段。一套完善的会员制度是与客户建立良好关系的纽带与桥梁。会员制度的管理内容很多，下面首先介绍一下会员制度中的重点知识之一的会员折扣制度。

折扣就是厂商在向客户提供商品或者服务时，在普通定价的基础上，以一定的优惠价格收取费用。会员折扣就是为客户建立会员档案，然后为会员客户提供比普通客户优惠的消费折扣。在维修管理中，折扣可以使用在维修项目和维修用料两个方面。例如在维修厂中，维修项目的工时费折扣优惠措施就会使客户感觉到实惠，从而增加客户对修理厂的好感，留住客户。有的汽修厂会对配件的价格进行优惠，也有的采取工时、配件双优惠。

因为维修工时费和配件费的性质有所不同，因此，在一般的修理厂会将维修工时费和配件折扣分开，即一单业务中会有两个折扣率。不同级别的客户享受的双折扣率会有所不同，客户级别的划分也就成为会员制度一个重要内容。一般来说，级别越高的会员，得到修理厂优惠的折扣越多。

下面通过举例来说：

首先，要规定会员等级。在基础信息中的会员类别中，单击 [新建N]（新建），填写会员等级，如一星会员、金卡会员等。新建会员等级时，需要填写两个折扣率，一个是工时折扣率，一个是配件折扣率。工时折扣率是指在结算的时候为所有自费项目的工时优惠的折扣，计算方法是：

客户应付工时费＝工时费×工时折扣率

材料折扣率是指在结算的时候为所有自费的材料进行的优惠折扣，计算方法是：

客户应付材料费＝材料费×材料折扣率

其次，会员等级规定好以后，就要建立会员档案了。一般修理厂的会员是以车辆为基本单位的，也就是俗称的"一车一卡"，而不是"一人一卡"。因为有的客户可能拥有多辆汽车，采取"一车一卡"制度更加合适，对于客户来说也会方便实惠一些。

如图6-13所示，在"客户服务"的"会员管理"界面中建立新的会员，单击界面中的 [新建N]（新建）按钮，弹出会员资料管理界面（图6-14），输入会员卡号、入会时间、签约时间、到期时间、会员类别、状态和会费等信息，作为会员的基础信息，然后通过 查[A]（查）按钮选择车辆作为会员卡客户。所有信息登记完毕后，就可以进行 [保存S]（保存）了。

图6-13　会员档案管理

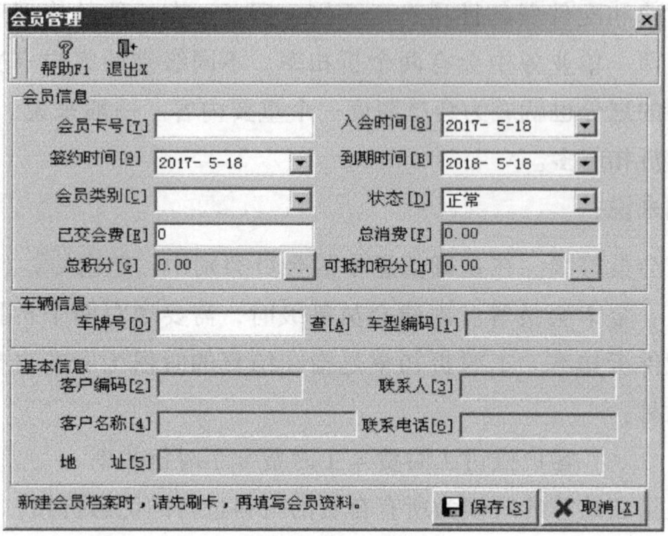

图 6-14 会员资料管理

会员登记完毕后，可以通过会员档案管理中的"修改"功能修改会员信息。除了会员卡号不能修改以外，所有的信息都可以修改，包括客户信息。例如，如果想修改客户的会员类别，那么首先选择需要修改的会员，然后单击界面中的"类别"调整，选择其他会员类别。

会员信息建立好后，当会员来店维修时，计算机系统会自动识别会员的身份并调用相应的折扣率，在结算时会自动为会员打折。例如在前台接待会员时，输入（或者通过读卡器自动识别）会员的会员卡号，系统就会将该客户的基础信息调出来。在正常结算时，可以看到系统会为会员的维修项目和维修用料分别进行折扣优惠（图6-15）。

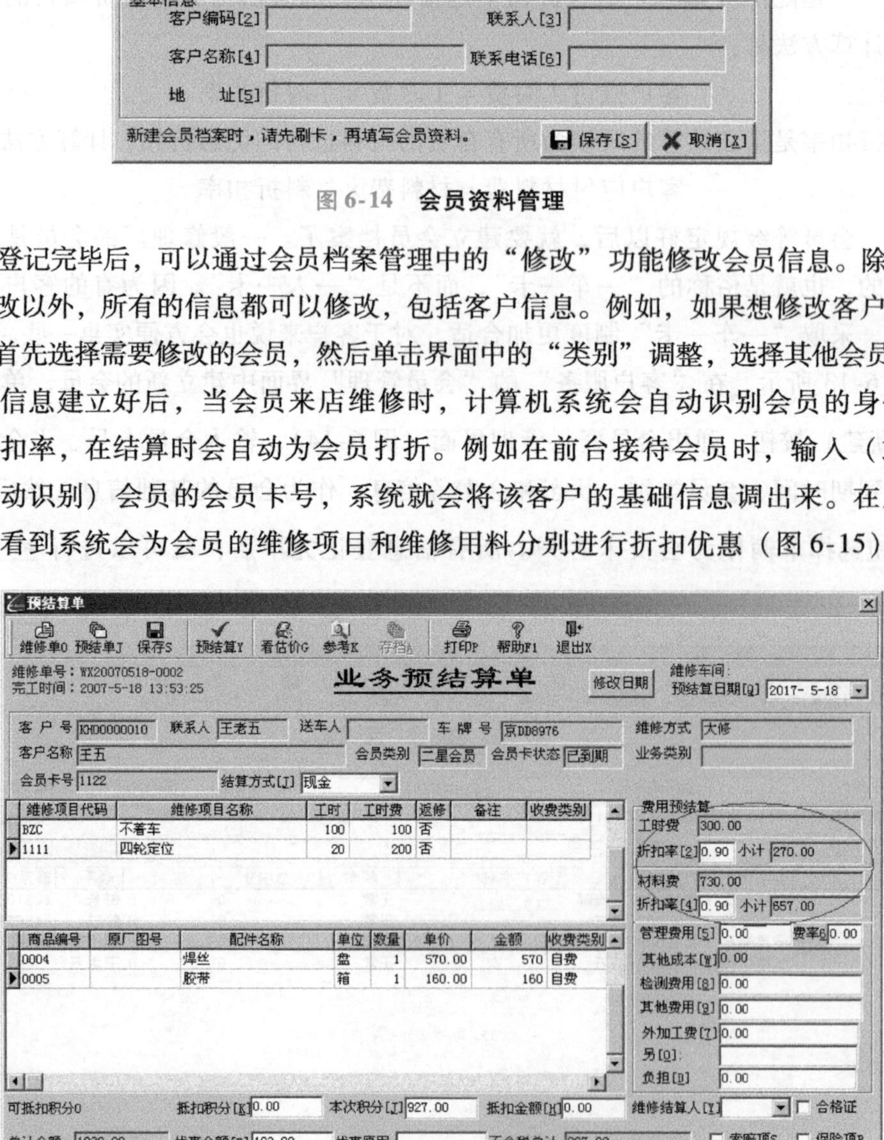

图 6-15 会员业务预结算

三、会员积分管理

下面介绍会员制度中的另一个重点——会员积分制度。

如上文所述，会员折扣制度可以让会员每次来店都可以立即享受到优厚的待遇。而会员积分制度则是让会员通过消费积累积分，享受长远的优惠待遇。其方法是为会员建立消费积分制度，当积分累积到一定程度的时候，可以把积分用于交换礼品，或者获得某种折扣优惠等。

会员积分制度与会员折扣制度相辅相成，成为汽修厂最常用的会员优惠方法。

积分回报是会员制度的一种典型方式之一。通过积分可以促进客户消费，客户如果要积累更多的积分，就要不断地进行消费，商家和客户通过积分纽带达到双赢的结果。

通常，商家会根据积分给会员一定的回馈，或者为会员提供增值服务，或者向会员发放礼品，激发客户的持久的消费积极性。当然，伴随这些回馈，通常要进行积分的扣减。

在不同的企业和行业，会员积分制度各有不同。在汽车服务企业中，采取的积分制度通常比较简单易懂，以便操作者和客户都容易领会。例如，最常见的会员积分制度如下：

$$本次消费积分 = 自费金额 \times 自费积分率 +$$
$$索赔金额 \times 索赔积分率 +$$
$$保险金额 \times 保险积分率 +$$
$$免费金额 \times 免费积分率$$

从这个公式中，可以看到客户在修理厂修理车辆所进行的消费，无论是何种收费类别方式，都可以进行积分。

例如，A 修理厂只对客户产生的自费金额进行积分，自费积分率为 100%，索赔积分率、保险积分率、免费积分率都为 0%。某会员来修理车辆，自费金额 100 元，索赔金额 5 元，保险理赔金额 300 元，免费金额 0 元。那么这个客户的本次消费积分为：100 × 100% + 5 × 0% + 300 × 0% + 0 × 0% = 100（分）。与前次客户积分进行累加便得到了当前积分数。

积分制度建立好后，就应该考虑到积分的用途。积分的用途一般有两种：一个是会员阶梯制度，即根据积分确定会员的阶梯等级；一个是"积分抵金"制度，即会员可以用积分冲抵下次消费时的部分应付款项，或者通过扣减积分换取商家提供的礼品。

下面通过程序来讲解一下有关积分制度的计算机管理。积分管理中，首先需要制订积分制度，即建立一个固定的积分公式，在系统维护中的系统设置中可以看到（图 6-16）。假设将积分公式定义为：自费额 × 100% + 索赔额 × 0% + 保险额 × 0% + 免费额 × 0%。

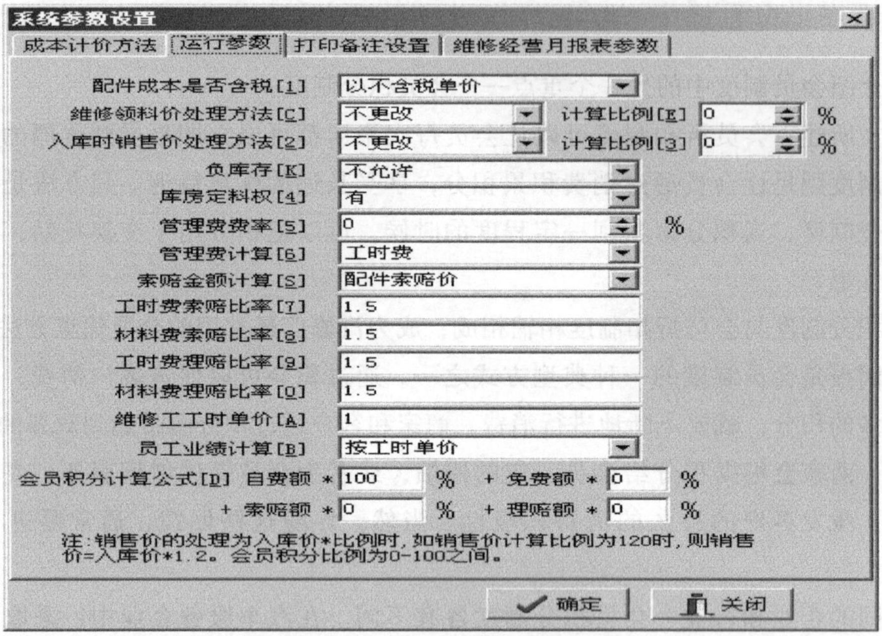

图 6-16 系统参数设置

当会员积分制度建立后，就可以对会员进行积分计算了。会员来店消费时，可以通过他的会员卡号调出会员的基本信息，在结算单中会看到，对于会员客户，计算机都会在界面中列出会员积分的内容。

图 6-17 所示界面中显示了本次客户自费消费金额为 322.60 元，折后价格为 290.34 元，根据积分公式，得出本次积分为 290.34 分。客户可以用积分兑换商品，也可以用积分抵扣部分应付款项，只需在结算单中填写相应的内容和数字即可。结算完毕，本次的客户消费积分就自动由系统计算并累加了。对于配件销售的积分，与维修业务类似，不再重复介绍。

下面介绍会员积分的查询和管理。

在"客户服务"中的"会员积分管理"界面（图 6-18）中，会列出所有的会员与每位会员的总积分情况。如果想查看某位会员的积分明细，首先选中该会员，然后单击界面中的 积分明细 （积分明细）按钮，弹出会员积分明细界面（图 6-19）；还可以通过界面中的 业务明细 （业务明细）按钮来查看每笔业务的详细情况以及每次积分是如何产生的。

在有些会员积分管理制度中，需要进行人工调整，例如，会员扣减积分以换取礼品、积分到期清零和重新统计等。

调整时，在会员管理界面单击 调整积分 （调整积分）按钮，在"积分调整"界面中进行相应的整理（图 6-20）。在"积分调整"界面中，主要包括"总积分"的调整和"可抵扣积分"的调整。原则上，调整后可抵扣积分的分值不能够大于总积分值。

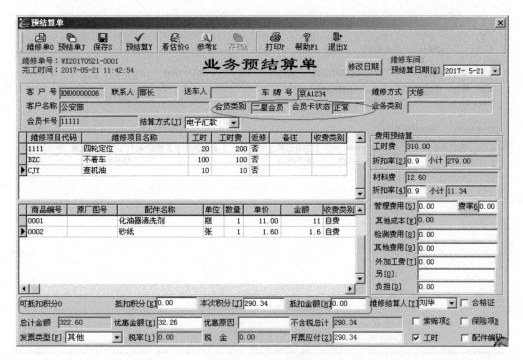

图 6-17 会员积分

图 6-18 会员积分管理

调整积分时，为了会员积分的批量调整工作方便快捷，此系统采用了统一调整与单独调整相结合的方法，在积分调整单中单击 ![调整T] （调整）按钮，会弹出"积分调整"的界面（图 6-21），只需按照图示操作就可以了。

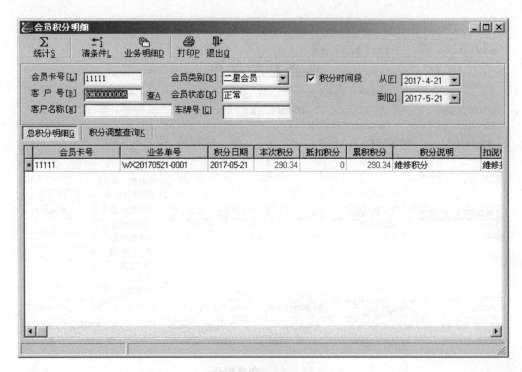

图 6-19　会员积分明细

图 6-20　会员积分调整

汽修厂的会员积分制度不要太复杂，要简单易懂，而且在设计过程中要谨慎从事，一旦确定就不要轻易改动，以免让客户感觉疑惑。

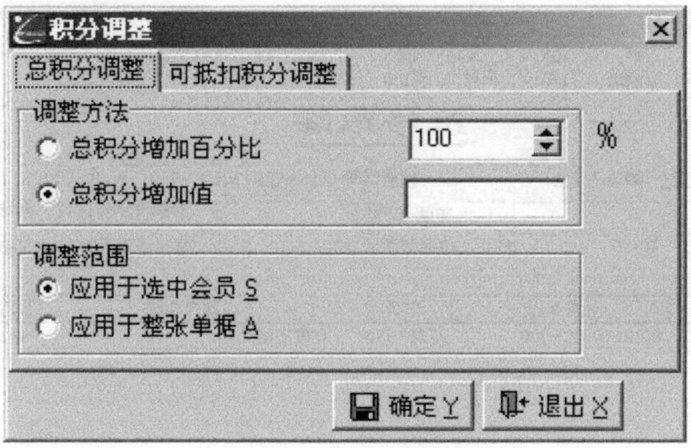

图 6-21　积分批量调整

四、跟踪回访

客户回访

汽车维修企业的客户关系管理中，有必不可少的一项内容——维修后的跟踪回访，维修跟踪是直接影响客户对维修企业的好感度的重要因素。维修跟踪的目的是了解客户在修车过程中与修车后对本企业各种服务的评价、意见与建议，并对可能存在的问题进行处理。

客户的反馈信息对修理厂纠正自己的问题、改善自己的服务、完善自己的管理都起着重要的作用。一个好的修理厂，只有不断地了解客户所想、满足客户所需，才能提升修理厂在客户心目中的形象，更好地为客户服务。

维修跟踪包括跟踪记录、投诉记录、客户维修满意度统计和投诉处理满意度统计。跟踪记录是修理厂在客户维修结束后一定天数内（通常小修 3~5 天，大修 2~4 周），主动联系客户，询问客户的评价、意见与建议。同时，对客户提出的问题进行解决，反馈给客户并记录处理结果。投诉记录是指对客户投诉的各种问题进行的投诉记录。然后与相关部门讨论，找到问题并解决。客户维修满意度统计是指在某时间段内，对维修跟踪过程中的客户总体评价进行打分，然后根据分数值进行的统计。投诉处理满意度统计是指在某时间段内，对客户投诉处理过程中的反馈结果进行打分，然后根据分数值进行的统计。

客户服务部门应该妥善处理跟踪回访和投诉解决。建立良好的客户服务关系对修理厂获得客户忠诚度是十分重要的。

在管理系统中，如何进行维修跟踪呢？在主菜单的"客户服务"中，打开维修跟踪界面（图 6-22），在这个界面中可以添加维修跟踪记录、投诉记录及处理结果。这个界面分为 3 个部分，上部是功能键和筛选条件，中部是维修记录，下部是处理记录（包括跟踪、回访、投诉解决等）。

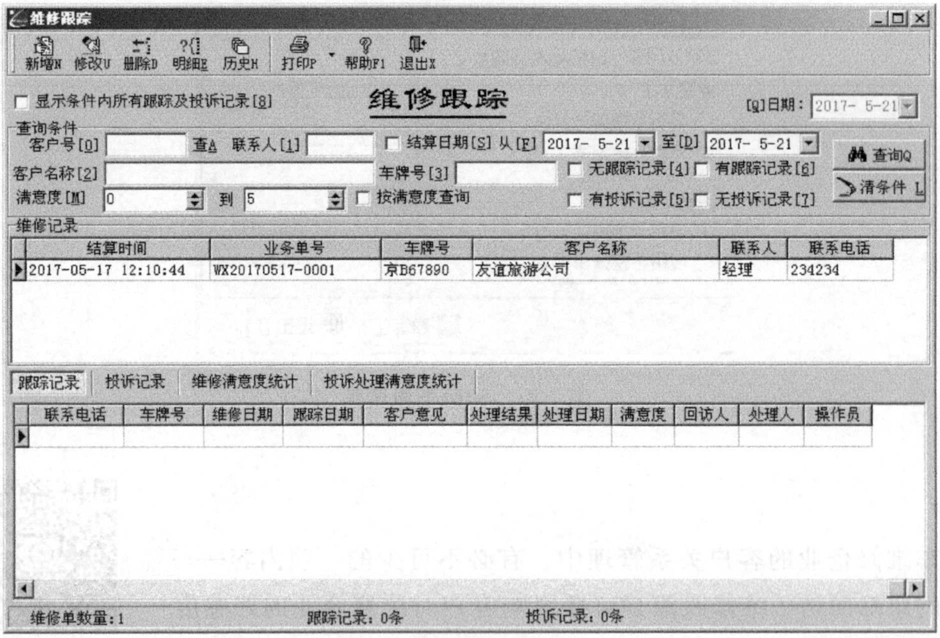

图 6-22 维修跟踪

建立跟踪记录的操作：首先选择需要跟踪的维修单，再单击"跟踪记录"，然后单击上部的"新增"按钮（或者右键单击跟踪记录表，在弹出的快捷菜单中选择"新增"一项），此时会弹出维修跟踪记录单（图 6-23），在这个界面中填写跟踪的客户意见及建议。如果当时可以处理的，写明处理结果，并记录客户的满意度（1～5分），最后记录跟踪人及处理人。

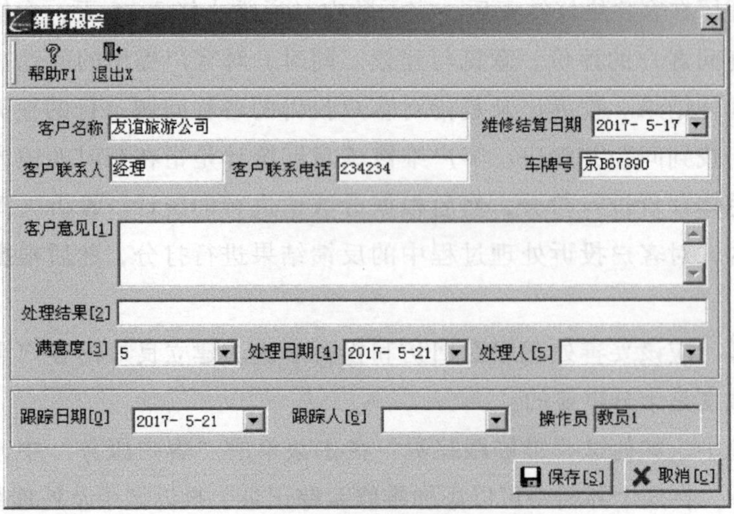

图 6-23 新建维修跟踪记录单

如果客户的意见或者建议当时无法处理，应该详细记录情况，然后登记跟踪人，并及时讨论处理，处理后登记客户的意见以及满意度。

投诉处理记录的新增、修改与保存，与维修跟踪记录相似，如图6-24所示，不再赘述。

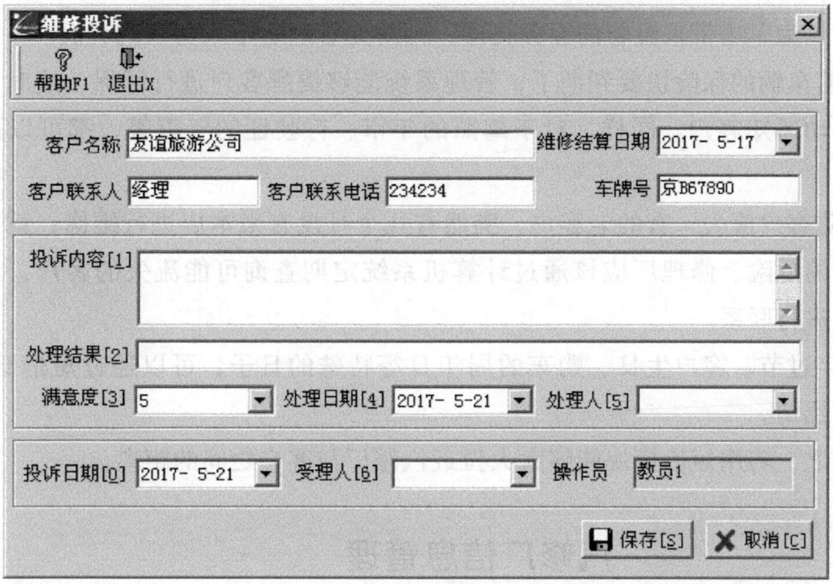

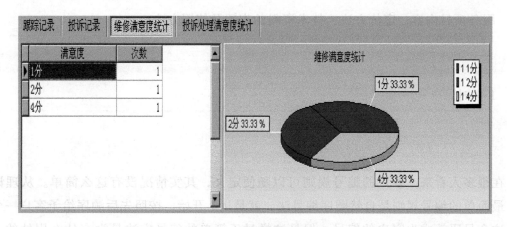

图6-24　新建维修投诉记录单

在维修跟踪记录以及投诉处理记录登记完毕之后，就可以对维修跟踪和投诉处理进行满意度统计了。在图6-22的界面上部选定条件，再选定"维修满意度统计"或者"投诉处理满意度统计"，单击"查询"按钮，此时，会看到系统已经将客户的满意度以饼图的方式显示出来了（图6-25）。

图6-25　维修满意度统计

五、用短信群发联系客户

手机短信群发是客户关系管理的常用手段，也是 CRM 管理系统的重要模块。下面举例说明手机短信的用处：

1）如果管理系统能够自动预测出车辆的下次维护时间，修理厂就可以用短信通知客户来店维护，为车主带来温馨的服务提醒，同时为管理者带来持久的利润。

2）有的车辆的保险快要到期了，管理系统能够提醒客户进行续保，这时可以用手机短信群发自动通知客户。同样，对于驾照的年审、行驶证的年审等，都可以用短信群发功能。

3）预防客户流失：有的老客户，突然有几个月没有来本店进行维修，就要警惕这个客户有流失的危险。修理厂应该通过计算机系统定期查询可能流失的客户，然后使用手机短信群发进行联系。

4）逢年过节、客户生日、购车的周年日等特殊的日子，可以通过短信给客户祝福，增进客户的感情。

总而言之，巧用短信模块能够大大拉近汽修厂与客户之间的距离。

任务五　汽修厂信息管理

📋【任务目标】

学习汽车维修服务项目的编码规则、定价、技术资料的查询及使用方法，能够进行企业信息编号管理、价格管理、技术资料管理等工作。

📋【任务理论知识】

服务项目内容、定价方法、技术资料的查阅及使用方法。

📋【建议学时】

1 学时。

一、客户自编号的常用办法

在很多人看来，客户的编号规则可以随便定义，其实情况没有这么简单。从理论上说，最简单的编号规则是自然顺序编号法，就是从 1 开始，按照先后顺序给予客户一个号码，这个号码就成为客户的编号。但是这样过于简单的编号方法是没有什么用处的，因为这样编号不具有任何实际意义。如同给汽车配件和服务项目的编号一样，对车主（客户）的编号也是要有一定规则的。下面介绍一些常用的客户编号方法。

1. 地区编号法

这个方法是把服务对象按照其所在地区进行划分，再按照每个地区进行编号的方法。此方法适用于服务对象的地区分布比较广的企业。

以在北京的某4S站为例，车型比较单一，其顾客却分布在各个区县，那么其客户分类法就采用各个区县的缩写作为前缀，有 HD（海淀区）、CY（朝阳区）、XC（西城区）、DC（东城区）等，然后在每个序列下按照车主的登记顺序编号，例如从 HD0000001 到 HD9999999。

这样编号的优点一是客户的地区分类一目了然，在此基础之上可以按照地区对客户进行服务统计分析，改进企业的经营战略；二是由于客户地区是相对固定的，因此这样的分类方法更加稳定；三是，这样分类方法不需要太多的专业知识，即便企业人员变动，新来的人员也很容易上手。其缺点是，现在人员的流动性越来越大，尤其在经济发展较快的地区人员的迁徙比较频繁，会给这样的分类方法造成困难。

2. 车系车型编号法

这个方法是把服务对象按照车系分类，例如 TYT（丰田）、GM（美国通用）、VW（德国大众）和 HD（韩国现代）等，在每个车系下按照客户的登记顺序进行编号。

这样的方法适合于服务车型比较庞杂的综合性汽修厂。需要注意的是，既可以按照车系分类，也可以按照品牌车型分类。例如，可以把 VW（大众）分解成为 STN（桑塔纳）、JD（捷达）、BR（宝来）和 PL（保罗）等。按照品牌分类就比车系更加细致了。当然，工作量的大小与细分程度有关。

其优点非常明显，就是可以很方便地看出服务对象的车的档次品种，确定对其服务对策。其缺点是由于各个车系车型分类非常复杂（例如，在大众车的原产地德国，宝来"BORA"和捷达"JETTA"就已经合并成为一个品牌了），如果要对车系车型进行详尽而又周全的分类，需要一定的专业知识，而且涉及对各个车系品牌的缩写问题，需要一定的制度和文档规定。

3. 车辆用途分类法

这个方法是把服务对象的车辆按照其用途分类，例如 GW（公务车）、YY（营运车）、SJ（私家车）、QY（企业用车）和 SY（商业用途车，如用于租赁的车辆）等，在每个系列下再按照客户的登记顺序进行编号。这样的方法适合于服务对象比较复杂的综合性汽修厂。

这种方法的优点之一是汽修企业可以针对不同类型的车辆，制订不同的服务政策；优点之二是这样的客户分类方法虽然有一定随意性，但是还算比较固定，规则易懂。其缺点是，由于有些客户群本身就比较多样化，造成这样的分类不够具体，例如私家车，这个类别的客户群就非常庞大，应该进一步细分。

4. 车主身份分类法

这种分类法是根据车主的身份对客户进行分类。例如分为 ZFBM （政府部门）、SYDW （事业单位）、GYDW （国营单位）、HZQY （合资企业）、GTQY （个体企业）、SBZ （上班族） 和 NXBL （女性白领） 等。

这种方法的优点是企业完全可以根据自己对客户群的理解和管理方法进行分类。这种方法的缺点是随意性比较强，如果企业没有成文的固定分类方式，或者分类方式不够明确，操作过程中容易出问题。

以上分类方法是在实践中常见的客户编号方法，但是这些方法并不是一成不变的，企业可以根据自身的特点设计符合自己需要的编号办法；也可以对上述方法进行组合使用。

二、服务项目自编号的常用办法

在一个正规的汽车维修企业的管理体系中，服务项目需要进行自编号，这是管理的基础。这里说的服务项目包括例行维护、检测维修、快修美容和汽车装饰等售后服务项目。这些服务项目，尤其是维修项目，在原厂 （整车生产制造厂） 都有统一的编码，但是为了企业的管理方便，要对服务项目进行自己的编号。其中的道理和配件需要自编号一样。

服务项目的编号方法常见的有：

1. 自然顺序法

这是最简单的编号规则。就是从 1 （或者 0001、000001 等） 开始，按照先后顺序给每个服务项目编一个号码，这个号码就成为该项目的编号。这个方法很简单，最大的优点是可以由管理系统自动生成，无需人工操作，也不会编错号码。但是这种方法却有很严重的缺点是该编号不具有任何实际意义，对管理工作的帮助不大。这样过于简单的编号规则不推荐采用。

2. 分类顺序法

这种编号方法是在自然顺序法的编号规则上改进而来的，就是把服务项目分类，然后对每一类按照顺序进行编号。这样，服务项目编号就分为两段，前一段表示项目的类别，后一段表示项目的序号。其中，对项目类别的分类方法有：

1）按照维修项目的工种分类，分为钣金 （BJ）、喷涂 （PT）、机修 （JX）、电器 （DQ）、维护 （WH）、美容 （MR） 和装饰 （ZS） 等。

2）按照服务项目的系统分类，分为发动机、变速器、空调、底盘、车身、内饰和外观等。

3）按照承担项目的车间分类，分为检测、钣金、电子、调漆等，或者一车间、二车间等。

分类的方法很多，企业可以根据自身需要采用。这种方法的优点是服务项目类别一目了然，而且还可以在大的类别之下细分子类别，层层细分，结构严谨。其缺点是在制订编号规则之前，必须对整个服务项目的分类体系非常清楚，所以对服务项目编号规则的制订者要求非常高。

3. 车型分类法

这种编号方法是按照对象车系和车型，对服务项目进行分类，然后在各个车系车型中细分子类别并编制项目序号。

这样编号的优点是由于各个车系车型的服务项目的服务内容和收费标准各不相同，本方法可以更加精确地管理收费标准。例如，同样是例行维护，更换机油三滤等，宝马和夏利的收费标准显然不一样；缺点是如果企业维修的车型较多时，编号规则的制订比较复杂。

这些方法是当今比较常见的汽车服务项目自编号规则，当然，有的企业编号规则比较复杂，是把上述方法组合起来使用，使之既精确又方便。各个企业可以结合本身情况制订适用的规则。

三、服务项目的定价常用办法

如果是单一品牌的特约服务企业（特约维修站或者 4S 站），其服务项目的收费标准大多数都由原厂（整车制造厂）规定好了，只需给一些附加的项目制订价格标准。但是，对于广大的非特约服务企业，情况就没有那么简单了。其复杂的原因主要有 3 个：车型众多、项目众多和客户群复杂。例如：同样是烤漆，高档车和普通车的收费标准可能相差数倍甚至数十倍之多。那么，如果简单的为"烤漆"的价格进行定价，就很难适应多车型的服务管理。

对于一般的汽修厂，常用的服务项目似乎不过几百种而已，制订价格体系似乎没有什么难度。其实不然，因为非常用项目的数量是常用项目的好几倍甚至几十倍还多，如果想要事前对所有项目进行标准价格的制订，是一项难度非常大的工作。即使是特定品牌的特约服务企业，原厂给定的收费标准也只包括日常维护维修，更换易损部件等，并不包括复杂的诊断、综合的检测以及疑难杂症的解决等。

客户群的复杂给服务项目的定价带来困难，例如有的车属于私家车，车主非常在意价格，哪怕细微的差别都可能导致客户的不满；有的车属于政府部门，其修理价格属于政府招标，统一定价；有的车属于大型企业或者事业单位，宁愿多花一点钱，但求质量保证。

所以一个大中型规模的汽车服务企业，面对上述复杂的情况，要把价格体系完全规范实非易事。在此仅介绍两种常用方法。

1. 标价参考法

对于客户群不太复杂的维修厂，常见的方法之一是标价参考法。其做法分为 3 个

步骤:

1) 选定本厂最常见的一种车型。

2) 把该车型的常用服务项目收费标准罗列出来,制成常用项目价格表。

3) 参考常用服务项目价格表,制订非常用项目和其他车型的服务项目的价格调整办法。

这种办法的优点是比较简单,制度比较容易制订;缺点是收费标准的弹性过大,对执行者(前台接车人员,又称服务顾问)要求很高。

2. 工时定价法

如果服务对象的车型比较复杂,最常见的定价方法之一是工时计价法,其做法分为 6 个步骤:

1) 分析本厂客户群最多的几个车型,在每个档次中选择代表车型。例如把本厂的服务对象车型分为高中低 3 个档次,高档车以奥迪 A6L—2.4 为代表,中档车以桑塔纳 3000 为代表,低档车以夏利 7101 为代表。

2) 列出这 3 个档次的代表车型的常见维修项目(最好能够找到这 3 种代表车型的原厂资料),对内容相似的项目进行统一命名,研究其价格差异的规律。对于不同车型的同样的服务项目,虽然价格相差很大,但是可能耗费的工作时间却差异不大。所以要对这些常见项目的工时数(也就是平均必要劳动时间)进行规定。

3) 研究经过重新命名和工时整理的项目列表和 3 个档次的代表车型的原厂收费标准,再对高中低 3 个档次的车进行工时费率的制订。

例如,某维护项目平均花费时间为 2 个小时,则工时数为 2。假设高中低 3 个档次的车,按照标准价格分别是 1000 元、300 元、100 元,则把高中低 3 个档次的收费标准分别定为 500 元/工时、150 元/工时、50 元/工时。

4) 经过多个典型项目的计算和调整,对服务的车型档次进行细分,最终确定工时费率的收费标准表。

5) 根据工时费率表制订服务项目收费标准总表。

6) 在总表的基础上,对特殊的项目按照不同车的档次进行工时微调。

至此,服务项目价格表算是基本成形了。需要指出的是,这个价格表是需要在实际工作中不断调整的。这种办法的优点是价格体系比较完善,缺点是制订过程比较复杂,对制订者的要求很高。

四、资料的查询和使用

在汽车服务企业,尤其是以维修为主的企业中,资料(包括技术资料、管理资料和客户资料等)是重要的资产,技术资料的使用直接影响维修水平。以汽车技术资料为例,一般有如下几种查询方法:

1. 查阅原厂资料

所谓原厂资料，就是汽车制造厂提供的，有关本厂出产的汽车构造、配件、检测、维修和服务责任条款的资料。为某个品牌提供特约服务的4S站和特约维修站常常能够获得这样的资料。

一般认为，原厂资料都具有很高的技术权威性，应该尽可能地利用各种渠道搜集原厂的技术资料。

2. 查阅正规书籍和教材

虽然原厂资料有着难以比拟的优势，但是，原厂资料一般不涉及技术原理的讲解，也不会涉及同类产品和同类方法的比较。如果要系统性地学会一个领域或者分支领域的知识，还需学习专业的技术书籍或者教材。教材的权威性和正确性比较高，讲解也比较全面而有深度。

例如，要系统学习各种电喷系统的原理，或者掌握各种节气门的控制原理，就应该找到相应的教材和书籍进行系统的学习。

3. 查阅技术期刊

对于服务对象涉及多种车型的汽修企业来说，不可能拥有所有的原厂资料，而且原厂资料并不一定能解决故障现象复杂的疑难杂症的检测和诊断问题。汽车行业的技术报刊有自己的优势，主要体现在：经验型知识比较多，具有很强的实践性；作者众多，具有很好的可交流性；更新较快，具有很好的实时性。

4. 查阅国际上权威性的光盘资料

国际上有专门的机构，向汽车服务行业的人士提供专业的汽车技术资料，这些机构一般都与世界各大汽车制造厂商有正规的合作关系。这样，他们的资料就比较有权威性。其权威性体现在正确性、全面性、实时性和合法性等几个方面。

在国内比较多见的权威光盘资料有：米切尔光盘资料、ALLDATA 和 AUTODATA 等几个品种。

5. 上网查询资料

互联网上有专门的网站，向汽车商务和服务行业的人士提供本行业的汽车技术和管理等资料，这些网站一般都是由本行业的人士或者机构主办的。有的网站质量优秀，有的则有滥竽充数之嫌。由于网上的资料良莠不齐，很难对其一一评价。网上资料的特点是多样性、及时性和互动性。

⇨ 习　　题

1. 什么叫做闭环管理？

2. 不同企业的会员的积分制度各不相同，如果你来设计一种积分制度，怎么样做到既合理，又容易计算？

3. 不同企业的会员的折扣制度各不相同，如果你来设计一种折扣制度，怎么样做到既合理，又容易计算？

4. 汽车维修之后，其回访应该怎么进行？在你了解的大中型汽修厂中，其实际的回访制度是怎么样的？

5. 采用手机短信进行客户服务，有什么优点？有什么缺点？

6. 在客户服务中，有哪些项目适合于使用手机短信？

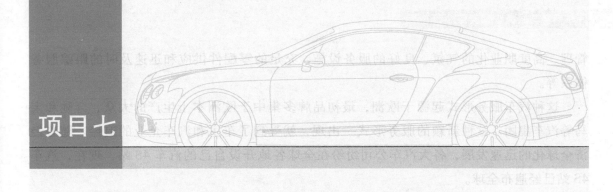

项目七

汽车 4S 站商务管理

任务一 汽车 4S 站经营管理模式认知

📋【任务目标】

能够讲述我国 4S 站的发展，并能分析当前我国汽车 4S 站经营管理模式。

📋【任务理论知识】

4S 的含义、我国汽车 4S 站的特点。

📋【建议学时】

1 学时。

一、汽车 4S 站发展史简介

"4S" 即整车销售（Sale）、零配件供应（Sparepart）、售后服务（Service）和信息反馈（Survey）。汽车 4S 站就是指将这 4 项功能集于一体的汽车销售服务企业。

汽车品牌 4S 站是目前国际流行的汽车展销服务方式之一。许多人就是在 4S 站挑选了自己满意的汽车，从而与汽车结下了不解之缘。

4S 站是汽车市场激烈竞争的产物。随着消费心理的不断成熟，用户对产品、服务的要求越来越高，原有的代理销售体制已不能适应市场与用户的需求。4S 站的出现恰好能满足用户的各种需求，它可以提供装备精良、整洁干净的维修区、现代化的设备和服务管理、高度职业化的气氛、良好的服务设施、充足的零配件供应和迅速及时的跟踪服务体系等。

这种汽车服务形式起源于欧洲，最初品牌多集中于欧洲本土生产的大众、奔驰和宝马等汽车集团。这种新颖的服务形式一出现，就受到了车主和汽车企业的追捧。随着经济全球化的迅速发展，各大汽车公司纷纷在全球各地开设自己的汽车 4S 站，现在，汽车 4S 站已经遍布全球。

近年来，随着汽车产业的利润日趋合理，车主需求也日趋个性化，同时对自然和社会资源节约的共识也不断形成，很多人士开始质疑汽车 4S 站这种高投入、高耗费的服务形式，尤其是对大众化车辆的普通车主来说，很难接受汽车 4S 站的高昂成本转嫁到他们身上这种事实。

这种对 4S 站的反思恰恰来源于它的发源地——欧洲。一个原因是相对于其他地区来说，欧洲的环保、节约等思想和危机意识、绿色意识更具有深厚的土壤；另一个原因就是欧洲有严格的反垄断法规，而汽车 4S 站这种建立在严格准入制度之上的经营形式有不公平竞争的嫌疑。

所以，十几年来，汽车服务连锁机构和维修服务超市等新的服务形式又从欧洲兴起，并在世界范围内扩展。不过，在可预见的未来时间内，汽车 4S 站还将是各大汽车制造企业力推的主要服务形式之一。

二、我国的汽车 4S 站的特点

我国的汽车 4S 站已经有多年的历史了，随着各国的汽车巨头进军中国，各个品牌的汽车 4S 站遍地开花，成为城市的一道风景线。相对于国外，我国的汽车 4S 站有如下特点：

1. 品牌全

在国外，一般是中高档以上的汽车才会有汽车 4S 站体系，因为这样的汽车商务和服务利润空间比较大，车主能够承受比较高昂的服务成本。反观国内，几乎每一个汽车企业的每一个品牌，都建立了自己的汽车 4S 站体系，甚至微型车、卡车都有。

2. 密度高

随着我国汽车行业的飞速发展，汽车 4S 站遍地开花。以北京为例，现在的汽车保有量是五百万多辆，就有约五百家汽车 4S 站（除此之外还有五千多家汽车维修企业）。如此高的密度，在世界上是不多的。

3. 投资大、装修豪华

我国的汽车 4S 站普遍崇尚大投入、豪华装修，甚至一些大众化"国民车"车型的汽车 4S 站，投资也达上千万元之巨。

除了硬件投资较大以外，大多数整车制造企业要求汽车 4S 站保持大量的汽车库存，也是造成投资巨大的原因。

4. 水平差别大

一些经营规范的汽车4S站体系，管理水平比较高而且平均，例如广州本田、上海通用和一汽奥迪等。在站容、人员风貌、销售、服务和投诉处理等方面，都明显高于普通的汽车维修企业。

但是有相当一部分汽车4S站的体系从建立的时候起，就有先天不足的缺陷，在后天补足的过程中，还存在一些困难有待克服。

5. 大部分处于转型期

在此之前，汽车4S站的利润主要来源于售车，当2006年6月30日关税"大限"来到之后，整车销售利润直线下滑，汽车4S站也被迫转向依靠服务盈利，这样，我国的汽车4S站正在回归它的"服务本质"。

我国汽车4S站的出现，对提高整个汽车商务和服务的水平起到了很重要的作用。一般来说，消费者对在汽车4S站进行购车、修车，还是比较放心的。但是，我国的汽车4S站建立过多过快，而且很不规范，其原因主要有两点：

1）投资者误认为汽车4S站仍然是个暴利行业。4S站刚兴起时，经销商利润丰厚，甚至有畅销品牌的4S站创下了3个月收回成本的"神话"。所以4S站引得无数商家竞折腰，特别是2003和2004年，众多资金潮水般涌入汽车4S站。例如：北京现代准备建造100多家4S站，报名竞标者达到了2300多家。国产宝马当初在全国挑选24家经销商，让3000多个商家挤破了头。奔驰还没有进入中国时，就有人开出1亿元的天价要建奔驰品牌专卖店。

2）汽车制造厂热衷于推广这种服务形式。在国外，汽车4S站很多是由汽车制造厂主导建立的，一来因为他们资金雄厚，二来是因为品牌形象的需要。但是在中国，汽车4S站却是由众多代理商投资的。汽车企业既无需承担资金风险，又有利于提升自己的形象，还可以转嫁一些多余的库存，自然乐此不疲。

任务二　汽车4S站职能划分

【任务目标】

能够根据汽车4S站经营管理模式，组织并建立各部门，划分各部门职能责任。

【任务理论知识】

汽车4S站各部门的名称、职能及相互关系。

【建议学时】

1学时。

一、汽车4S站中的常见职能机构设置

一般来说，汽车4S站都实行董事会领导下的总经理负责制，管理结构大致可以分为4层，即总经理、总监（经理）、部门主管和职员，如图7-1所示。

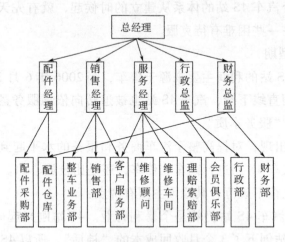

图 7-1　4S 站组织结构图

1. 配件采购部

配件采购部负责配件的采购，包括三方面的采购：一是从整车厂订货；二是从配件市场采购；三是特殊件、精品件的采购。

2. 配件仓库

配件仓库负责配件的管理和发放，包括维修用料、装饰用料等。

3. 整车业务部

整车业务部负责整车的进货、市场宣传等。

4. 销售部

销售部主要负责整车的销售，有的兼顾精品的销售。

5. 客户服务部

客户服务部主要负责客户档案管理和购车过程中的一条龙服务（代办税费、代办保险和装饰美容等）、维修过后的回访和投诉的处理等。

6. 维修顾问

维修顾问负责维修的客户接待，包括故障现象的记录、故障原因的初步分析、车辆的外观检查和维修后的结算等。

7. 维修车间

维修车间负责具体的维修工作。

8. 理赔索赔部

理赔索赔部负责三包索赔和保险理赔。

9. 会员俱乐部

会员俱乐部负责会员的会籍、积分和折扣等会员管理事宜，吸引客户入会的宣传事宜和会员的积分奖励事宜等。

10. 行政部

行政部负责行政事宜。

11. 财务部

财务部负责财务事宜，监管仓库账目。

根据不同的业务模式和自身特点，各个汽车 4S 站的部门设置和职能各有一些不同。汽车 4S 站应该根据整车厂的要求，结合自己的情况对部门的设置和职能的划分进行安排。有的汽车 4S 站设有多个销售店，有的则代理多个品种的汽车销售和服务业务，有的甚至还代理多个品牌的车辆，合用一个维修车间等，情况千差万别。

由于在前文已经讲解过汽车配件进销存管理、整车贸易管理和汽修大型厂的管理模拟练习等内容，本项目不再一一重复讲解，把这些管理内容组合到一起，就接近汽车 4S 站的管理的内容了。

当然，4S 站的管理绝非把这些模块简单地叠加在一起就可以，其各个部门之间的联系和制约的关系是有机的、辩证的。每一个汽车制造企业都会对自己品牌的 4S 站制订一些规章制度。可以说，没有哪两个品牌的 4S 站管理制度是完全相同的，但是，其经营的基本模式是大同小异的。就像很多车型的检测维修手册千差万别，但是其技术原理却总有共同规律可循。本项目所讲的内容和提供的模拟练习，是把很多汽车 4S 站管理中的共同点抽取出来进行讲解。

二、职员的岗位权限设置模拟

在上述各个部门中，每个部门的职责往往就是部门间各个岗位职责的联动。各个岗位的职能，在部门内部和部门之间，都体现出既互相支持又互相制约的关系。

在本项目配套的实习软件中，为了实习方便，除了具有在前面的有关任务里讲述的"操作员权限设置"和"员工角色定义"两个与权限职能有关的模块之外，还特别设计了"岗位权限"的模块。

在模拟实习中，每个岗位对应着一系列操作权限。教员可以定义每个岗位的权限内容，然后为每个操作员分配岗位。例如定义一个配件采购员，他的岗位包括如下权限：库存配件查询、订货询价单、采购入库单、订货询价单查询、入库单查询、采购退货、采购退货查询、按供应商统计进货情况、按配件统计进货情况和基本数据等。如果操作员比较多，为每个操作员都定义一遍操作权限，将是一个非常耗时耗力的过程。那么此时如果使用岗位权限定义，首先只需要将岗位逐个定义好（这是一个需要细心和耐心的过程），然后为每个实习的学员选取他的岗位（这是一个非常简单有效的过程）就可以了。岗位权限定义在主菜单的"学员设置"中，界面如图7-2所示，为每个学员分配岗位界面，如图7-3所示。

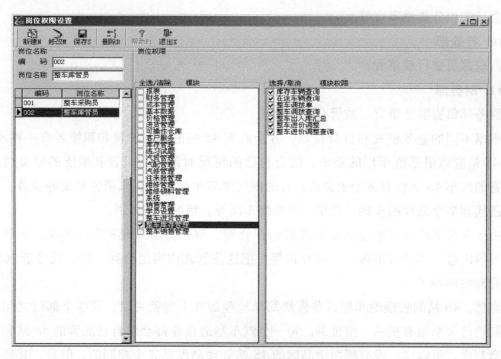

图 7-2　岗位权限设置

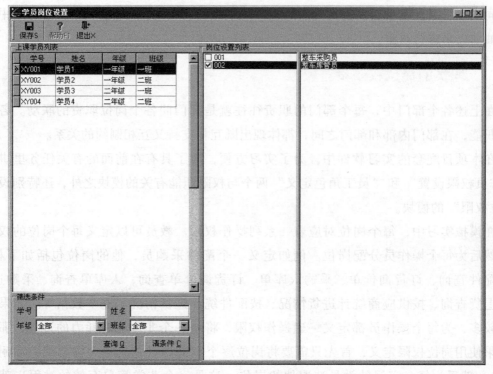

图 7-3　学员岗位设置

汽车 4S 站计算机管理

📋【任务目标】

　　能够根据汽车 4S 站管理特点选择和使用计算机管理系统，并能够建立符合管理特点的业务流程。

📋【任务理论知识】

　　汽车 4S 站计算机管理的基本情况。

📋【建议学时】

　　2 学时。

　　在我国，汽车 4S 站的管理模式千差万别，管理水平也参差不齐，由于本书的实训主要通过管理系统模拟来完成，在此，仅就其中的系统管理现状进行介绍。

一、汽车 4S 站计算机管理的现状

1. 我国汽车 4S 站和特约维修站计算机管理系统的分类

我国的汽车 4S 站在计算机管理方面，情况也比较复杂，从形式上大致有 4 种方式。

（1）沿用国外系统　这种模式多见于成熟度很高的国际大品牌，而且往往见于市场运作很成功的高端品牌，例如 BMW 等。这种方式一般采用全球统一的指定计算机管理系统，这种方式具有如下特点：

1）具有非常成熟而严格的管理体制。

2）其管理体制和管理系统的配套极其吻合。

3）负责中国市场的分支机构以及合作的汽车 4S 站几乎没有自主权。

4）这样的软件系统不对外出售，对内强制销售或者租用。

　　这些品牌的管理体系是在几十年的全球商务运作中形成的。其商务和管理文件的内容浩如烟海，其中的每一个条文都可能经过了多年的实践检验。

　　在这样的管理系统中往往可以看见，每一个维修项目、每一种配件的定价都有严格的规定，这种方式最明显的优点是其管理上有非常高的成熟度，而且具有国际化的特点（例如，这样的管理系统中，用户可以非常容易地查询到全球各地的配件价格和库存）。还有一个最大的优点就是从技术角度来看，软件质量一般都很好，极少错漏，堪称优异。其缺点是中国的汽车 4S 站完全听命于外国的管理机构或者派驻中国当地的机构，可以说

在管理模式上几乎没有自主空间，就算是发现其管理制度上有明显的不合国情的条文，基本上也没有能力去改变它。

（2）国内统一采购或者订制　采用这类模式的企业，多属于品牌已经拥有一定的知名度，正在中国建立本地销售服务体系的品牌，例如上海通用、一汽大众等。

这种方式的 4S 站一般采用全国统一的指定管理系统，这些系统可能是中外联合研制的，也可能是整车厂在国内委托某个软件开发公司研制的。这种方式具有如下特点：

1）管理体制比较成熟，其中有的在国外已经具有完善的体系，而正在国内建立一套适合于本地的体系。

2）其汽车 4S 站使用的 DMS 和整车厂的管理系统（包括 ERP、CRM 等）往往是配套研制的。

3）这样的系统主要是管理整车厂和汽车 4S 站之间的业务往来，对汽车 4S 站的内部管理很少涉及。

这样的管理体系由于是在国内研发，所以比上一种方式具有更高的实用性。虽然少了一些国际化的色彩，但是其配件的供应链基本上都在国内，所以其采购和供应工作也能非常顺畅地完成。

由于是统一采购或者指定配给，汽车 4S 站对管理系统并没有多大的自由选择权。这样的系统多数是订制或者在某软件的基础上修改而成的，所以管理系统的质量和功能主要取决于其采购流程是否严谨以及工作人员是否称职。在这样类型的系统中，质量良莠不齐。

有的 ERP 和 DMS 是委托一些著名公司研制的，例如 IBM、SAP 等，成本较高，而质量不错。

有的系统是委托整车厂的下属企业或者关联企业研制的，这样的系统往往适用于该厂的一些工作习惯，在系统的某些模块设计上能看出与常规不同的人为因素的影响。由于研发工作量大，而测试和试用时间短暂，这样的系统在前期往往存在很多错漏。但是随着时间的推移，这些功能至少在本品牌 4S 站内能够满足大部分实际工作的需要。

有的 DMS 是由整车厂的某一个部门与某些软件公司进行选定采购，然后通知 4S 站统一安装，这样的系统质量最难保证。原因有 3 个：采购的决策者由于知识面所限，不知道怎么样选择好的系统；由于某些国情因素，供应商往往把公关和宣传放在比产品质量更优先的位置；供应商本身素质良莠不齐。

（3）部分集中方式　这种方式下，整车厂往往是对某些需要 4S 站与整车厂紧密联系的工作内容采取统一的系统管理，对某些属于 4S 站的内部管理事宜，则交给 4S 站自行决定，例如北京现代、华晨中华等。这样的系统具有如下特点：

1）整车厂的自建信息系统能够使本厂和下属 4S 站的必要信息保持畅通（例如整车供应、配件的网上订货和三包索赔的审定等），并使整车厂能够随时掌握各个汽车 4S 站内的重要信息，例如整车库存、配件存货量等。

2）对大部分属于汽车4S站自身内部管理的事务（例如派工、结算、应收应付款和经营盈亏报表等），整车厂不进行干涉，由汽车4S站自行管理。

归纳起来就是，整车厂只负责建立一个B/S结构的管理系统，负责与各家汽车4S站进行沟通并了解汽车4S站的必要信息。至于内部管理事务，汽车4S站可以自行采购计算机管理系统，实行独立自主的管理。

这样的体系最大的优点在于"各司其职，各负其责"，上述整车厂的做法，避免了某些整车厂计算机管理体系水土不服和质量难以保证的缺点。

第二个优点则是让4S站有比较大的自主空间，毕竟汽车4S站是由投资者自己建立的，整车厂不应该过多地干涉汽车4S站的经营管理事务，只需督促其保证服务质量、完成指标即可。

其缺点是由于各个汽车4S站的人员水平良莠不齐，所以在采购计算机管理软件时，同样面临着"非专业人士选择专业产品"的尴尬。

（4）松散制　有些整车厂，尚未有或者并不打算花大力气建立庞大的自动化计算机管理体系。除了某些购车和质量反馈报表采用电子邮件传送或者网上申报之外，基本上对4S站的内部经营管理过问很少。

这样的体系的优点就是整车厂只管考察经营指标，管理成本较低，4S站有最大的自主权。缺点就是由于基本上没有自动化信息化的管理系统，如果要进行统计时，人工工作量巨大，信息反馈不及时。

2. 多套系统并存的原因

需要指出的是，由于我国的特殊国情，在采取第一和第二类管理系统的4S站体系中，还会发生有的汽车4S站采用两套管理系统的情况。这主要是由于我国的经济环境造成的，也有的是由于某些企业自身的特殊原因造成的，这要从以下3个方面分析：

（1）整车厂方面的原因　第一，我国的汽车市场还不成熟，各种相关的法律法规和规定都不完善，加上以前的卖方市场的特性，使整车厂在市场中一直处于居高临下的地位，没有从根本上树立为汽车4S站和消费者进行服务的思想。大多数整车厂在制定制度时，没有考虑对方的利益，其计算机管理系统是在这些思想基础之上设计的，也就不受汽车4S站的欢迎。

第二，我国的汽车市场成长很快，人才需求远远跟不上市场规模的发展，即便是能够支付优厚待遇的汽车制造企业，也缺乏称职的市场规划和管理人才，要说全面理解汽车4S站的经营管理的人才，更加少之又少。整车厂的有关部门在很多市场方面的规章制度都不完善，为汽车4S站设计的管理制度和规范，质量也参差不齐。因此，在这些制度和规范基础之上设计的管理系统，质量当然不能保证了。

第三，整车厂的管理系统绝大多数都只考虑自身的信息管理，没有站在汽车4S站的投资者和经营者的角度考虑问题。例如以统计报表来说，这些指定的系统往往关注的是汽车4S站是否保证了最低库存，是否按照整车厂的指定渠道和数量采购。然而汽车4S站经营者想看的重要信息却都被忽略了，例如准确的利润和成本、每个员工的业绩等。

（2）汽车4S站方面的原因　第一，追求配件的利润差额。在我国，汽车的服务市场尚未发展到正规的程度，汽车4S站和特约维修服务站的配件采购渠道很难完全正规。虽然很多整车厂总是想把服务站的业务尽量控制，而且从汽车4S站赚取更多的利润，但是由于汽车4S站经营者的立场和整车厂不同，所以经营管理的目的也不一样。例如配件，不少汽车4S站的经营者总是尽量从其他渠道进货，原因就是因为外面的供货价格便宜。从其他渠道的采购，他们当然不希望整车厂的管理人员知道。至于从其他渠道采购配件的质量如何保证，这是另外一个话题了。

第二，承接其他车辆的服务。在我国，几乎所有品牌的汽车都在大建特建汽车4S站。对于一些销售量、保有量很大的汽车来说，这也无可厚非，但是对于某些小品牌或者新品牌的汽车，汽车4S站就存在"吃不饱"的问题。投资者花了巨额的投资，每个月还要承担不菲的经营费用，但是指定车型的业务却很不饱满，所以被迫承接其他车型的维修服务，尤其是在保险业务方面做得好的汽修厂，很难自觉把业务局限于某种特定车型范围之内。

第三，服务内容超过了整车厂的管理范围。很多服务站除了进行整车厂指定的业务之外，还进行其他业务，例如汽车的美容、精品的销售、保险的代理和事故车定损等，这些内容在一般的整车厂的计算机系统中都不包含，所以服务站也难免要投资建立另一套系统了。

（3）车主方面的原因　在我国，由于汽车服务行业的现状并不能让车主放心，所以很多车主愿意把汽车的维修交给自己熟悉的朋友去修理，而不是交给整车厂指定的汽车4S站，中低档的私家车主尤其如此。这样一来，就难免有服务站越出指定车型范围承接业务，这些业务当然也不能采用整车厂的计算机系统进行管理了。

在服务站中，上述多管理系统并存的现象很难用简单的"好"还是"坏"来定论。只能说，在中国目前的经济氛围中，这是必然会发生的事情。随着时间的推移、市场经济的发展，这种现象是越来越多还是越来越少还很难预测，不妨拭目以待。

二、企业管理系统的选择

本书中讲述的管理方法，绝大多数都要借助管理系统来实现，选择一个好的管理实施方案可以使管理工作事半功倍，既大大节约成本，又可增加盈利能力。

1. 计算机管理软件选型的陷阱

下面介绍如何选择管理系统。有不少的汽修厂负责人在选择管理软件时，最先的两个问题往往是：这个软件有多少功能？这个软件的价格是多少？粗略一看，先问这两个问题是无可厚非的，但是如果执著于这两个问题，却很难挑选到真正好的软件，为什么呢？

先来看第一个问题——这个软件有多少功能？这个问题似乎没有错，但是这样的问题并不能问到关键。因为所有的软件商都会告诉您：软件能够管理配件进货、配件库存和配件销售；可以打印前台接待单、派工单、领料单和结算单；可以查询维修记录、可以统计维修报表和可以管理应收应付款等。

这些功能，所有的专业软件，无论质量优劣，都应该具备。从这里根本无法断定产品的优劣。

问完第一个问题之后，接下来通常有两种可能：一是需方尽量想象出一些特殊的功能来"拷问"供方；二是双方只能把注意力转移到第二个问题上面。先看第一种可能，由于每一个用户的思维千差万别，对软件功能上的随意性需求也几乎是无限的，而软件产品的功能却是有限的，这样"较量"的结果往往是双方要么为了细微问题争论不休，要么是需方不断要求供方临时修改软件以增加功能——很可能这些功能用处根本就不大。这样的结果就往往是需方最后也搞不清楚哪个软件产品更好。

第二个问题——这个软件的价格是多少？一般来说，注意力一旦转移到价格问题上，其他的都会被忽略。软件产品的价格差异很大，汽修厂网络版管理软件从不足一千元到几万元都有，它们的差别根本不能用简单的价格比较来衡量。过早地进入讨价还价阶段，往往会使供需双方没有足够的时间和耐心来洽谈应该细谈的问题，需方最终买到的可能是一个便宜的产品，却未必是一个质量与服务过硬的产品。所以，价格应该是成交前最后才讨论的，而不是最先要问的问题。这两个问题可以称之为"陷阱"。很遗憾的是，这两个陷阱往往是需方为自己挖好的。

2. 选型时首先要问的两个问题

那么应该怎样选择好的管理软件呢？建议需方首先问如下这两个问题：供方推荐的管理软件专业化程度如何？该软件的设计核心思想是什么？

首先，来讨论第一个问题——供方推荐的管理软件专业化程度如何？管理软件的专业化程度通常有两方面的含义：管理思想和技术水平，本任务重点讨论前一个方面。

通常，可以把汽车维修企业分为快修美容店、小型汽修厂（通常是三类）、中型汽修厂（通常是二类）、大型汽修厂（通常是一类）、特约维修站和汽车 4S 站等。就算是最缺乏管理经验的人都知道，汽车 4S 站和快修美容店不可能采用类似的管理模式。

在上文讲过，汽车服务企业最好的管理办法是采取节点管理，而不同规模、不同类型的企业，其管理节点是不一样的。一般来说，大型汽修厂，管理汽修的全流程通常需要 7~10 个节点；中型汽修厂，管理汽修的全流程通常需要 3~6 个节点；小型汽修厂，管理汽修的全流程通常需要 1~3 个节点；美容快修店，管理汽修的全流程通常需要 1~2

个节点。通过分析就可以知道要买什么样的软件了。也就是说，要问供方：您的软件适合于什么规模的汽修厂，适用于多少个管理节点的模式？

如果软件销售者告诉您，他推销的某一种软件适合于所有的大、中、小型汽修厂，只要更改计算机数量就可以，那您可就要仔细斟酌了。假设一个只有一台计算机的快修店，采用计算机管理之后，却发现完成一辆汽车的修理管理，在软件里需要切换 4~6 个工作界面，那么岂不是大大降低了工作效率？

而一些旧式的软件或者仿制的软件就往往有这个问题，因为仿制者并没有认真研究过汽修企业的系统管理，只知道软件应该能够打印接待单、领料单等单据，所以他们生产的软件不是按照管理节点，而是按照"单据名称"来分解管理模块，基本上千篇一律都是分为"接待单""派工单""领料单""结算单""收款单""出厂单"等 4~6 个模块。而且这些模块之间并不具备企业管理所需的有机关系。

那么，怎样去挑选合适的软件呢？如果供方的产品系列齐全，通常都包含有快修店、小型汽修厂、中型汽修厂、大型汽修厂和汽车 4S 站至少 5 个专用系列，而且每个品种的管理模式是适合实际情况的，那就基本可以放心了，在系列里面挑选一个产品再进行下一步洽谈吧。

现在来看第二个问题：该软件的设计核心思想是什么？计算机软件作为一个管理体系的物理载体，它并不是表格、单据的简单叠加，也不仅仅是记录日常业务的工具，应该是有思想、有灵魂的一个系统。一个没有设计思想的软件，其能够起到的作用不过是打印表单而已，根本不可能在它的基础上建立并运行一套严谨、科学的管理制度。一套好的企业管理软件应该有内务、外务两方面的核心。

企业管理的内务主线是什么呢？是财务管理。所以管理软件的内务管理设计应该是以财务为主线。一套管理软件的质量好不好，首先要从财务角度来考察。怎样评价一套软件的财务水平呢？

第一，要看财务主线是否清晰，各个功能模块之间是否用财务纽带相联系。

第二，要看与财务有关的模块（例如账务管理、报表系统）是否符合财务规范和财务的工作习惯。

第三，要看其成本核算和成本控制功能是否与现有财务制度一致，而且为财务部门起到好的辅助作用。

那么，另一个核心——外务核心是什么呢？软件的外务核心当然应该是客户关系管理。怎样评价一套软件的客户关系管理模块的水平呢？

第一，最主要的，要看其每一个功能模块是否都贯穿着客户服务观念。

第二，要看其客户档案的项目和条目结构是否合理。

第三，要看其有关客户管理的查询统计是否合理全面。

第四，如果有必要，要考察其客户关系管理的高级功能，例如图表分析功能。

3. 挑选好软件的其他指标

如果前面两个问题都能得到满意的回答，那么就可以正式了解产品并洽谈了。

（1）软件的安全性和稳定性　软件作为管理系统的重要组成部分，其安全性毫无疑问是第一位的。例如数据的账套管理、自动备份和数据恢复等功能的水平就决定其安全性的水平。而稳定性，则主要看其数据库技术和数据传输技术（如果是网络版的话）。

如果某软件现在仍然采用过时的 FoxBase、FoxPro 和 SQL 等数据库，或者网络版软件采用适合于单机使用的 Access 数据库，至少说明开发商技术不够先进。而如果一个单机版的软件，却使用了适合于网络版使用的 Sql Server 数据库或者更加复杂的大型数据库，则说明其技术选型欠考虑，为使用者增添了很多麻烦。

（2）该软件是否既有强大的功能，又具有简单的操作　一开始就涉足"功能"往往容易陷入误区，但是购买软件不可能不过问功能。不过最好要把功能的全面性与软件操作的流畅性结合起来考虑。

有的软件功能好像很全面，光报表就有近百种，让人看得眼花缭乱，那么就显然缺乏对操作的考虑。尤其是汽修厂的管理人员绝大多数都不是计算机专业人士，却又要经常查看报表，所以功能强大且使用简单才是最佳的选择。甚至有时为了操作的流畅，放弃一些不必要的功能都是值得的。

一般，操作简单包含两个方面的含义：一是指软件流程顺畅，具有很强的穿透性和易理解性；二是指软件采用了一些方便使用的编程技巧（如全键盘操作、全鼠标操作、模糊查询和拼音缩写查询等）。

（3）技术的先进性　作为投资者，当然不能一味地追求最先进的技术，因为需要考虑投资成本，但是如果购买了技术明显过时的产品，产品质量肯定不会太好，售后服务、版本升级等都会成问题。也就是说，要把技术的先进性与产品的性能价格比要联系起来考虑。

（4）专业化程度　之所以要选取适合于本行业的计算机管理系统，而不是去购买市面上通用型的进销存管理软件或者企业管理软件，就是因为本行业有自身的特殊性。从商品特性来说，汽车和汽车配件就是比较特殊的商品。

例如，汽车是贵重商品，在财务的成本计算上必须使用个别计价法；汽车的 VIN 和车牌号都具有唯一性等。汽车配件除了具有与其他商品类似的属性以外，也有一些特殊属性。

在查看汽修管理流程时，要注意其流程是否合理、用语是否专业；是否具有专业的特殊业务项目，例如三包索赔、保险理赔等。

三、有关计算机管理的几个问题

1. 汽修厂已经买了管理软件，为什么还是管理不善？

答：计算机软件能否起到应有的作用，有 5 个影响因素：计算机硬件系统的质量、计算机软件系统的质量、使用者人为因素、管理制度因素和人机分工因素。

（1）计算机硬件系统的质量 这个问题在小型汽修厂或者老厂比较容易发生，通常使用的计算机都比较陈旧，配置较低，甚至是二手计算机。这样的计算机有可能经常发生速度过慢、死机或者其他莫名其妙的故障，软件系统当然不可能在这样的平台之上运行良好。解决办法有两个：升级硬件或者购置新设备。

（2）计算机软件系统的质量 汽修厂选购软件是大事情，应该慎之又慎，但是某些汽修厂却不是这样。有的厂长贪图便宜，购买盗版软件、过时软件或者粗制滥造的软件；有的厂长因为"不懂"，随意委托其他人员负责采购，没有想到其他人更加"不懂"；有的厂长搞"量身定做"，结果软件系统迟迟不能成熟……当然还有一种情况，软件在购买的当时，质量是不错的，但是企业发展了，技术进步了，所以软件相对落后了。上述情况怎么办？当然是要更新软件了。但是在更新软件的时候，有几个注意事项：一是原来的数据能否尽量保留并转移到新的系统里面；二是抓好培训工作，使操作人员尽快告别过时的操作习惯，以免更新过程太长产生不好的影响。

（3）使用者人为因素 有的企业管理人员跟不上社会进步，不愿意学习计算机管理；有的部门负责人因为个人利益原因，抵触计算机管理；有的使用者有其他软件的使用经历，习惯按照老眼光来衡量新软件……由于抵触者通常都是骨干人员，怎样解决就要看厂长的管理工作了。

（4）管理制度问题 计算机管理软件作为管理体系的物理载体，应该与企业管理制度配套，但是有的企业却不是这样。在某些领导的眼中，制度归制度，软件归软件，往往只把管理软件看作"表单打印工具"，使用之中随意性太强，不尊重数据和流程的规矩（这样的企业往往制度变动比较频繁），结果是软件既用不好，管理也不到位，甚至连表单都打不好。

（5）人机分工问题 这样的问题常常发生在新办的大中型企业，由于软件商的讲解培训不到位，或者管理人员对管理软件的作用认识模糊。结果管理人员往往分不清楚什么数据处理是计算机自动完成的，什么数据要人工处理，结果工作量增加不少，效果反而不理想，或者由于期望过高，对软件系统觉得"失望"。通常来说，随着软件商服务水平的提高以及用户使用经验的积累，这类问题不难解决。

2. 企业需要配置多少计算机用作管理用途？

答：最好是根据企业的具体需要来定。一般来说，如果是第一次采用计算机管理，最好不要贪大求全，够用就好，不够再买。因为计算机越多，则意味着投资越大（大部分正规的软件都是按照站点数收费）；而且计算机硬件是不能保值的产品，如果没有使用价值，它就没有投资价值。

有一点注意，不管企业有多少台计算机，企业的负责人（董事长或者总经理）最好要有一台，而且要亲自使用。

3. 是不是量身定做的软件更好一些？

答：听起来好像是这样，其实未必，分析如下：

（1）需求分析的问题　从某些方面来说，软件就像西装，用户要求做成什么样，技术人员就可以做成什么样。但是从另一个方面来说，软件又不像西装，它的需求分析太复杂了！市场上任何一款成熟的好软件，都至少经过上百家用户的实际检验。起码在需求分析上，已经照顾绝大多数的用户的实际需求了。而一个汽修厂经理不管经验多么丰富，都不可能在短时间内，把自己所有需求向研发人员表达完全。

（2）请谁来做的问题　有一位4S站的老板曾经问到：为什么汽车4S站软件这么贵？我们家邻居有个小伙子，刚刚从大学计算机系毕业，他说帮我量身定做，3个月完工，1个月只要1000元。那么这位老板显然不知道行业软件对技术人员的经验和水平的要求。别说新手，就算是熟练工程师，也不可能能够在几个月时间内完成一套好的管理软件。要是进行跨行业的研发就更加困难了。一般来说，市场上比较好的软件，都是内行团队长期研制而成。

（3）成本问题　如果真的需要量身定做软件，那么就意味着需要软件商的一个研发团队单独为某一个用户工作一段时间，一般还要到用户所在地进行实地调研，这种成本是相当高的。如果用户确实能够承受，而且自身又有特殊的管理需求，就可以采取量身定做模式。

4. 有的企业下属几个汽车4S站或者特约维修站，能否统一管理？

答：汽车4S站和特约维修站，各个情况不一样，有的有推荐或指定的软件，有的没有。但是需要指出的是，很多汽车制造企业指定的服务站软件，其设计思想都是以生产厂家的立场为主要出发点考虑的，并不一定完全符合4S站经营者的管理需要。按照企业本身的运作规律来说，实行统一管理，建立一个一体化的计算机管理系统是应该的。而且随着汽车销售利润越来越薄，售后服务（汽车维修、配件供应等）利润在企业中的相对分量会越来越大。这样的大型企业，各自为政的粗放式管理会越来越不适应市场竞争的需要，如果各个服务站都有各自的管理软件，一般的解决办法是委托专业软件商研发一套总部管理系统，这套软件和各个服务站的数据库都要有数据接口。当然，总部的管理软件可能就要量身定做了。如果大部分的服务站并不采用整车厂的指定软件进行管理，那么最好还是从市场上采购质量过硬的产品。

5. 有的企业有分支机构，希望实行远程实时管理，该怎么办？

答：对于有几个分支机构的企业，往往对软件都有"实时性"的要求，也就是说，希望能够在异地实时获取信息并实行远程管理。

如果要实行远程管理，目前的技术是做得到的，可以采用B/S结构的管理软件，或者在C/S结构的软件上，加上采用B/S技术的远程管理模块。也可以用一些其他的技术来实现远程管理功能，例如VPN技术等。

不过在规划这些系统的时候，最好请教一些专业人士，因为网络技术发展日新月异。由于各地的互联网环境各不相同，所以选方案时，也要考虑到当地网络的客观状况。

任务四　汽车 4S 站管理模拟练习

【任务目标】

了解汽车 4S 站中整车商务、配件商务和售后维修三大业务流程，掌握各业务流程的操作方法，能够进行汽车贸易、配件管理以及售后服务的系统操作。

【任务理论知识】

汽车 4S 站整车业务流程、配件商务业务流程、售后维修业务流程。

【建议学时】

1 学时。

一、汽车 4S 站管理计算机模拟系统简介

汽车 4S 站商务服务的流程模拟是一种新型的教学模式。它是在计算机网络上，安装模拟软件，在对汽车 4S 站主要的业务流进行模拟的基础之上，建立相应的物资流和资金流的数学模型，然后通过对业务单据的操作和对单据流和数据流的分析，使学员了解汽车 4S 站的运作规律和基本规则的教学形式。

在汽车 4S 站中，有三大主要的业务流：整车商务、配件商务和售后维修（包括三包索赔、保险理赔等）。需要说明的是，作为汽车 4S 站的 4 个主要功能之一，信息反馈（Survey）是建立在其他业务基础之上的一个功能，它是整车厂和汽车 4S 站之间的联系纽带，但并不是一种独立的业务流。

围绕这三大业务流，要进行很多的管理工作，在计算机模拟系统中，这些工作以管理模块的形式存在。这些管理模块主要有：系统管理、基本数据管理、客户服务、账务管理、查询统计和会员管理。

为了教学方便，系统增加了教学管理模块和测验考试模块，这样，汽车 4S 站的计算机模拟教学系统就包括"三大八小"共 11 个模块了。

其中，"三大"指的是 3 个主要的业务模块：整车商务、配件商务和售后维修。"八小"指的是系统管理、基本数据管理、客户服务、账务管理、查询统计和会员管理这 6个管理模拟模块以及教学管理和测验考试这两个附加模块。

三大业务流之外，4S 站中可能还有精品销售、汽车装饰以及其他的一些增值服务项

目，在此不一一列举。

二、汽车 4S 站管理计算机模拟练习范例

在练习范例之前，来看一下"三大"业务模块的图示（参见图 7-4~图 7-6）。

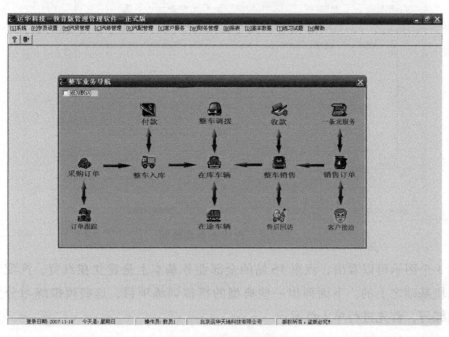

图 7-4　整车业务模块图

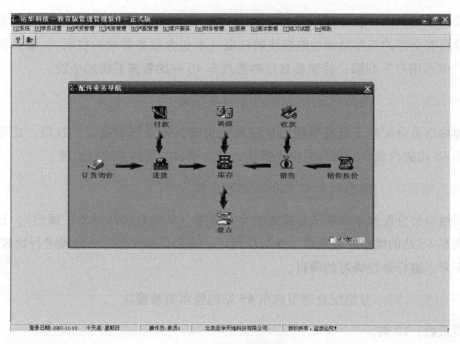

图 7-5　配件业务模块图

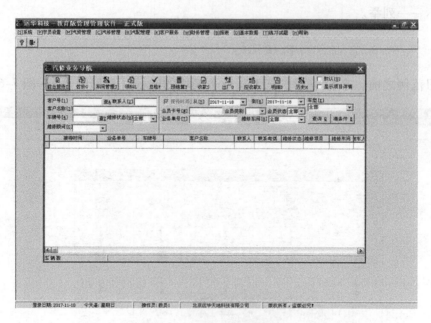

图 7-6 汽修业务模块图

从这 3 个图示可以看出，汽车 4S 站的全部业务基本上是建立在汽贸、汽配和汽修三大业务模块基础之上的。下面列出一些典型的模拟训练项目，这些模拟练习分为单人练习和分组练习，首先进行单人练习。

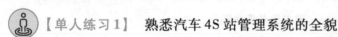【单人练习1】 熟悉汽车 4S 站管理系统的全貌

在模拟系统中，一般会有一个"演示用户"，是为了系统的演示方便而默认的，这个用户通常具有全部的工作站端功能模块的权限（不包含服务器端的权限）。教师给学员每人分配"演示用户"权限，让学员自行熟悉汽车 4S 站的管理系统的全貌。

【单人练习2】 熟悉汽车 4S 站的汽车贸易模块

教师给学员分配整车贸易模块的权限和汽贸查询以及汽贸报表的权限，让学员自行熟悉汽车 4S 站的汽贸以及相应的报表模块，并与项目二的内容进行比较。

【单人练习3】 熟悉汽车 4S 站的维修服务模块

教师给学员分配汽车维修服务模块的全部权限（从前台接待到出厂预约），让学员自行熟悉汽车 4S 站的维修管理流程，并与小型厂、中型厂和大型厂的流程进行比较。

接下来，进行分组练习的项目。

【分组练习1】 分组配合练习汽车 4S 站的整车贸易模块

学员人数：10 名。

教师把本组 10 名学员分为 5 个小组（每组 2 人），分别承担客户、整车采购员、整

车库管员、整车销售员和客户服务部的角色。

模拟业务流程：

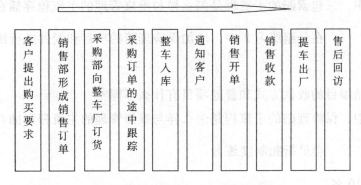

客户提出购买要求　销售部形成销售订单　采购部向整车厂订货　采购订单的途中跟踪　整车入库　通知客户　销售开单　销售收款　提车出厂　售后回访

思考：在销售过程中，应该怎么样穿插进行一条龙服务？

【分组练习 2】　分组配合练习汽车 4S 站的维修服务模块

学员人数：16 名。

教师把本组 16 名学员分为 8 个小组（每组 2 人），分别承担客户、前台接待员、车间主任、仓库管理员、总检员、结算员、收款员和客户服务部的角色。

模拟业务流程如下图：

客户来厂，初检估价　接车进厂　车间派工　仓库发料　车间逐项完工　总检并通知客户　预结算　收款　提车出厂　维修跟踪

思考：

1）在这个过程中，注意观察在维修用料的管理上，前台、车间和库房之间的信息交流过程。

2）如果有的材料领用之后需要退还仓库，可能是什么原因？在流程模拟中应该怎么样进行？

3）如果一个维修项目需要分派给几个维修工，在模拟中怎样进行？系统怎么样自动计算每个维修工的奖金？

4）如果一个维修项目发生停工、返修等情况，在模拟系统中怎么样处理？

【分组练习 3】　在分组练习 2 中，增加三包索赔的项目和配件进行练习

思考：

1）三包索赔项目的收款方式和普通项目有什么不同？

2）在练习中，三包索赔的子流程是怎么样与维修管理的主流程穿插在一起的？

【分组练习 4】 在分组练习 2 中，增加保险理赔的项目和配件进行练习

思考：

1）保险理赔项目的收款方式和普通项目有什么不同？

2）在练习中，保险理赔的子流程是怎么样与维修管理的主流程穿插在一起的？

【分组练习 5】 会员折扣制度练习

学员人数：16 名。

教师把本组 16 名学员分为 8 个小组（每组 2 人），分别承担客户、前台接待员、车间主任、仓库管理员、总检员、结算员、收款员和客户服务部的角色。

客户服务部负责制订会员折扣制度，设立金卡会员（工时折扣率为 8 折，配件折扣率为 9 折）和银卡会员（工时折扣率为 85 折，配件折扣率为 95 折）。

假定有 3 个客户，分别为普通客户、银卡会员和金卡会员，仿照分组练习 2 的流程进行练习，观察客户享受折扣的不同。

思考：

1）会员折扣率一般是怎么样制订的？

2）会员享受到的折扣优惠在什么时候体现？为什么？

【分组练习 6】 会员自动积分规则练习

学员人数：16 名。

教师把本组 16 名学员分为 8 个小组（每组 2 人），分别承担客户、前台接待员、车间主任、仓库管理员、总检员、结算员、收款员和客户服务部的角色。

客户服务部负责制订会员积分制度，分别为自费、三包索赔、保险理赔和免费等 4 种收费类别制订积分比例。

假定几个客户来厂修车，其服务项目和所用配件包含上述 4 种的某一些类别，仿照分组练习 2 的流程进行练习，观察会员积分的变化。

思考：

1）为什么对不同的收费类别，需要制订不同的积分规则？

2）本文中的收费类别，其确切含义是什么？与财务上常见的现金、挂账、汇票等收费形式有什么区别和联系？

3）在整车贸易、汽车维修、汽车配件销售的常见业务形式中，是否还有其他收费类别？

4）在汽车的快修美容企业中，是否还存在其他收费类别？

【分组练习7】　配件进销存分组练习

学员人数：10名。

教师把本组10名学员分为5个小组（每组2人），分别承担客户、配件采购员、配件库管员、配件销售员和客户服务部的角色。

模拟业务流程：

客户提出购买要求	销售部形成销售订单	采购部向供货商订货	配件到货	配件入库	配件的查询和调拨	销售开单	销售收款	销售退货	销售退款

说明：最后的两个步骤（销售退货和销售退款）的练习，要在熟练进行前面步骤的基础之上再练习。

【分组练习8】　配件采购中的应付款管理和查询统计练习

学员人数：12名。

教师把本组12名学员分为6个小组（每组2人），分别承担供货商、采购员、配件仓管员、会计、出纳和统计员的角色。

流程如下：

1）采购员向甲供应商订货，预订采购两种配件，其中A配件单价10元，采购6个；B配件单价8元，采购7个。预付订金10元。

2）供应商送货到达，其中送到A配件5个、B配件4个。

3）办理入库手续之后，供应商到出纳处取货款，假设只取到25元。

4）现在库管员进行库存配件查询和出入库汇总查询。

5）会计进行应付款项的查询和营业日报表的核对。

6）统计员用计算机的"订货询价单查询""入库查询""按配件统计进货情况""按供应商统计进货情况"等查询统计功能对这次进货行为进行比较确认。

7）供应商再次送来货物，完成该订单。

8）重复5）、6）、7）这3个步骤的查询和统计，观察数据的变化。

9）出纳使用"应付款支付"功能，与供应商结款。

10）再次观察应付款的数据变化。

思考:

1) 应付款的产生, 是在采购的哪一个环节? 为什么?

2) 如果采购之后发生退货, 应付款将会如何变化? 你能试着练习一次吗?

 【分组练习9】　汽车维修中的简单应收款和相关统计练习

学员人数: 14名。

教师把本组14名学员分为7个小组 (每组2人), 分别承担客户、服务顾问、配件仓管员、车间主管、会计、出纳和统计员的角色。

模拟流程如下:

1) 客户A来进行汽车修理, 服务顾问为其制订了例行维护和转向盘调整两个项目, 工时费分别为30元和50元。

2) 假设, 例行维护需要机油一桶, 价格为80元; 机油滤清器一个, 价格为10元; 空气滤清器一个, 价格为15元; 转向盘调整不需要使用配件。

3) 对该车进行进厂、派工、领料、完工总检、预结算、收款 (假设该客户A只支付了20元钱就出厂了) 和出厂操作。在这个过程中, 每做一步, 则观察其应收款项目的变化。

4) 出厂后, 客户A再次来厂支付了30元钱, 出纳收款以后, 观察其应收款项的变化。

5) 客户A再次来厂, 进行空调维修, 应收200元, 出厂前只支付了60元。

6) 客户A第3次来厂, 购买转向盘套1个, 价格为45元。假设离厂时该客户未支付货款。

7) 客户A来厂付款, 出纳利用 "多业务收款" 功能, 对上述3次业务同时收取剩下各一半的余款。

8) 观察应收款账目的变化。

思考:

1) 应收款的产生是在维修流程中的哪一个环节? 为什么?

2) 有人说, 维修中配件的领用, 也是销售的一种, 你觉得对吗? 为什么?

3) 如果采购之后发生退货, 应付款将会如何变化? 你能试着练习一次吗?

4) 多业务收款功能有什么用途? 应该怎么样正确使用?

 【分组练习10】　汽车维修中的复杂应收款和相关统计练习

学员人数: 18名

教师把学员分为9组, 在分组练习9的基础上, 增加三包索赔员和保险理赔员这两组, 每组2人。

在分组练习9中, 每次维修时, 增加两个三包索赔的项目和两个保险理赔的项目。

思考:

1) 三包索赔项目的应收款, 其对应的债务人是谁?

2）保险理赔项目的应收款，其对应的债务人是谁？

3）三包索赔和保险理赔的应收款记录，应该怎么样查询？

【分组练习 11】 汽车维修中的重结算和反结算练习

人数和小组同分组练习 9。完成练习 9 的各个步骤之后，继续下列步骤：

1）假设客户 A 对第 1 次的维修价格有异议，经过协商后，双方同意把机油价格降低为 70 元，进行重新结算。

2）观察重结算带来的应收款和业绩变化。

3）假设客户 A 对第 2 次维修的结果不满意，要求退回车间返工。

4）服务顾问对该笔业务进行反结算操作，然后进行反总检操作，退回车间重新派工维修。

5）维修之后按照正常程序出厂，注意观察这次反结算带来的各个相关数据变化。

思考：

1）重结算和反结算这两个功能有什么异同？

2）重结算和反结算这两个功能分别适用于什么样的情况？

3）重结算、反结算与反总检有什么关系？为什么？

4）重结算和反结算时，都需要给客户退款吗？为什么？

任务五 统计分析和往来账务管理练习

【任务目标】

掌握汽车服务企业往来账务的具体内容及操作。

【任务理论知识】

应收、应付账款的含义、具体内容。

【建议学时】

1 学时。

在主菜单中的"报表"中，可以看到并选择下文中所有统计分统管理界面。

一、汽配管理统计分析

1. 按配件统计销售情况

按配件统计销售情况（图 7-7）是统计某时间段内某配件的销售情况。如果在配件信息中输入了某配件的信息，那么将可以查询该配件在指定时间段内的销售信息。需要强调的是，本统计功能里有很多可选择的条件，使用者应该根据实际情况选择合适的条件进行组合查询统计。

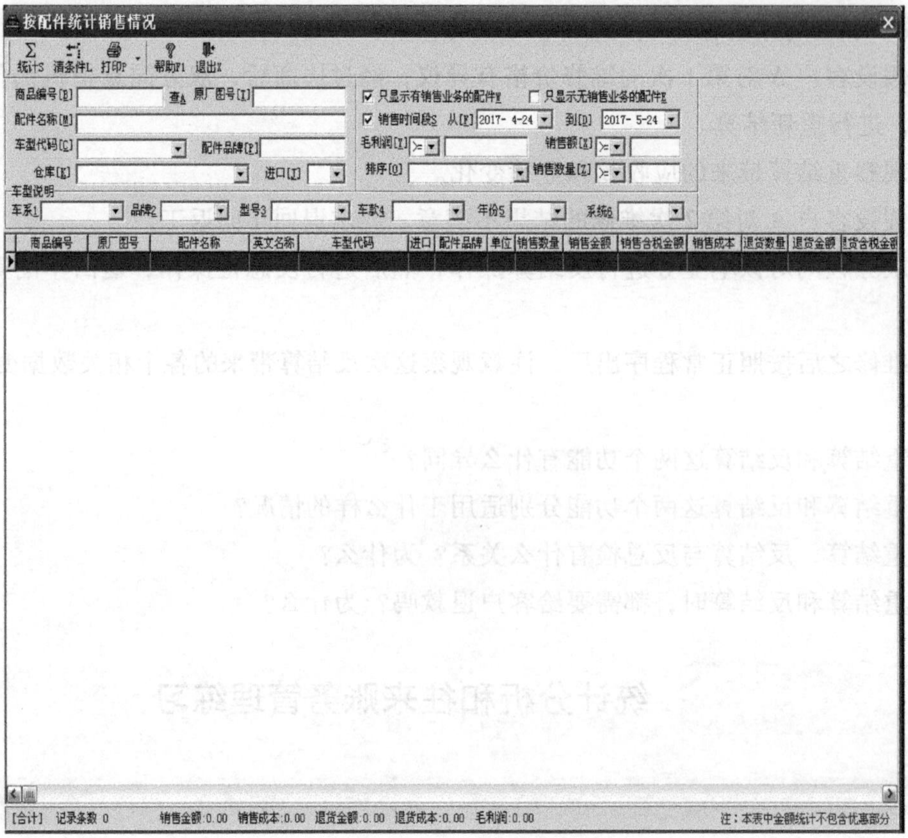

图 7-7　按配件统计销售情况

在这里，统计的配件包括销售数量、销售金额（不含税）、销售金额（含税）、销售成本、退货数量、退货金额（不含税）、退货金额（含税）、退货成本、销售净数量、销售净金额、销售净成本和毛利润等。

其中，销售（包括销退）数量、金额和成本都是根据业务记录中的明细得来的。销售部分的内容统计可以和销售查询的统计进行比对，销售查询的总金额应该等于该表中销售的总金额。而销售退货查询的总金额、成本，应该等于该报表中销售退货的总金额和成本。表中的净值都是由销售值减掉销售退货值得到的，而毛利润是净金额减去净成本得到的。

2. 按客户统计销售情况

按客户统计销售情况（图 7-8）的统计对象是销售客户，会列出指定时间段内所有客户的销售情况。每一个客户购买数量、金额，退货数量、金额以及净数量和金额都会显示在这个报表中。

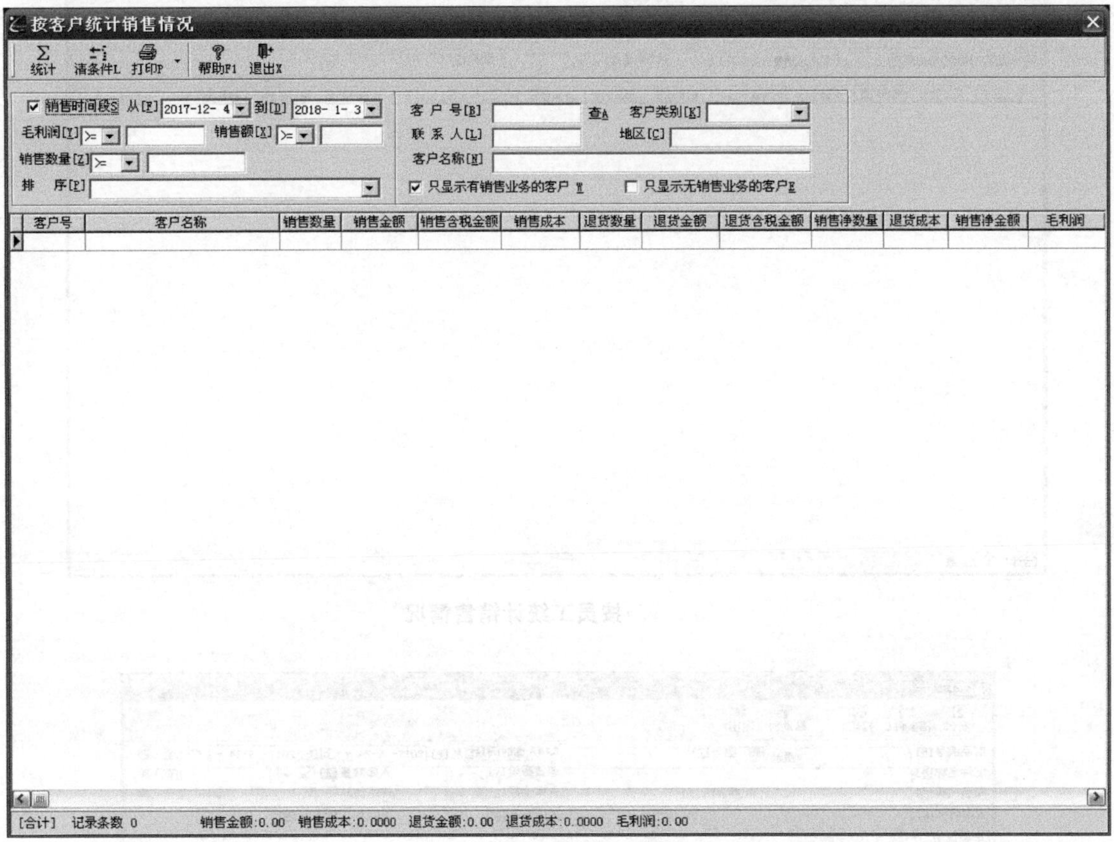

图 7-8　按客户统计销售情况

通过该报表，还可以根据客户的销售额、毛利润等指标进行排序。

3. 按员工统计销售情况

按员工统计销售情况（图 7-9）的统计对象是员工。该表可以将当期有销售业绩的业务员的销售情况进行统计，并列出每个销售员的销售金额、数量以及销售退货金额及数量。

通过这个表可以根据不同的排序规则，看到销售业务员的业务水平高低，有助于管理者采取相应的奖励措施。

4. 按配件统计进货情况

在按配件统计进货情况（图 7-10），可以看到当期配件的进货情况，包括入库、退货以及净数量等。

5. 按供应商统计进货情况

按供应商统计进货情况（图 7-11），可以看到当期全部有进货业务的供应商的进货统计，包括进货金额、数量，退货金额、数量以及净金额和净数量。

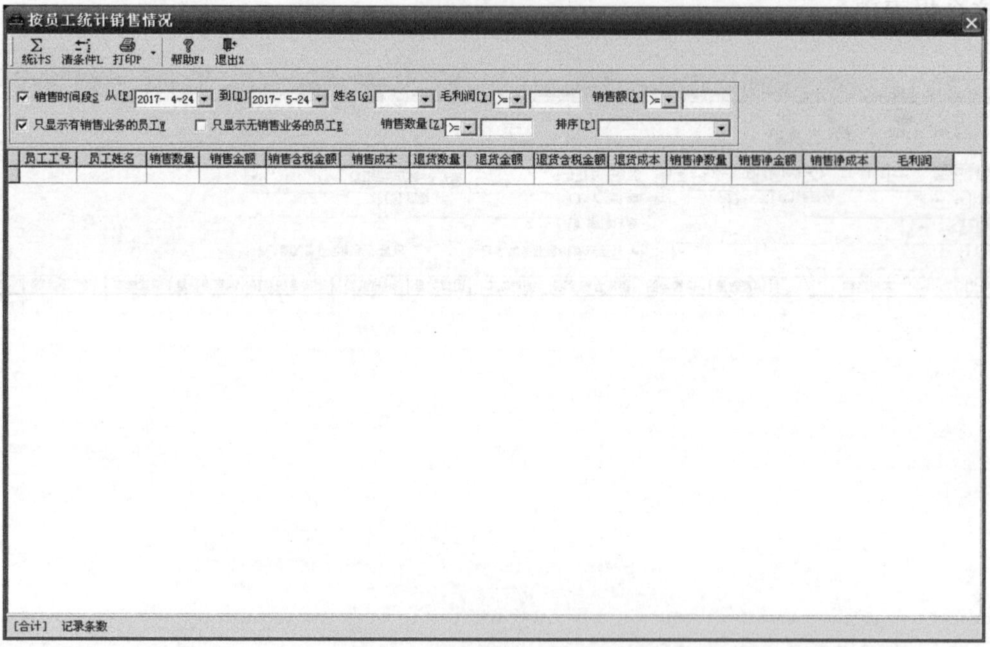

图 7-9 按员工统计销售情况

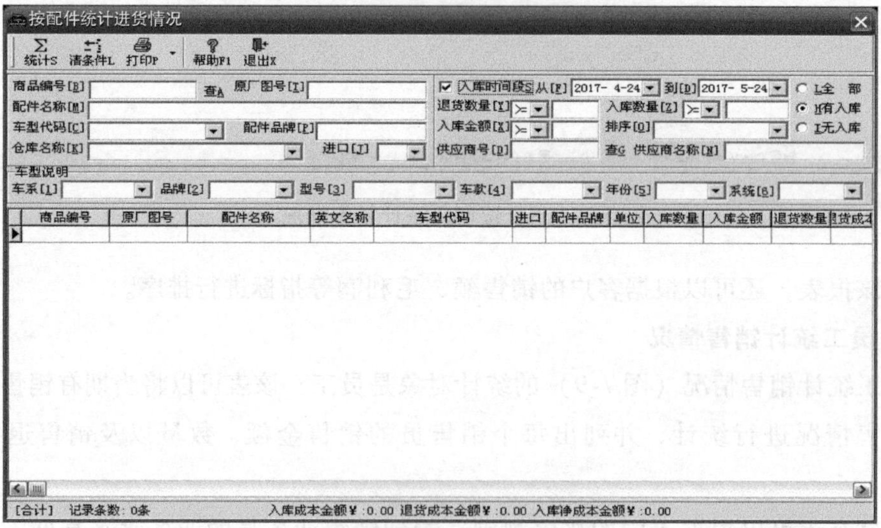

图 7-10 按配件统计进货情况

如果想具体了解从每个供应商处的进货明细，可以单击界面中的"供货台账"按钮进行查询（图 7-12）。

6. 按配件统计出库情况

按配件统计出库情况（图 7-13）与按配件统计销售情况不同，其统计的内容包括所有出库项目：销售出库、领料出库、调拨出库、盘点出库和采购退货等。其中领料出库有包含 4 种收费类别的统计：自费、保险、索赔和免费。

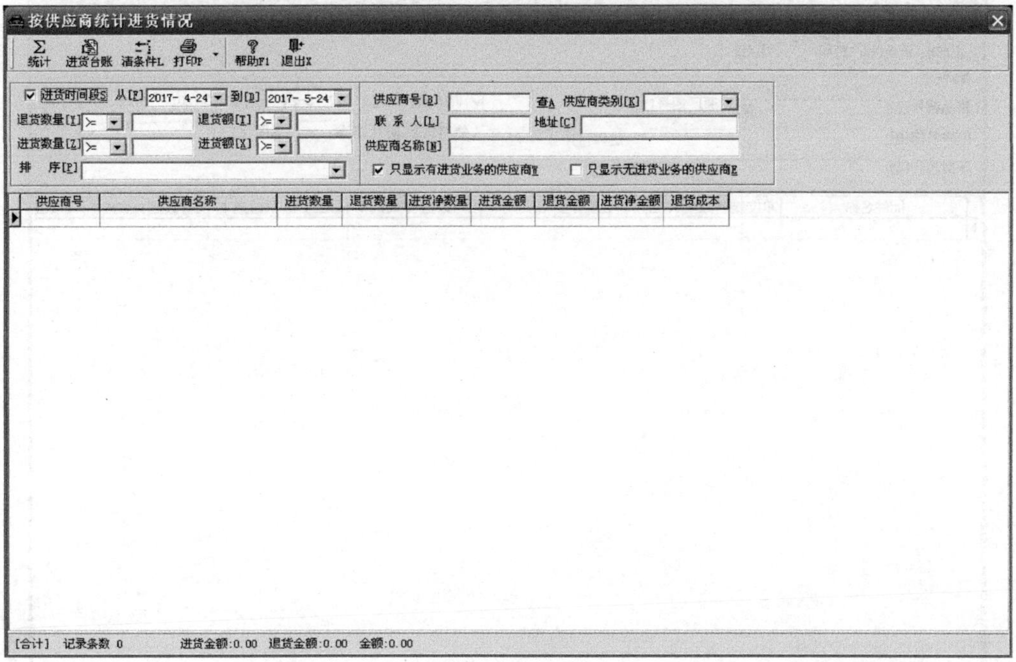

图 7-11　按供应商统计进货情况

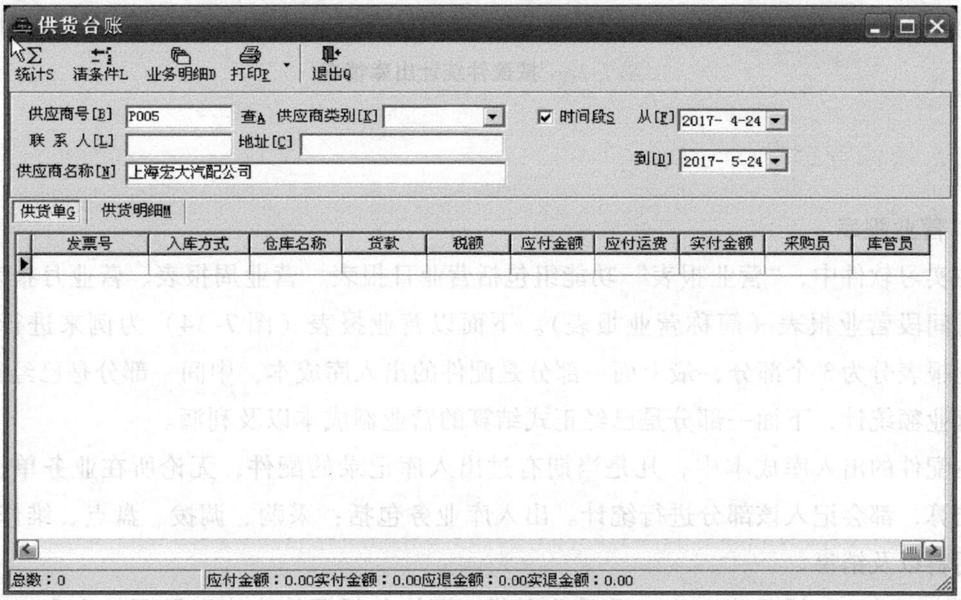

图 7-12　供货台账

　　界面中的时间段指的是领料时间段。注意：在界面中的领料状态如果选择"在用"，则统计的是所有已经领料但没有结算的配件。如果选择"已结算"，则统计的是所有已经领料且已经结算的配件。

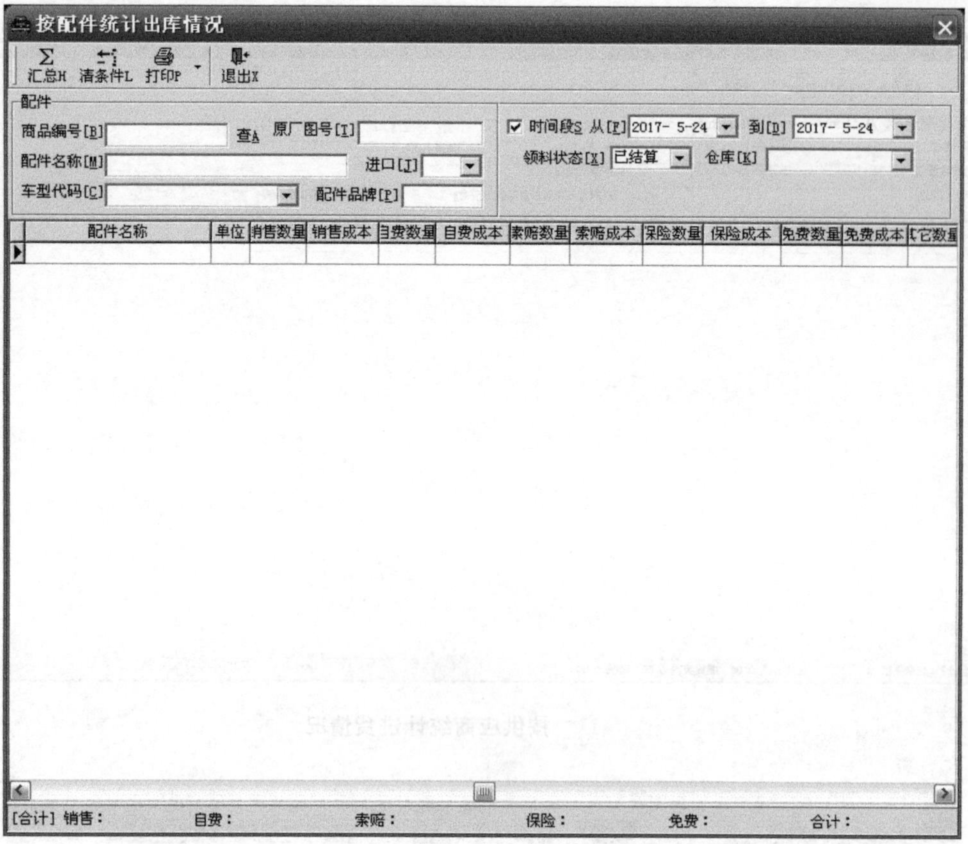

图7-13　按配件统计出库情况

二、汽修管理统计分析

1. 营业报表

在实习软件中，"营业报表"功能组包括营业日报表、营业周报表、营业月报表和自定义时间段营业报表（简称营业报表）。下面以营业报表（图7-14）为例来进行说明。在营业报表分为3个部分，最上面一部分是配件的出入库成本，中间一部分是已经正式结算的营业额统计，下面一部分是已经正式结算的营业额成本以及利润。

在配件的出入库成本中，凡是当期有过出入库记录的配件，无论所在业务单据是否正式结算，都会记入该部分进行统计。出入库业务包括：采购、调拨、盘点、维修用料、内部用料以及销售。

其中，采购包括采购入库以及采购退货；调拨包括调拨出库以及调拨入库；盘点包括盘盈入库以及盘亏出库；维修用料包括维修领料以及维修退料；内部用料包括内部领料以及内部退料；销售包括销售出库以及销售退货。上述业务发生时，系统会随着配件的出入库自动在报表中进行统计。因此本表中的成本记录非常完整而且真实有效，适合于库管员以及成本会计使用。

营 业 报 表

统计仓库：全部
编制单位：北京运华天地科技有限公司（未注册软件）　　　报表日期：2017-05-24至2017-05-24

期初库存余额	0.00	本期库存余额		0.00
本期入库总额	0.00	本期出库总额		0.00

项　目	入库金额		出库金额		净　额	
采购成本	采购入库：	0.00	采购退货：	0.00	采购净额：	0.00
调拨成本	调拨入库：	0.00	调拨出库：	0.00	调拨净额：	0.00
盘点成本	盘盈入库：	0.00	盘亏出库：	0.00	盘点净额：	0.00
维修用料	退料入库：	0.00	领料出库：	0.00	维修用料：	0.00
内部用料	内部退料：	0.00	内部领料：	0.00	内部用料：	0.00
销售成本	销售退库：	0.00	销售出库：	0.00	销售成本：	0.00

项目	金额	项目	金额
本期营业总收入(含税)	0.00	本期营业净收入(含税)	0.00
配件销售收入(含税)	0.00		
减：配件销售优惠金额		0.00	
减：配件销售退回金额		0.00	
采购退货收入	0.00		
维修营业收入(不含税)	0.00		
其中：材料费	0.00		
工时费	0.00		
材料索赔收入	0.00		
工时索赔收入	0.00		
减：索赔优惠金额		0.00	
材料理赔收入	0.00		
工时理赔收入	0.00		
减：理赔优惠金额		0.00	
管理费	0.00		
外加工费	0.00		
检测费	0.00		
其他费	0.00		
减：维修(自费)优惠金额		0.00	
本期营业成本净额		0.00	
其中：配件销售成本		0.00	
维修领料成本		0.00	
其他成本		0.00	
索赔成本		0.00	
理赔成本		0.00	
采购退货成本		0.00	
本期消耗成本总额		0.00	(含内部领料净额)
本期毛利润	0.00	资产变动(盘点和货值调整)	0.00
税金　进项税：	0.00　销项税：	0.00　备注：运费	0.00

主管：　　　　制表：教员1

图 7-14　营业报表

　　重点说明之一：营业额统计部分只统计当期已经结算的业务单据，包括配件销售业务、配件采购退货、维修结算、保险确认单和索赔确认单。

对于销售业务，一般是销售的同时就进行结算了，因此可以通过销售查询界面与营业报表中的销售额统计进行比对。

重点说明之二：配件的采购退货是另一种意义上的销售。采购退货的客户就是供应商，其采购退货金额是一种收入。虽然大部分情况下该收入金额等于退货出库的成本，但本质意义是不同的，采购退货收回的金额也不一定等于出库成本。因此，采购退货会产生收入、成本，也可能产生盈亏。

维修结算仅统计在维修结束后已经进行结算收款的业务单据。凡是已经结算收款的业务，都将统计到营业额中；而还没有结算收款的维修单，由于无法确定单据的最终应收金额，具有不确定性，因此其营业额和出库成本都不计入报表。

重点说明之三：对于保险理赔单和三包索赔单，本报表只统计其中已经确认的单据。其道理和维修单是一样的，因为在真正确认之前，无法确定其营业额和成本。

第三部分的营业成本以及利润是指已经正式结算部分的营业收入中所包含的配件成本，包括配件销售成本、维修领料成本、其他成本、索赔成本、领料成本和采购退货成本等。其中，其他成本包括内部领料净成本、盘点净成本和调拨净成本。本期毛利润是指营业净额减去本期消耗成本金额的差值。

在报表中还有一个概念是资产变动，包括盘点和货值调整带来的仓库成本变动。其中，货值调整是一个很不常用的功能，用于特殊情况下将库中的配件按照实际的价值进行调整，才会产生库存资产的变动。

2. 维修用料查询

查询维修过程中所有用料的情况，可以通过维修用料查询界面来统计（图 7-15）。

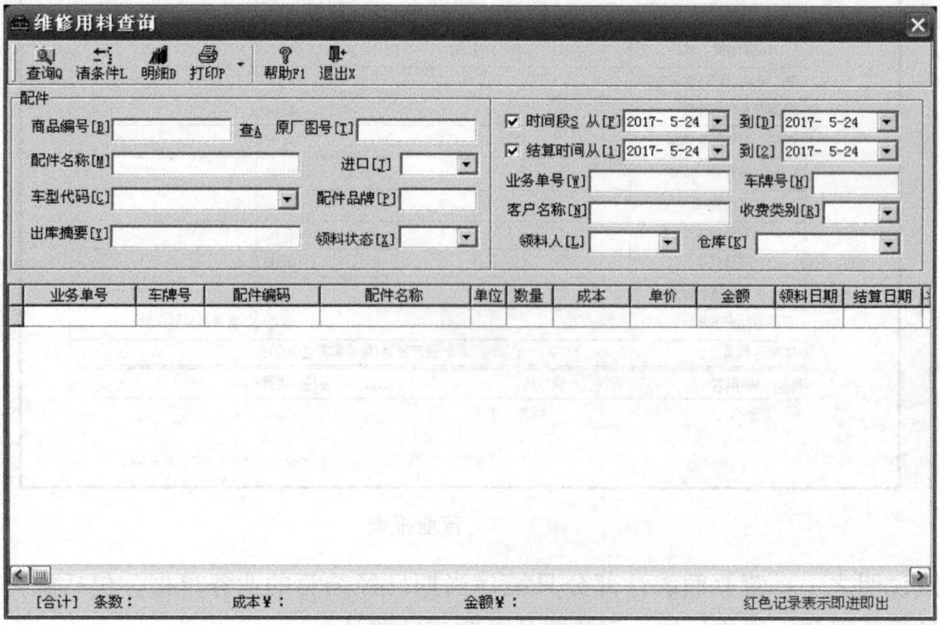

图 7-15　维修用料查询

在维修用料查询界面中，可以按照具体的配件来查询，也可以按照时间段来查询，或者查询具体的业务用料，通过界面上方的条件进行组合，就可以了。需要注意的事项有 3 个：

1）"时间段"指的是维修单的登记时间段。

2）"结算时间"是维修单结算的时间范围。

3）在统计时要注意领料状态（"全部""在用"或者"已结算"）。

3. 维修项目查询

维修项目查询中（图 7-16），可以查询时间段内所有维修单中各种维修项目的统计信息，包括项目的标准工时、工时费、考核工时、实际工时以及完工时间、状态等。通过状态的选择可以查询出所有未派工、维修中、停工、已修好和未修好的维修项目。

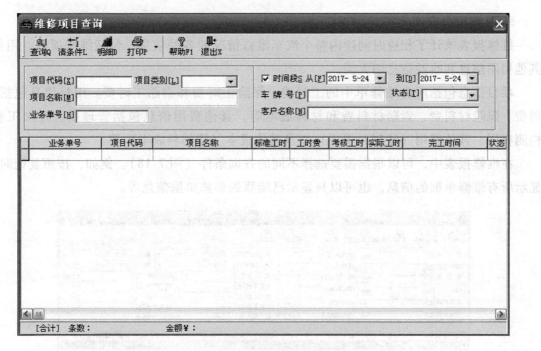

图 7-16 维修项目查询

4. 维修人员业务查询

维修人员指的是在车间的维修工。维修人员业务查询（图 7-17）统计的是每个维修工派工的情况、完成的情况和应得的奖金提成等。

本表上方是按钮和查询条件。中部列出的是维修人员，记录了他们的派工次数，所有派工的工时情况以及奖金系数、奖金和提成金额。在左下角的表中，记录了该工人被派工的车辆，右下方的表中则记录了每次派工所对应的维修单以及所属车辆信息。

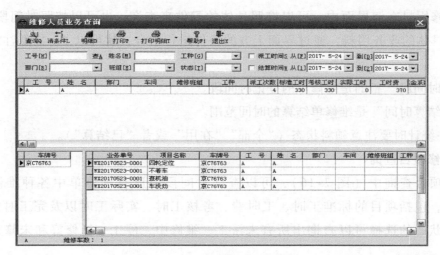

图 7-17　维修人员业务查询

5. 维修报表查询

维修报表统计了相应时间段内整个汽车维修情况的各种信息，包括维修项目、用料、其他费用信息和收益信息四大类。

项目信息包括所有维修单中的工时费、保险工时费和索赔工时费。用料信息包括材料费、保险材料费、索赔材料费和材料成本等。其他费用信息包括管理费、外加工费、检测费用、其他费用（漆辅料费用）以及其他成本（漆辅料成本）等。

在维修报表中，可以根据需要选择不同的查询条件（图 7-18）。例如，按照登记时间显示所有维修单据的信息，也可以只显示已结算的维修单据信息等。

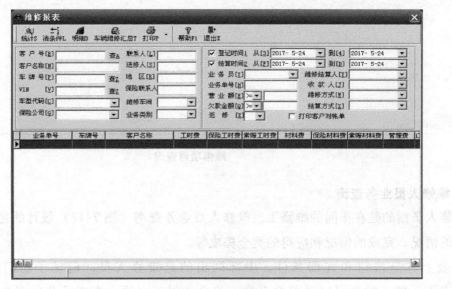

图 7-18　维修报表

本表中，还有一个"车辆维修汇总"的统计，通过它可以查看任意一辆车在修理厂的所有维修情况,同时可以将所有维修项目和用料分类统计出来并打印(图7-19)。

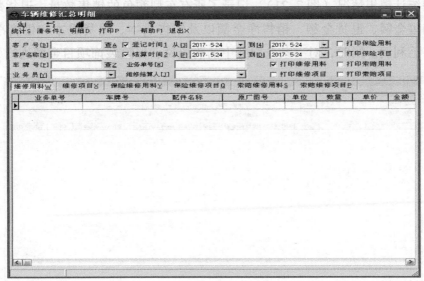

图 7-19 车辆维修汇总明细

三、汽贸管理统计分析

1. 整车入库统计

在整车入库统计界面(图7-20),可以看到本时间段内所有的车辆入库情况的分类汇总。在左侧的表中,可以看到系统根据车型、颜色不同,对每种车型每种颜色的入库数量进行了汇总;在右上角的表中,显示了从每个供应商处进货的数量;在右下角列出了每一位采购员当期的入库数量。

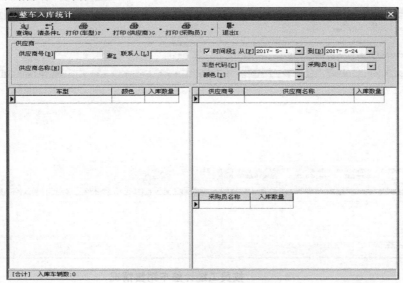

图 7-20 整车入库统计

2. 按车型统计销售情况

按车型统计销售情况（图 7-21），记录了所有车型颜色的销售数量、退货数量、销售净数量、销售金额、退货金额、销售净金额以及销售成本、退货成本和销售净成本，从而得出销售毛利润。同时，对一条龙服务中的购置税、保险装饰项目金额进行了统计。

图 7-21　按车型统计销售情况

3. 按员工统计整车销售情况

按员工统计整车销售情况（图 7-22）统计了每个汽车销售员在当期的整车销售情况，包括整车销售、退货额、成本和毛利润等。在下面的表中记录了销售员所售每一辆车的详细信息。本表可以给管理者用于评定销售员业绩。

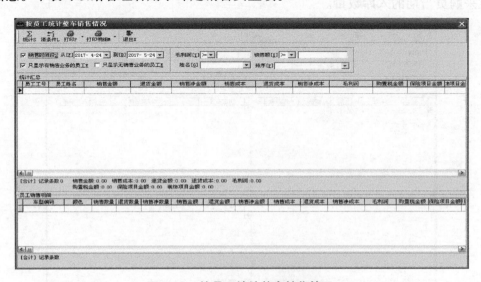

图 7-22　按员工统计整车销售情况

4. 汽贸营业报表

整车营业报表（图7-23）显示了当期整车入库出库情况，以及整车销售额、销售成本和销售利润的总体情况。

整 车 营 业 报 表

统计仓库：全部
编制单位：北京运华天地科技有限公司（未注册软件）　　　　报表日期：2017-05-24至2017-05-24

项　　目	行号	金　额	备　注
一、期初库存余额	1	0.00	
二、本期入库总额	2	0.00	
采购入库	3	0.00	
销售退货	4	0.00	
调拨入库	5	0.00	
其中：采购入库净额	6	0.00	
三、本期出库总额	7	0.00	
采购退货	8	0.00	
销售出库	9	0.00	
调拨出库	10	0.00	
其中：销售出库净额	11	0.00	
四、本期库存余额	12	0.00	
五、本期销售总额	13	0.00	
减：销售退回金额	14	0.00	
六、本期销售净额	15	0.00	
七、本期销售成本	16	0.00	
减：销售退回成本	17	0.00	
八、本期成本净额	18	0.00	
九、本期毛利润	19	0.00	
十、整车调价收入	20	0.00	

主管：　　　　制表：教员1

图 7-23　整车营业报表

四、其他统计分析

1. 汽贸、销售和维修客户流失情况统计

下面以"维修客户流失情况统计"为例，介绍有关流失客户的统计（图7-24）。

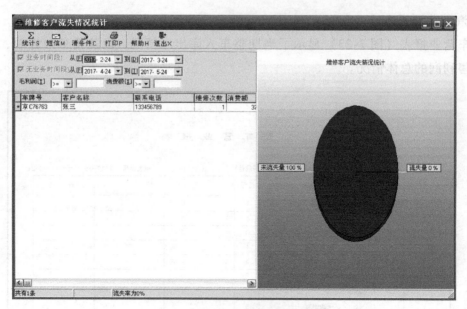

图 7-24 维修客户流失情况统计

维修客户流失是指在过去某个业务时间段（有业务时间段）内曾经来过的客户，在最近一段时间（无业务时间段）没有再来本店发生业务。这样的客户定义为可能流失客户。

本表中统计的就是客户流失情况。在表中还可以看到期间客户来店次数以及消费金额等。

2. 客户贡献度统计

客户贡献度统计（图 7-25）中列出了所有客户在某时间段内所消费的次数、消费额、毛利以及毛利率。毛利和毛利率越高，说明该客户对修理厂的贡献越大。

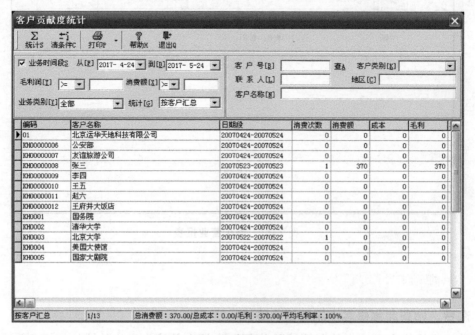

图 7-25 客户贡献度统计

可以按照业务分类统计客户的贡献度，如维修业务、销售业务以及汽贸销售业务等。

五、往来账务管理练习

1. 应收应付款的概念以及管理

应收款是一个企业对其他单位或个人有关支付货币、销售产品或提供劳务而引起的索款权，主要包括应收账款、应收票据、其他应收款和预付货款等。

汽车商务和服务企业涉及的有关应收及预付款的业务主要有：企业销售整车或者配件发生的应收款项；企业提供汽车维修、服务等劳务性作业而发生的非商品交易的应收款项；企业在外地购买设备或材料配件等而发生的预付款项；其他业务往来及费用发生的其他应收款项。

例如，某汽车 4S 站因销售产品、提供汽车维修劳务等发生的收入，在款项尚未收到时属于应收账款。应收款指借方应该收回贷方的款项。此时该汽车 4S 站就是借方，而进行消费的客户就是贷方。如果应收账款为正值，说明是汽车 4S 站应该收取客户相应的费用。如果应收账款为付负值，说明汽车 4S 站应该退还给客户相应的费用。

应付款指借方应该支付给贷方的款项。此时汽车 4S 站为借方，而向汽车 4S 站提供货物的供应商就是贷方。如果应付账款为正值，说明汽车 4S 站应该付给供应商相应的费用；如果应付账款为负值，说明供应商应该付给汽车 4S 站相应的费用。在企业管理中，应收、应付款应由财务部管理，分别由专人负责收款和付款。

应收款项的增加通常被称作应收款发生，即增加借方的金额，说明客户应该支付汽车 4S 站相应的金额。如果发生净额为负值，则说明汽车 4S 站应当退还客户相应的金额。

应收款收回是指增加贷方的款项，即贷方通过借方记录的业务单号将借方记录的款项进行支付的过程。此时贷方的付款金额将冲减借方记录的金额。

同样的，应付款项的增加被称为应付款发生。即增加借方的金额，说明汽车 4S 站应当支付供应商一定的费用。如果应付款项为负值，则说明供应商应当退还汽车 4S 站相应的费用。

应付款支付是指增加贷方的款项，即借方通过记录的业务单号将需要支付给贷方的金额进行支付的过程。此时借方支付的金额将冲减借方自己记录的需支付金额。

关于这些借贷方的定义等财务基础知识，在此不进行详细的讲解。

2. 应收、应付款的管理练习

（1）应收款查询　当有业务发生的时候，计算机系统都会自动将应收款与实际收款记录在往来明细账中。例如维修结算时，配件销售客户购买配件的时候，软件就会将客户应付金额以及客户实付记录记入往来账明细中。

在主菜单的"财务管理"中可以找到"往来账管理"，可以在"应收款查询"界面（图 7-26）中看到所有客户的往来账情况。通过选择"明细"，还可以看到被选中客户的每一笔详细的往来账的情况（图7-27）。

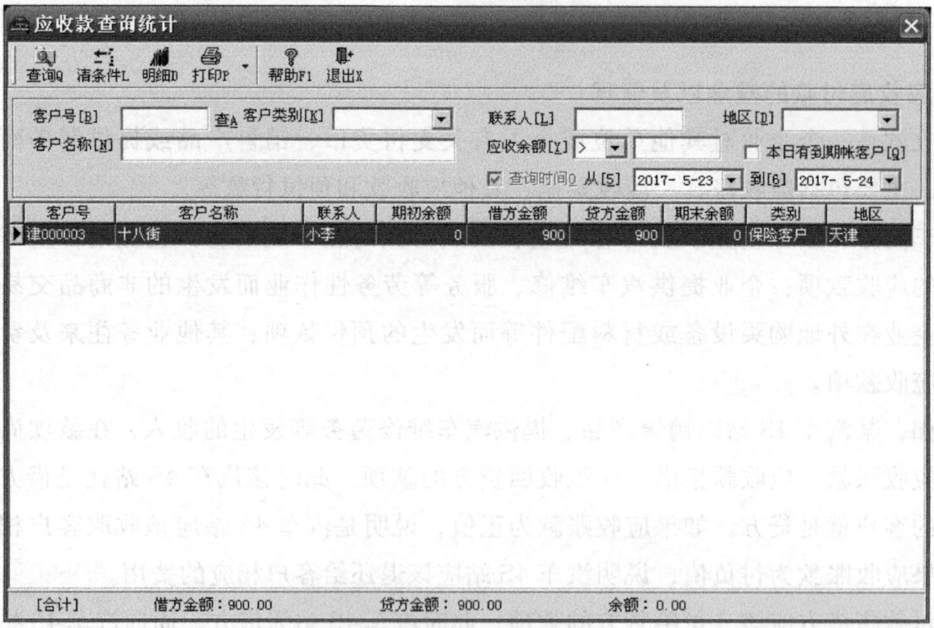

图7-26 应收款查询统计

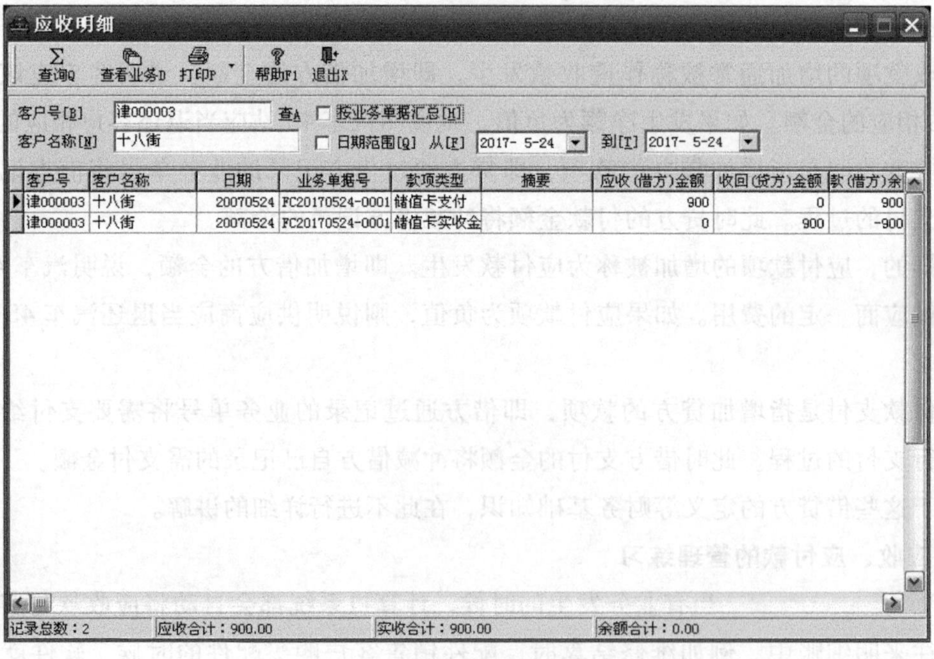

图7-27 应收明细

（2）应收款发生 事实上，每当有业务发生时，系统会自动增加应收款记录。这时是不需要用手工方式进行"应收款发生"操作的。应收款发生的操作用于没有具体业务发生的情况下，需要人为调整应收款的账目，例如对某个客户的债务进行调整等。

如果增加的往来账务为正值，说明客户应该支付给商家相应的费用。如果发生的往来账为负值，说明商家应该支付给客户相应的费用。应收账款发生界面如图 7-28 所示。

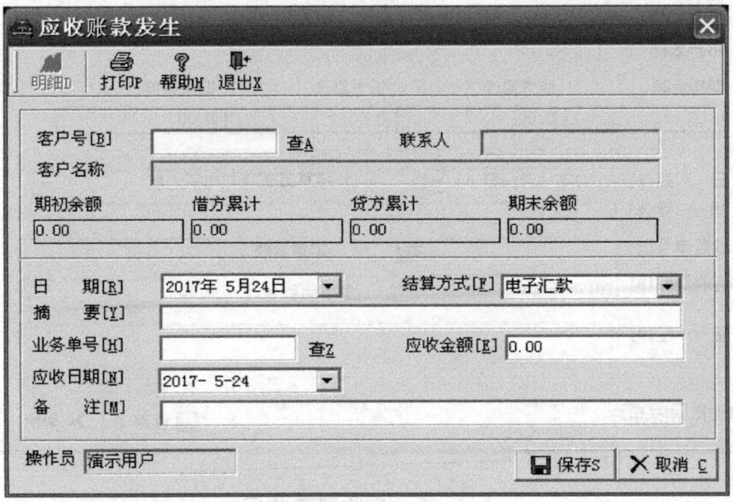

图 7-28　应收账款发生

在"应收账款发生"界面中，首先通过单击"查A"选择一个客户。如果本次发生的业务是与某业务相关的账务，那么可以单击"查Z"，在往来账业务查询界面选择一笔业务单，在应收金额处填写金额。如果没有相关的业务单据与之对应，可以不填写业务单号。如果填写的金额为正值，说明需要增加借方的金额；如果填写金额为负值，说明将减少借方金额。

（3）应收款收回　应收款收回就是商家将客户应当承担的欠款收回的过程。在应收款收回界面（图 7-29）中，同样需要选择付款客户和对应的业务单（也可不选择对应的业务单），选择完毕后，在"本单金额"中就会列出该单客户所欠账款。然后输入收款金额，保存即可。

（4）呆账处理　呆账处理是一种财务手段，用于注销无法收回的应收款项。因为如果有一些无法收回的应收款项一直处于挂账状态，是没有太多实际意义的。

呆账处理模块就是用于注销呆账的过程。注销呆账的功能界面如图 7-30 所示。

在呆账处理界面，首先需要选择注销呆账的客户，再选择该客户名下已经无法回收账款的业务，然后单击"呆账"，此时该单的呆账状态就会变为"是"。如果想取消标注呆账，那么再次单击"呆账"，此时呆账状态就会返回到原来状态。

如果确认呆账无疑的时候，经过批准，财务人员可以注销该笔呆账。已经注销的单据在"注销历史"中可以看到（图 7-31）。需要说明的是，已经被注销的呆账是不能恢复的。

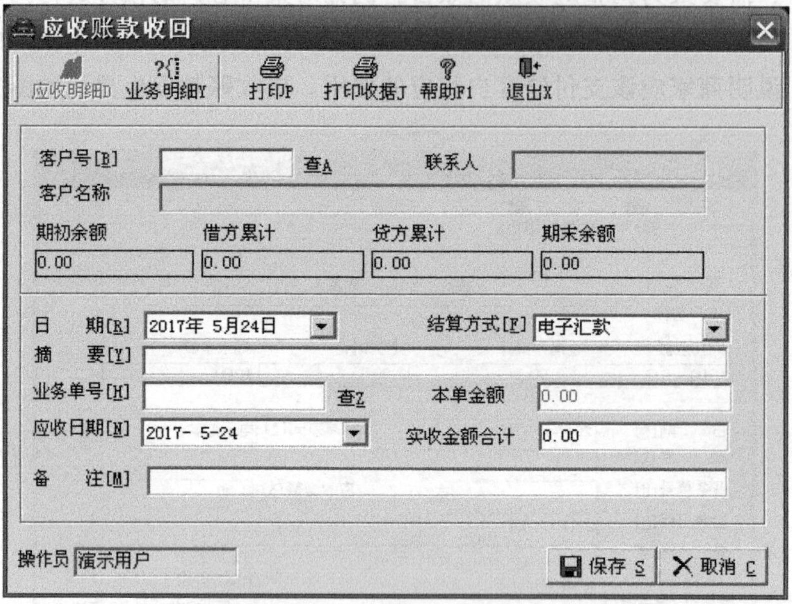

图 7-29 应收账款收回

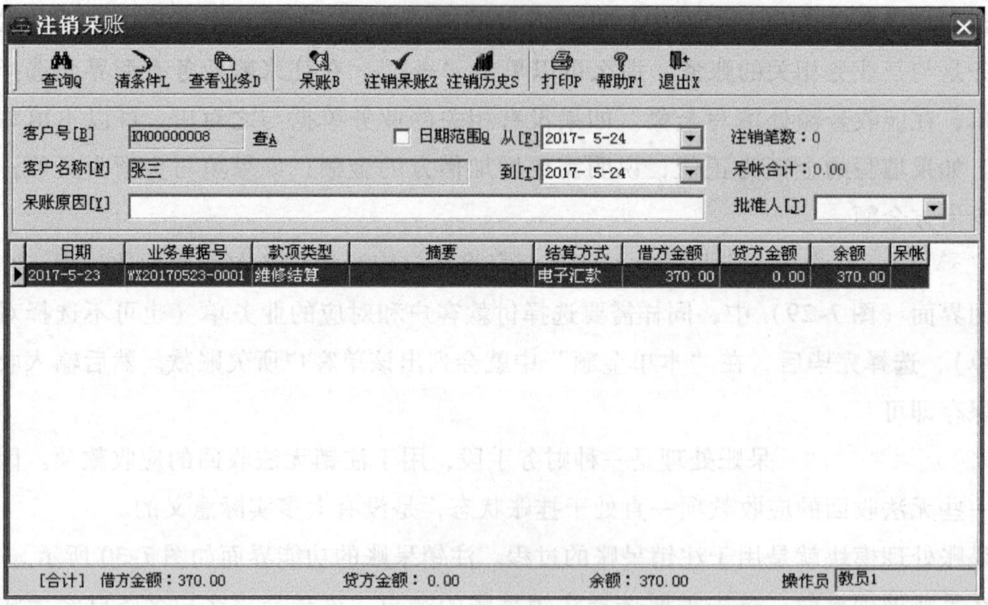

图 7-30 注销呆账

（5）应付款的查询 应付款的管理与应收款类似。在"应付款查询"中可以看到商家与供应商的往来账款情况（图7-32）。例如选择某个供应商单击"明细"，就可以看到该供应商的详细借贷情况。

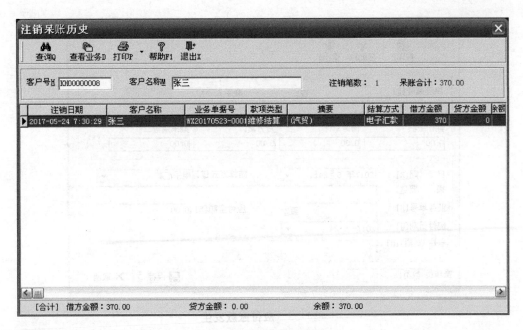

图7-31 注销呆账历史

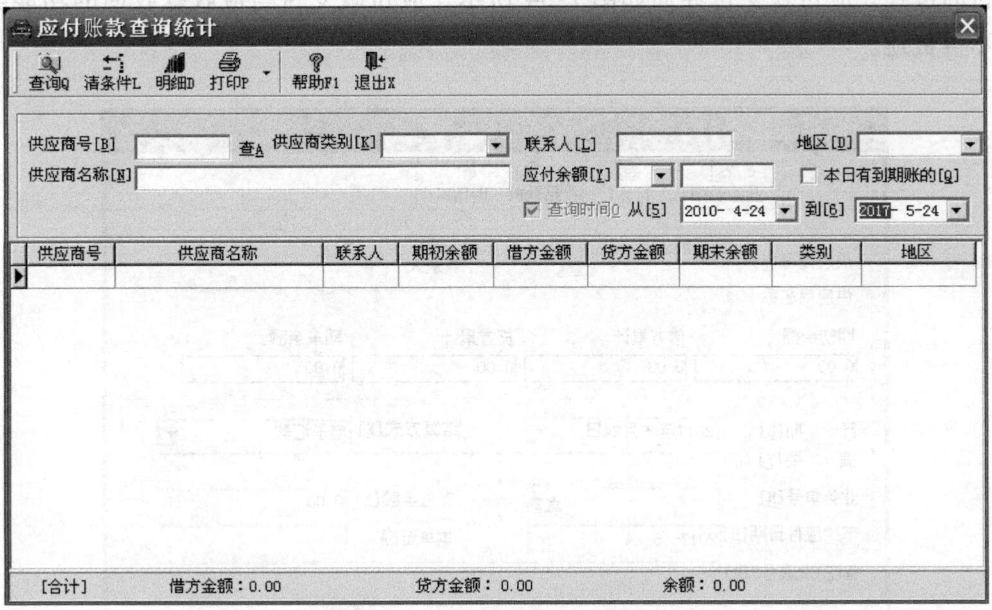

图7-32 应付账款查询统计

（6）应付账款发生 应付账款发生用于在软件系统中没有发生业务，而在实际中应付账款却有变化的情况下，为了记录该账务，在供应商的往来账中以手工方式增加一笔往来账。应付款发生界面如图7-33所示，其操作方法与"应收款发生"类似，不再赘述。

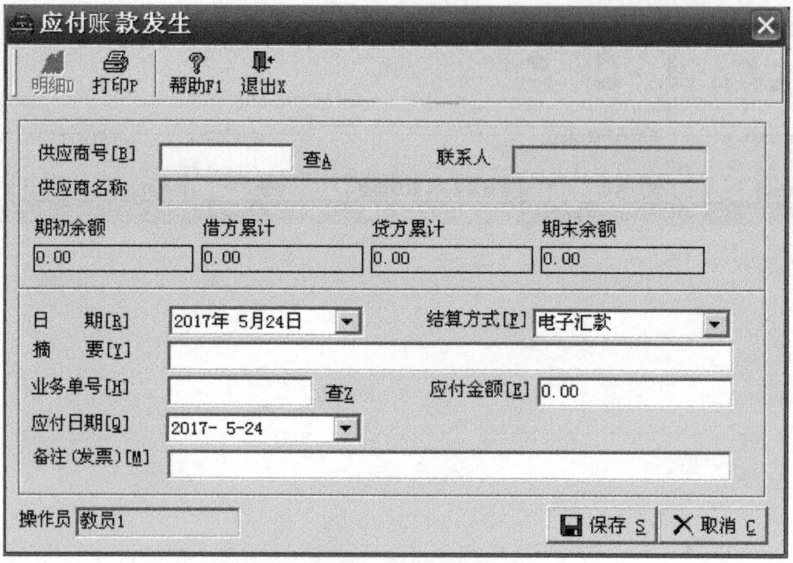

图 7-33　应付账款发生

（7）应付账款支付　应付款支付是指商家根据业务单或者往来账向其供应商进行债务支付的过程。应付款支付界面如图 7-34 所示，应付款支付与应收款收回的功能类似，在此不再赘述。

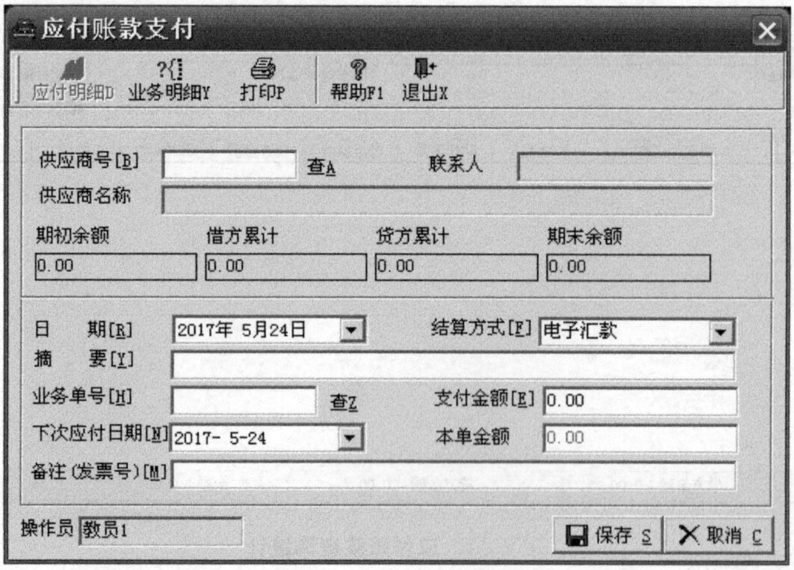

图 7-34　应付账款支付

（8）多业务收款　很多时候，一个客户来店消费，有多笔业务没收款，到了结账的时候一并付款。此时，可以利用"多业务收款"功能进行成批收款。

这个功能既节省了时间，也能保证账务明细的清晰，比起在"应收款收回"逐笔业务进行收款的工作量要小得多。多业务收款界面如图7-35所示。

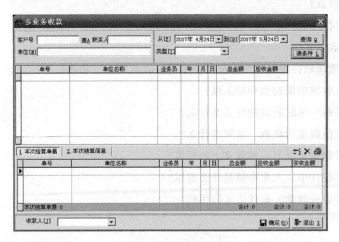

图 7-35　多业务收款

多业务收款，首先选择需要收款的对象（即客户），然后选择收款的业务类型，如维修单、销售单等，单击"查询"，系统会将该客户所有未结清的业务单据一一列出来。

然后，通过选择 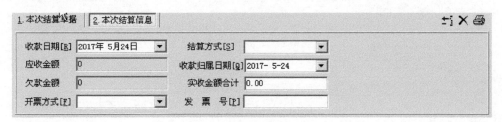 按钮将应收款的单据添加到"本次结算单据"中，然后根据每笔业务单的结算情况，在每单业务的右边"实收金额"处填写该单的收款金额，系统会自动统计出汇总金额。

当所有实收金额都填写完毕后，选择"本次结算信息"界面（图7-36）。接下来只需要填写结算方式以及开票方式等信息，选择收款人后就可以确定收款了。

图 7-36　本次结算信息

☞ 习　题

1. 在汽车4S站中，一般来说前台接待（SA）与车间的维修工在管理上是什么关系？为什么？这一点与一般的小规模的汽修厂有什么不同？

2. 我国的汽车4S站在目前这个发展阶段有什么特点？

3. 汽车4S站如果自行采购管理软件，应该按照什么标准进行采购？

4. 为什么汽车4S站临时定做的管理软件大多数不太好用？

5. 如果想要进行远程管理，应该怎样做？

6. 什么叫做应收款？

7. 什么叫做应付款？

8. 什么叫做应收款发生？

9. 在实习用的管理软件里，什么情况下使用"应收款发生"功能？

10. 什么叫做应收款的期初值和期末值？

11. 什么叫做呆账？呆账处理的含义是什么？

12. 如果应收款的数值为负数，意味着什么？

13. 为什么说采购退货是另一种意义上的销售？

14. 在整车入库统计中，入库净值是什么意思？

15. 什么叫做多业务收款？有什么实际用途？

项目八

汽车快修美容店商务管理

任务一　汽车快修美容店商务管理认知

📋【任务目标】

能够利用相关软件对汽车快修美容装饰的服务进行操作。

📋【任务理论知识】

汽车快修美容装饰的服务内容。

📋【建议学时】

1 学时。

一、汽车快修美容店的发展

在我国，汽车快修美容店很早就出现了，但是在最近十几年才发展成为一种大规模的汽车服务形式。汽车的快修美容属于汽车售后服务的一类。随着汽车的普及、汽车文化的发展、汽车生活的丰富，汽车快修美容行业正在蓬勃发展。

汽车装饰美容与
传统洗车的区别

汽车快修美容店从事的服务范围包括汽车维护、装饰、美化和清洁等。最开始，汽车的快修美容店是维修店的附属体，快修美容发展很快，如今已经成为与汽车维修并列的一大服务类型。

由于其业务的特点，汽车快修美容店的管理与汽车维修企业有相似之处，也有不同之处。相比汽车维修企业，汽车快修美容店的经营有如下特点：

1）客户群广泛；

2）项目繁多而且更新快；

3）材料更新快；

4）收费标准不统一；

5）维修技师的操作不统一；

6）项目的流程弹性较大；

7）在经营上更加注重短期现金流；

8）持卡消费的会员较多，会员体系内容丰富；

9）连锁经营的比例较高。

相应地，汽车快修美容店的经营具有"短平快"和"新奇特"等风格，所以其管理有相应的特点如下：

1）管理流程简单明快；

2）库存量小（如果不是连锁总店）；

3）会员体系复杂；

4）卡的种类繁多；

5）注重店面销售。

汽车快修美容刚刚兴起的时候，恰逢"眼球经济"观念流行，于是大家都玩新概念，吸引众人眼球；那时车主的消费观念也不成熟，对汽车美容的效果和作用认识都不够。所以，汽车快修美容和汽车的 4S 站一样，曾经吸纳了相当一部分"热钱"投资商。现在，泡沫逐渐散去，这个行业正在回复其服务本质。

二、汽车快修美容店的特殊会员制度

会员制是服务型企业吸引新客户、留住老客户的有效手段，不同的企业，通常有不同的会员制度。汽车快修美容行业的会员制度中，有与汽车维修行业的会员制度类似的，也有不同的，以下简单介绍一下其特有的一些会员制度。

1. 套餐制会员制度

套餐制会员制度是指将店家的几种服务项目整合成一个套餐模式，并记录在一张卡中，客户可以首先通过购买具有优惠额度的套餐卡来获取消费资格，每次消费时，卡内项目的次数自动减少，而无须每次以现金付费。当卡内所有项目的消费次数均达到零次的时候，此时这张卡就作废掉。套餐卡一般是不记名卡。

最常见到的套餐卡就是洗车卡。例如，某店发行面值为 200 元的洗车卡，持卡人可以洗车 15 次，并赠送打蜡 1 次。而如果临时以现金洗车，则要花费 15 元洗车 1 次，单独打蜡 1 次则收费 50 元。

这样计算，持卡人如果没有这张卡，洗车 15 次加打蜡 1 次，则要花费 275 元，而一次性购卡，只需 200 元。车主通过购买这种洗车卡，在长期消费的过程中，可以节约 75 元，而店家则一次性提前实现了现金的迅速回笼。因此套餐卡在多数的快修美容店经常使用，受到广大消费者的欢迎。

2. 储值制会员制度

储值制会员制度类似于商场的借记消费卡制度。储值卡就是消费卡的一种，该卡按照一定面值发行，客户可以按照面值购买，也可能按照折扣价格购买。客户购卡以后，日常刷卡消费时扣减卡中金额，无需每次支付现金。

例如，某美容店发行一种储值卡，面值为 1000 元，发行价格为 800 元，则客户购卡以后，可以凭卡来店进行价值总和为 1000 元的消费，而付出的代价仅为 800 元。与套餐卡一样，通过购卡消费，客户获得了折扣优惠，而店家则提前获得了回笼现金。

一般来说，储值卡的储值金额不足的时候，可以进行续费或者充值，而套餐卡一般不能续费充值。储值卡一般是不记名卡。

三、汽车快修美容连锁

1. 汽车快修美容连锁业产生和发展的环境

近年来，汽车的消费不断呈上升趋势，而一般消费者对汽车的维护知识非常有限。这意味着专业、规范和优质的汽车售后服务业，在将来的汽车消费市场中发展潜力将十分巨大，这也就为众多的汽车快修美容服务业者带来了充分的想象空间。

随着汽车产品的完善、消费观念的改变和社会分工的发展，汽车的维护日显重要。在发达国家，汽车的日常检测和维护早已取代汽车的维修，成为消费的经常性项目。而我国汽车产业的发展及其后市场里面，正在孕育着一个大规模的、高速发展的维护行业。很多投资者都看好了这一个新兴的行业，有意在这里淘金。

但是，汽车的快修美容行业不论从技术，还是从经营管理上来说，都是一个新兴的行业，偏偏大多数投资者都是外行。这样的结果就是众多的大、中、小投资者蜂拥而至，甚至只要有一个门面，就可成立一个汽车装饰美容店。由于一直缺乏全国性的管理法规和行业标准，致使汽车装饰美容市场十分混乱，由此引发的服务质量争议也层出不穷。同时，由于产品和服务项目同质化日趋严重，经营管理水平相差无几，价格大战已成为某些地区内汽车美容店竞争的主要手段。有人担心，这样下去，汽车快修美容业有可能继汽车维修行业之后，成为消费者的投诉热点。

目前，我国的权威部门没有完整的汽车美容专业技师的考核标准，也是造成汽车美容行业不规范的原因之一。汽车装饰师或汽车美容师的工作范畴应该包括分析客户的要求，做出相应的汽车美容装饰方案，然后做车表美容、车饰美容、漆面美容和汽车防护等方面的综合处理。但目前,国内大多数的汽车美容装饰服务远远达不到这种水准。

虽然上述问题普遍存在,但这样不规范的汽车美容店仍能获利,这说明汽车美容市场仍然存在较大的利润空间。在这样几个因素的相互作用下,汽车快修美容的连锁经营近几年成了热门话题。

2. 我国的汽车快修美容连锁业的发展现状

所谓连锁经营,指的是经营同类商品或服务的若干个店铺,以一定的形式组合成一个联合体,在整体规划下进行专业化分工,并在分工的基础上实施集中化管理,使复杂的商业活动简单化,以获取规模效益。连锁经营分为 3 种形式:直营连锁、特许经营连锁(也可以叫特许加盟)和自由连锁。

我国的汽车快修美容行业处于新兴阶段,对于新的投资者来说,进入一个陌生的领域,缺乏一套完整的管理系统,也不了解新兴市场的盈利模式,在短时间内占领市场几乎是不可能的,所以对于新投资者和需要升级的汽车美容店来说,加盟连锁是个捷径。

从国际上连锁企业的成功经验看来,连锁行业对新投资者有 3 个最具吸引力的方面:

1)可模仿的成功的经营模式。

2)可照搬的完整的产品系列。

3)可依靠的成熟的管理培训。

此外,一般的连锁经营对"入门资金"要求都不高,所以很多投资者跃跃欲试。投资者加盟连锁店,其目的就是轻松获得经过市场验证的成功经验,短时间内实现信息流、物流和资金流的良性循环,加上精细的品牌管理,达到快速占领市场的目的。但是,我国的汽车美容市场还处于初级阶段,真正成功的连锁服务模式寥寥无几,虽然有个别国际品牌的汽车相关行业加盟店已经进入中国,但是也都没有深入人心,更谈不上完整规范的品牌经营。现在的状况是,谁的广告打得多,谁就是名牌。在众多的连锁经营者中,存在一些以噱头吸引公众注意力,甚至以圈钱为短期目的的不良经营者。

随着经济的进一步发展,人民生活水平的不断提高,消费者的消费意识、消费观念也会进一步提高。科学理性的消费将成为未来主流。在不远的将来,汽车快修美容连锁行业也将成为一个成熟的、让消费者放心的行业。

任务二　汽车快修美容店商务管理练习

【任务目标】

理解掌握汽车快修美容装饰的职能、掌握我国汽车快修美容服务的特点。

【任务理论知识】

汽车快修美容装饰的部门名称、职能及相互关系。

📋【建议学时】

1 学时。

　　在汽车商务和服务领域，如汽贸商、汽配商和汽修厂等，专门的管理系统层出不穷，而新兴的汽车快修美容店采用计算机管理的却为数不多，主要原因就是大多数系统都不实用。

　　作为快修店主，希望对于快修项目无须采用传统的那种繁琐的管理结算方式，而最好能采用更加先进的刷卡消费模式；而对于小商品销售或者洗车等小型美容项目，采用类似超市的管理模式将更加便捷。快修店主希望管理体系包含特殊的会员制度，可以发行洗车及其他服务的套餐卡和类似商场消费卡的储值卡，两种卡的结算方式与传统汽车服务行业的结算方式不同，更加富有创新性。下面通过管理系统的操作来说明如何实现快修美容店的管理。

一、快修美容单的输入

　　在快修美容该模块的主界面（图8-1）中单击"快修美容"，出现快修美容单界面如图8-2所示。操作如下所述：

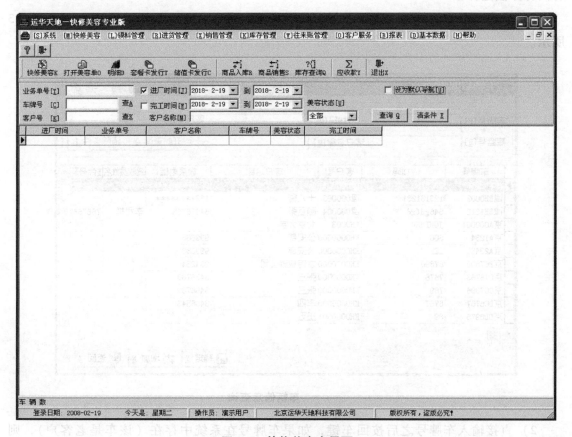

图 8-1　快修美容主界面

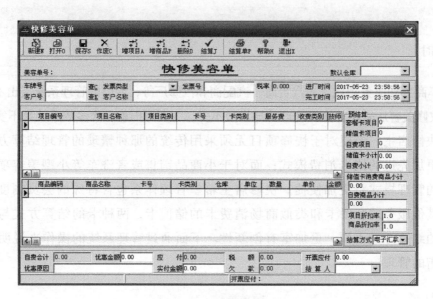

图 8-2　快修美容单

（1）选择车牌号和客户号　左键单击新建按钮，然后选择车牌号和客户号。在这里有两种办法选择：

1）单击车牌号后面的"查"按钮，然后按照各种条件查到该车。查询界面如图 8-3 所示。

图 8-3　车辆信息查询

2）直接输入车牌号之后按回车键，如果车牌号在系统中存在（该车是老客户），则系统自动调出客户的信息；如果这个车牌号不存在，系统会给出如图 8-4 的提示。如果选择"是"，系统会允许录入车辆信息，填写车辆信息后点确定即可。可以用同样的方法选择客户，这里不再详细阐述。

（2）选择服务项目和服务用料　同样有两种办法，一是可以单击工具栏上的"增项目"等按钮；二是用鼠标右键调出快捷菜单（图 8-5）后操作。

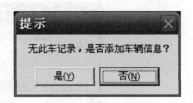

图 8-4　系统提示

图 8-5　右键选择维修项目

注意：如果要增的项目是套餐项目和储值项目，要用鼠标右键调出菜单再进行选择。

1）增套餐项。选择"增套餐项"之后，选择客户所持的卡，查询和选择界面如图 8-6 所示。输入套餐卡号后，按回车键，系统会自动调出该卡中所能消费的服务项目和次数等内容。选择项目之后，单击"选择"按钮，即可把项目选到美容单中；如果要多项一起选择，可以按住 Ctrl 键，用鼠标左键单击选取。

2）增储值项。同样，选择了"增储值项"之后，要进行储值卡的选择，界面如图 8-7 所示。查询选择或者直接输入储值卡号之后，系统会自动调出该卡所剩余的金额。如果剩余金额少于该项目的金额，则系统会提示余额不足，这个时候就需要充值或者换卡了。如果剩余金额足够本次消费金额，单击确定，然后选择服务项目。

3）增自费项。这个部分是本次客户需要付现金消费的，直接选择就可以了。每个服务项目的类别在本窗体的右侧都会显示出来。在这里可以选择服务技师、检验员和导购员等信息。

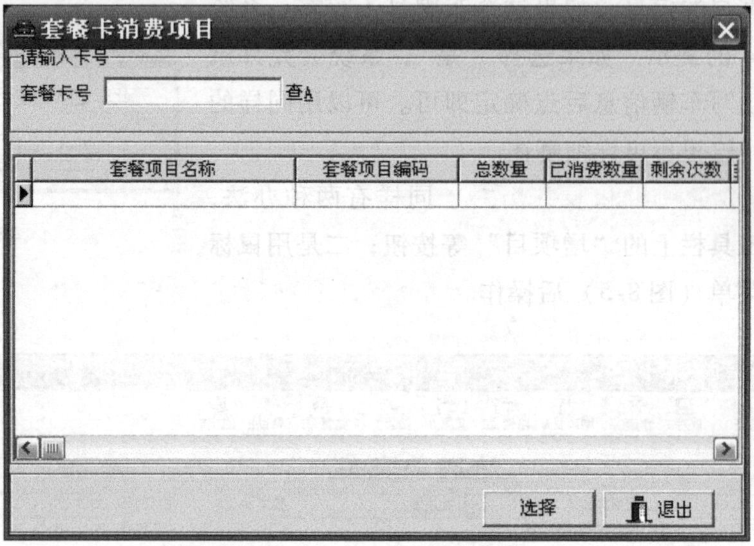

图 8-6　套餐卡消费项目

依此类推，在美容单中增加商品的操作，与增项目基本相同，只是注意选择商品所在的仓库即可，这里不再赘述。删除项目或商品的操作与之类似。

图 8-7　储值卡查询

（3）结算　服务完毕之后，输入实付金额和结算人后，单击"结算"即可完成结算。结算之后可以打印结算单，点工具栏上的结算单即可。

注意：如果这里没有收款，在往来账管理里面会自动记录该客户欠款。

二、快修美容单的查询

所有车辆进行快修美容的业务记录，在快修美容单查询界面都可以按不同的条件查询到，查询界面如图 8-8 所示。有关查询模块的操作基本相同，这里就不再详细说明了。如果要查看某一笔业务的详情，单击"明细"即可。与汽车维修结算类似，这里有"重结算"功能。

三、套餐卡定义

定义一个新的套餐卡可以这样操作：单击主菜单中"快修美容"的"套餐卡定义"，出现如图 8-9 所示界面。单击工具栏上的"增品种"按钮，出现如图 8-10 所示的界面。

输入套餐卡编码、名称、面值、卡类别和状态之后点"确定"就可以了。接下来要做的是为该品种卡定义服务项目，选中卡的种类后点"增项目 A"按钮，进入项目列表界面为该卡选择项目，完毕之后单击工具栏上的"保存"按钮即可。

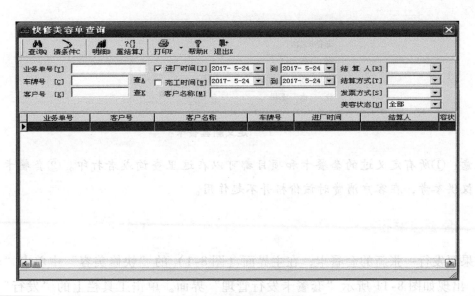

图 8-8　快修美容单查询

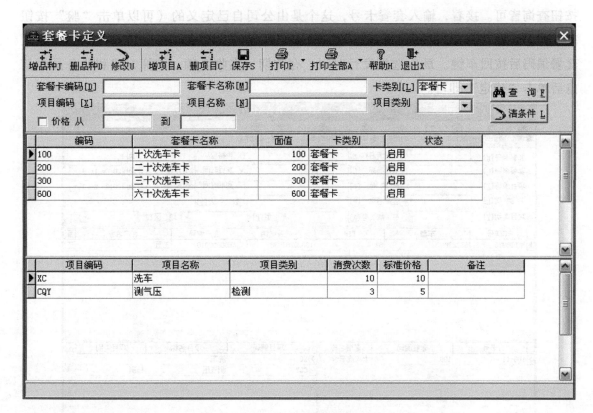

图 8-9　套餐卡定义

在这里可以修改项目的消费次数和项目的参考价格，选中一个项目后单击"修改"按钮，输入信息后点确定即可。

图 8-10　定义新套餐卡

注意：①所有定义过的套餐卡和项目都可以在这里查询或者打印。②套餐卡中的项目单价仅供参考，在客户消费时该价格并不起作用。

四、套餐卡发行

如果要发行一张新的套餐卡，在主界面（图 8-1）的"快修美容"中单击"套餐卡发行"，出现如图 8-11 所示"套餐卡发行管理"界面。单击工具栏上的"发行"按钮，出现窗体如图 8-12 所示。首先输入车辆信息，直接输入车牌号按回车键或者单击"查"按钮查询皆可。接着，输入套餐卡号，这个是由公司自己定义的（可以单击"验"按钮验证此卡号是否有效）。然后选择卡的品种（套餐编码）单击"查"进行查询或者输入套餐编码后按回车键。最后选择发行时间、有效期、实收金额、结算方式和业务员等信息后单击"确定"即可。

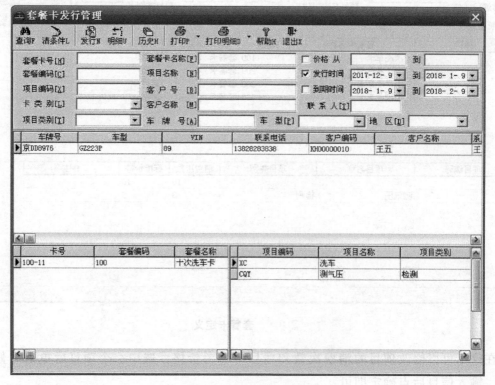

图 8-11　套餐卡发行管理

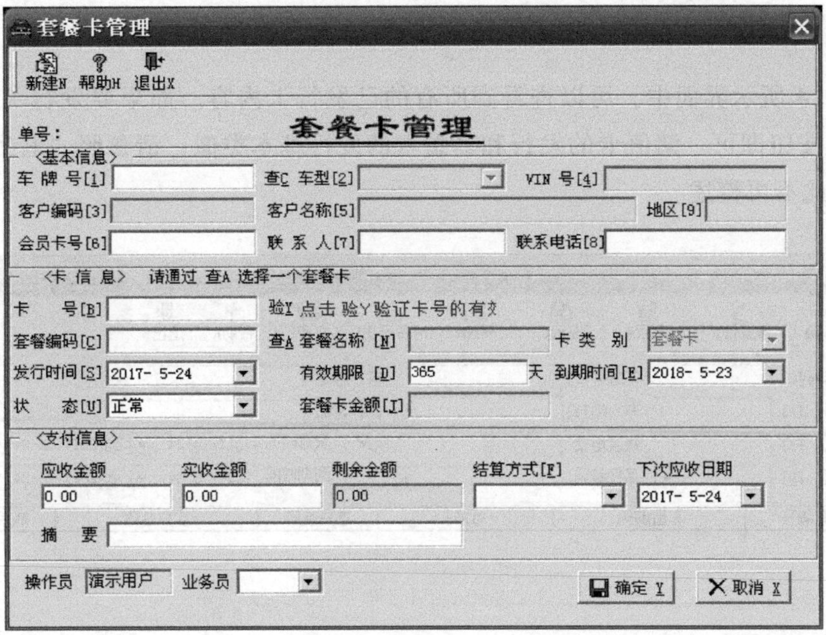

图 8-12　套餐卡管理

五、储值卡定义

在主菜单（图 8-1）的"快修美容"中的"储值卡定义"界面（图 8-13），单击"增品种"按钮，在弹出的窗体上输入品种编码、品种名称和面值后单击"确定"即可。同样，可以对定义后的卡进行删除和修改等操作。所有定义过的卡在这里都可以按照不同的条件查询到。也可以打印卡的信息，单击"打印"按钮即可。

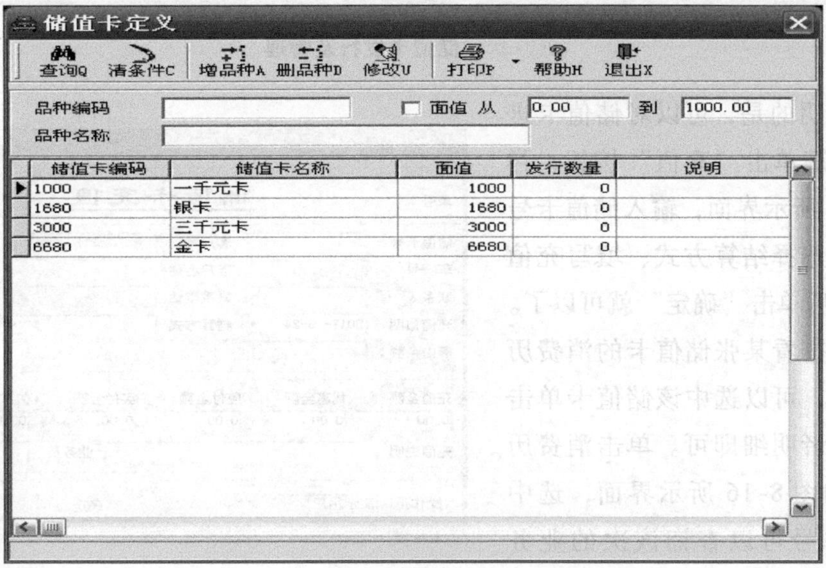

图 8-13　储值卡定义

六、储值卡发行

在图 8-14 所示界面中，可以查看到所有的已发行卡内容。如果要发行一张新卡，单击"发行"按钮即可。储值卡的发行和套餐卡的发行基本类似，请参照"套餐卡的发行"的讲解，在此不再赘述。

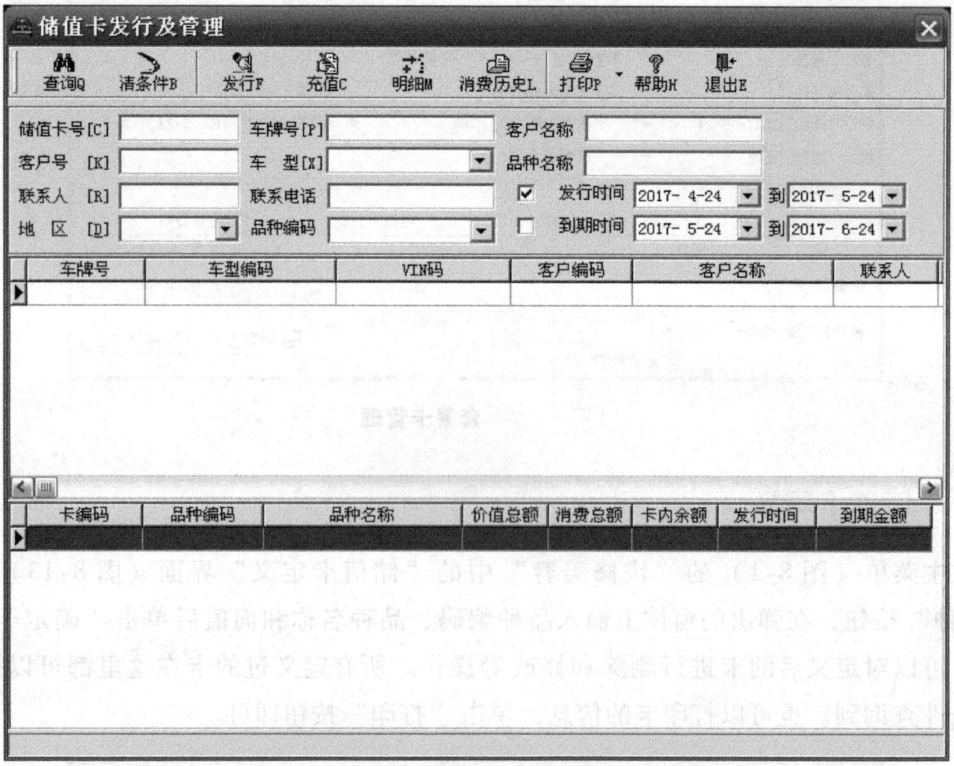

图 8-14 储值卡发行及管理

需要说明的是，可以对储值卡进行充值：左键单击"充值"按钮，弹出如图 8-15 所示界面，输入储值卡号点回车键，选择结算方式、填写充值金额等信息后单击"确定"就可以了。

如果要查看某张储值卡的消费历史或者明细，可以选中该储值卡单击消费历史或者明细即可。单击消费历史后弹出如图 8-16 所示界面，选中某个业务单号可以查询该次的业务明细。

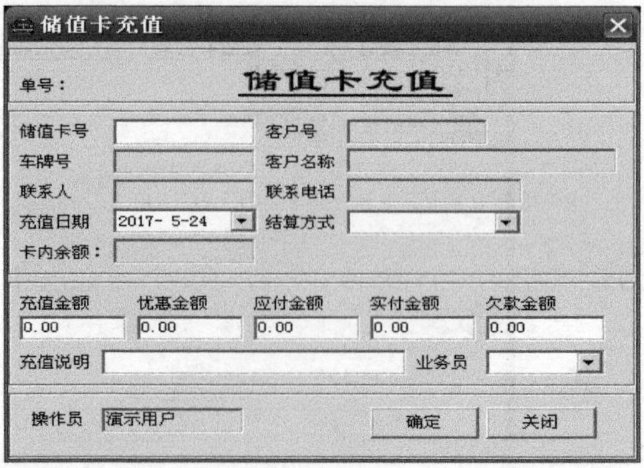

图 8-15 储值卡充值

256

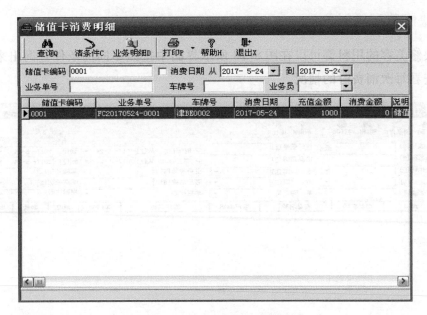

图 8-16　储值卡消费明细

七、快修美容统计

在图 8-17 所示界面中，车辆的快修美容业务都可以在此统计出来，可以按照不同的条件（如登记时间、结算时间和车牌号等）组合查询统计，还可以单击"明细"查看每次消费的详情。

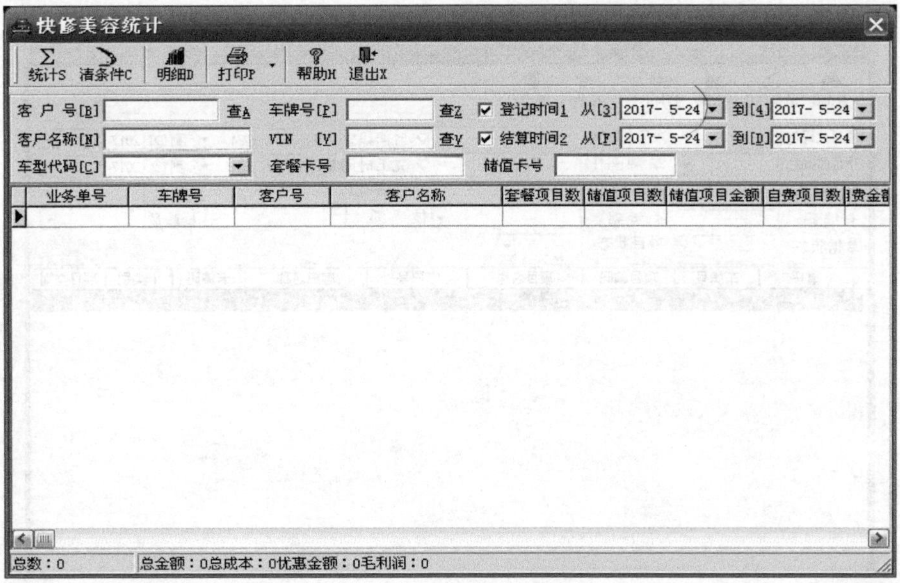

图 8-17　快修美容统计

八、快修美容用料查询

所有快修美容的用料都可以在图 8-18 所示界面中按照不同的条件查询出来，也可以单击明细查看每次消费时的情况。

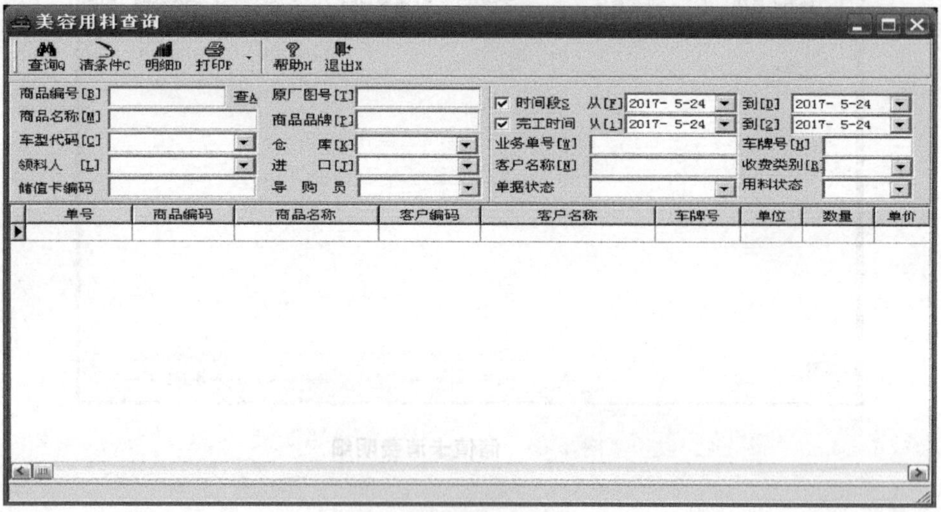

图 8-18　美容用料查询

九、快修美容项目查询

所有的美容项目可以在图 8-19 所示界面中按照不同的条件查询，也可单击"明细"查看每次消费的情况。如果要打印出来，直接单击"打印"即可。

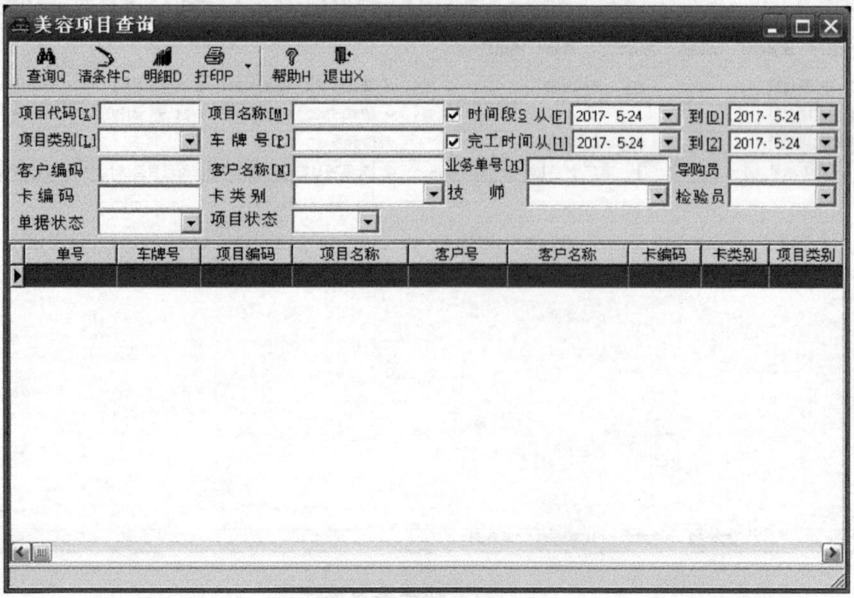

图 8-19　美容项目查询

☞ 习　题

1. 汽车快修美容店的经营范围通常包括什么？

2. 汽车快修美容店的管理有什么特点？

3. 什么叫做连锁经营？

4. 连锁经营分为几类？

5. 我国的汽车快修美容连锁行业为什么这几年成为投资热点？

6. 我国的汽车快修美容连锁行业为什么发展还很不成熟？

7. 为什么说汽车的快修美容行业前景很广阔？

8. 什么叫做套餐卡？请举例说明。

9. 什么叫做储值卡？请举例说明。

10. 套餐卡一般是记名卡还是不记名卡？为什么？

11. 储值卡一般是记名卡还是不记名卡？为什么？

12. 储值卡为什么有充值功能？

参 考 文 献

[1]　栾琪文. 现代汽车维修企业管理实务[M]. 4版. 北京：机械工业出版社，2018.

[2]　朱杰. 汽车服务企业管理[M]. 北京：电子工业出版社，2005.

[3]　胡建军. 汽车维修企业创新管理[M]. 3版. 北京：机械工业出版社，2010.

[4]　王永盛. 车险理赔查勘与定损[M]. 4版. 北京：机械工业出版社，2019.